Lerngrammatik Spanisch

von Kurt Süß, Petronilo Pérez
und Germán Ruipérez

Diesterweg

Lerngrammatik Spanisch

von Kurt Süß, Petronilo Pérez
und Germán Ruipérez

Quellenangaben:
S. 14 / S. 16: Augusto Monterroso: *La oveja negra y demás fábulas.*
Madrid: Suma de letras, S.L. 2000.
S. 16 / S. 18: Juan García Hortelano: *Nuevas amistades.*
Barcelona: Seix Barral 1991 (Biblioteca de bolsillo).
S. 33 / S. 82 / S. 170: *El País Semanal.* Madrid.
S. 38: *Pequeño País.* Madrid.
S. 123: Revista crítica de libros, *Saber / Leer*
Fundación Juan March. Madrid: Febrero 2000.

© 2003 Bildungshaus Schulbuchverlage
Westermann Schroedel Diesterweg
Schöningh Winklers GmbH, Braunschweig
www.diesterweg.de

Druck B[7] / Jahr 2019
Alle Drucke der Serie B sind im Unterricht parallel verwendbar.

Redaktion: Burgunde Niemczyk
Herstellung: Corinna Herrmann, Frankfurt am Main
Layoutkonzeption: Reinhard Schubert, Frankfurt am Main
Umschlaggestaltung: Röder/Schubert, Frankfurt am Main
Satz: Moremedia GmbH, Dortmund
Druck und Bindung: Westermann Druck Zwickau GmbH

ISBN 978-3-425-**06674**-5

Inhaltsverzeichnis

1	**Aussprache und Rechtschreibung**	**1**
1.1	Das Alphabet	2
1.2	Die Laute des Spanischen	3
1.2.1	Die Vokale	3
1.2.2	Die Diphthonge	3
1.2.3	Die Konsonanten	4
1.3	Betonung und Akzentsetzung	6
1.3.1	Silbenzählung	6
1.3.2	Betonungstypen	7
1.3.3	Akzentsetzung	8
1.4	Groß- und Kleinschreibung	11
1.5	Silbentrennung	12
1.6	Zahlen	13
1.7	Die Satzzeichen	13

2	**Der Satz**	**17**
2.1	Die Satzteile	18
2.2	Schema des Satzbaus	21
2.2.1	Der Aussagesatz	21
2.2.2	Der Fragesatz	22
2.2.3	Die Verneinung	23

3	**Die Zeiten des Indikativs**	**25**
3.1	Das Präsens	26
3.2	Das Indefinido / Perfecto simple	28
3.3	Das Imperfekt	29
3.4	Indefinido und Imperfekt	31
3.5	Das Perfekt	35
3.6	Das Plusquamperfekt	36
3.7	Das Pretérito anterior	36
3.8	Das Futur	37
3.9	Das Konditional	39

4	**Der Subjuntivo**	**41**
4.1	Das Präsens des Subjuntivo	43
4.2	Perfekt und Plusquamperfekt des Subjuntivo	44
4.3	Das Imperfekt des Subjuntivo	44
4.4	Der Subjuntivo im Hauptsatz	45
4.5	Der Subjuntivo im Nebensatz	46
4.5.1	Die Zeitenfolge beim Subjuntivo	46
4.5.2	Der Subjuntivo in Sätzen mit *que*	47
4.5.3	Konjunktionen mit Indikativ oder Subjuntivo	49
4.5.4	Der Subjuntivo in Bedingungssätzen	54
4.5.5	Subjuntivo im Relativsatz	55
4.5.6	Konzessive Konstruktionen	56

5	**Klassenverben und unregelmäßige Verben**	**57**
5.1	Regelmäßige Verbformen (Gesamtübersicht)	58
5.2	Die Verben *haber, estar* und *ser*	59
5.3	Verben mit Änderungen der Schreibweise	61
5.4	Klassenverben	64
5.5	Verben mit unregelmäßigem Partizip und zwei Partizipien	69
5.6	Sonderformen des Futurs und Konditionals	69
5.7	Indefinido und Imperfekt	71
5.8	Präsens des Subjuntivo	72
5.9	Unregelmäßige Formen des Imperativs	73
5.10	Unregelmäßige Verben	73

6	**Aussageweisen und besondere Strukturen des Verbs**	**78**
6.1	Der Imperativ	79
6.2	Die indirekte Rede	82
6.3	Das Passiv	84
6.4	Unpersönliche Konstruktionen	86
6.5	Hilfs- und Modalverben	87
6.5.1	Die Verben *ser, estar* und *haber*	87
6.5.2	Modalverben	92

7	**Infinite Formen und Verbalperiphrasen**	**99**
7.1	Der Infinitiv	100
7.2	Das Gerundio	103
7.3	Das Partizip	106
7.4	Verbalperiphrasen	107

8	**Die Determinanten**	**113**
8.1	Der bestimmte Artikel	114
8.2	Der unbestimmte Artikel	120
8.3	Die Demonstrativbegleiter / -pronomen	121
8.4	Die Possessivbegleiter / -pronomen	124

9	**Das Substantiv**	**127**
9.1	Das Substantiv im Satz	128
9.2	Die Pluralbildung	128
9.3	Das Genus	130
9.4	Komposita	135

10	**Das Adjektiv**	**137**
10.1	Die Veränderlichkeit des Adjektivs . . .	138
10.2	Die Stellung des Adjektivs	142
10.3	Besondere Funktionen	147

11	**Das Adverb**	**148**
11.1	Ursprüngliche Adverbien und adverbiale Ausdrücke	149
11.2	Besonderheiten des Gebrauchs bestimmter Adverbien	151
11.3	Abgeleitete Adverbien auf -*mente* . .	157

12	**Steigerung und Vergleich**	**160**
12.1	Gleichheit	161
12.2	Vergleich zweier Subjekte	162
12.3	Vergleich zwischen mehr als zwei Elementen	166
12.4	Der absolute Superlativ	171

13	**Die Pronomen**	**174**
13.1	Die Personalpronomen	175
13.1.1	Übersicht	175
13.1.2	Die Subjektpronomen	176
13.1.3	Die verbundenen Personalpronomen .	178
13.1.4	Das Personalpronomen mit Präposition	181
13.1.5	Direktes Objekt < > indirektes Objekt	183
13.1.6	Die Interrogativpronomen	184
13.1.7	Die Indefinitpronomen	184

13.2	Das Reflexivpronomen	185
13.3	Die Relativpronomen	186

14	**Die Präpositionen**	**193**
14.1	Syntaktische Funktionen von *a* und *de*	194
14.2	Allgemeine Funktionen der Präpositionen	195
14.3	Idiomatische Verwendung	203

15	**Zahlen, Datumsangaben, Uhrzeit**	**207**
15.1	Die Grundzahlen	208
15.2	Die Ordnungszahlen	210
15.3	Bruchzahlen, Vielfache, Kollektivzahlen	211
15.4	Rechenoperationen, Maße und Gewichte	213
15.5	Datumsangaben und Uhrzeit	214
15.6	Sonstige Zahlenangaben und Ausdrücke	217

16	**Das Spanische in Lateinamerika** .	**218**
16.1	Aussprache	219
16.2	Pronomen	220
16.3	Verben	222
16.4	Lexik und Idiomatik	224

Register	**226**

Hinweise zur Arbeit mit dieser Grammatik

– Die *Lerngrammatik Spanisch* geht insbesondere auf Fragen und Probleme ein, die sich deutschsprachigen Lernern beim Gebrauch der spanischen Sprache stellen.
– Die Beispiele stehen in der Regel in blau unterlegten Feldern. Die Erläuterungen und Regeln sind durch das Symbol ♦ gekennzeichnet.
– Die Regeln sollten immer im Zusammenhang mit den entsprechenden Beispielen gelernt werden. Nur so sind sie verständlich.
– Viele Erscheinungen der Grammatik können mehrere Funktionen haben. Sie tauchen daher mehrmals in unterschiedlichen Abschnitten wieder auf. Diese Fälle sind durch Querverweise am Ende der jeweiligen Abschnitte gekennzeichnet.
– Die einzelnen Abschnitte sind fortlaufend durchnummeriert. Das alphabetische Register am Ende des Buches verweist auf diese Abschnittsnummern und ermöglicht so ein schnelles und genaues Auffinden der entsprechenden Stellen.
– Bei der Übersetzung der Beispiele wurde jeweils versucht, eine idiomatisch übliche Ausdrucksweise im Deutschen zu verwenden, d.h. es wurde auf eine möglichst wörtliche Übersetzung verzichtet. Dadurch kann bei den Benutzern der Blick geschärft werden für die Unterschiede zwischen Spanisch und Deutsch in Struktur und Ausdrucksweise.

1 Aussprache und Rechtschreibung
Pronunciación y ortografía

1.1 Das Alphabet

1.2 Die Laute des Spanischen
Die Vokale
Die Diphthonge
Die Konsonanten

1.3 Betonung und Akzentsetzung
Silbenzählung
Betonungstypen
Akzentsetzung

1.4 Groß- und Kleinschreibung

1.5 Silbentrennnung

1.6 Zahlen

1.7 Die Satzzeichen

1.1 Das Alphabet El alfabeto

Buchstabe	Lesart	Bemerkungen
A a	a	
B b	be	in LA: be alta / be larga
C c	ce	
Ch ch	che[1]	
D d	de	
E e	e	
F f	efe	
G g	ge	
H h	hache	
I i	i	
J j	jota	
K k	ka	nur in Fremdwörtern
L l	ele	
Ll ll	elle[1]	
M m	eme	
N n	ene	
Ñ ñ	eñe	
O o	o	
P p	pe	
Q q	qu	
R r	erre[2]	
S s	ese	
T t	te	
U u	u	
V v	uve, ve	in LA: ve baja / ve corta
W w	uve doble	nur in Fremdwörtern, in LA: ve doble / doble ve
X x	equis	
Y y	i griega	
Z z	zeta	

Die Buchstaben sind feminin: la ese, la be, …

[1] Die Buchstabenkombinationen **ch** und **ll,** sog. *Digraphen,* wurden bis vor kurzem als eigene Buchstaben behandelt und daher im Alphabet und in den meisten Wörterbüchern in jeweils eigenen Abschnitten nach C bzw. L. aufgeführt. 1994 beschlossen die Akademien der spanischsprechenden Länder, die internationale Sortierweise einzuführen, d.h. Wörter, die mit **ch** beginnen, werden nun unter **C** (ce – ch – ci) aufgeführt, mit **ll** beginnende Wörter unter **L** (li – ll – lo).
[2] Als eigener Buchstabe galt früher auch **rr** (erre doble); es kommt nur zwischen Vokalen vor.

1.2 Die Laute des Spanischen Los fonemas

Die Aussprache wird hier nur insoweit besprochen, als sie Auswirkungen auf die Rechtschreibung hat (Schreibung von Konsonanten vor oder nach bestimmten Vokalen, Akzentsetzung).

1.2.1 Die Vokale Las vocales

2 Die **Vokale** werden im Spanischen eher **kurz** und **halboffen bis offen** ausgesprochen:

> **a:** etwa wie in *Watte*: Madrid
> **e:** etwa wie in *Herr*: México
> **o:** etwa wie in *Trott*: Córdoba
> **i:** etwa wie in *Biss*: Lima
> **u:** etwa wie in *Mutter*: Murcia

a, e, o: starke Vokale (vocales abiertas, vocales fuertes)
i, u: schwache Vokale (vocales cerradas, vocales débiles)

1.2.2 Die Diphthonge Los diptongos

3 Folgen **zwei Vokale** aufeinander, so unterscheiden wir zwei Fälle, die bei der **Silbenzählung** und insbesondere bei der **Akzentsetzung** eine Rolle spielen:

a) einer der beiden Vokale ist **i** oder **u**:

ai	aire	**ia**	familia
ei	peinar	**ie**	tierra
oi	oigo	**io**	criollo
ui	ruido	**iu**	ciudad
au	autopista	**ua**	cuando
eu	Europa	**ue**	puerta
		uo	cuota

Diese Kombinationen gelten als **Doppellaut** (Diphthong). Die Aussprache von **i** und **u** ist in diesen Kombinationen nicht voll vokalisch (**i** etwa wie j, **u** etwa wie englisch w). Man spricht von **Halbvokalen.**

b) Kombinationen von **a, e, o**:

ae	aeropuerto
ea	teatro
eo	feo

In diesen Kombinationen behalten beide Vokale ihre ursprüngliche Aussprache in etwa bei; sie gelten nicht als Diphthong.

Silbenzählung → 8

4 1.2.3 Die Konsonanten Las consonantes

Buchstabe	Laut	Beschreibung
B b	b	**am Wortanfang** und **vor m / n**: Barcelona, bomba ⎫ Aussprache wie **v**
	β	Lippen etwas weiter offen; **zwischen Vokalen**: Cuba ⎭
C c	θ	etwa wie **englisch th**; vor **e / i**: Cecilia, cinco, cero
	k	nicht aspiriert; vor **a / o / u,** am Wortende: coñac, bloc
Ch ch	tʃ	etwa wie dt. **tsch** in Klatsch, Kitsch: Chile, chocolate
D d	d	am Satzanfang, nach Sprechpause, nach **n** und **l**
	ð	weicher als dt. **d**; zwischen Vokalen sehr schwach: dinero, dedo
F f	f	etwa wie dt. **f**: fiesta, foto, fatal
G g	χ	etwa wie dt. **ch** in Dach; vor **e / i**: Argentina, Virginia
	g	etwas weicher als dt. **g**; vor **a / o / u**: ganar, gota, guapo
H h	–	immer stumm: hotel, hola
J j	χ	etwa wie dt. **ch** in Dach; wie **g** vor **e / i**: Juan, mujer
K k	k	nicht aspiriert: kilo, kilómetro
L l	l	etwa wie im Deutschen: Lola, Lugo, León
Ll ll	λ	etwa wie dt. **lj**: calle, botella, llueve
M m	m	etwa wie im Deutschen: mamá, mucho, moto
N n	n	etwa wie im Deutschen: nada, nota, nunca, nido
Ñ ñ	ɲ	etwa wie dt. **gn** in Kampagne: español, niña, eñe
P p	p	nicht aspiriert: padre, poco, punto, pintor
Qu qu	k	nicht aspiriert; vor **e / i**: queso, quiero, Quito
R r	rr	stark gerollt am Wortanfang und -ende: radio, rico, hablar
rr		stark gerollt zwischen Vokalen: carro, perro, ahorra
	r	schwach gerollt zwischen Vokalen: caro, pero, ahora
S s	s	etwa wie dt. stimmloses **s**: así, solo, salto
T t	t	nicht aspiriert: tono, tacos, tipo
V v	b	Aussprache wie **b**: vaso, verso
	β	avión
X x	x	sorgfältige / gebildete Aussprache: examen, extranjero
	s	häufig in der Umgangssprache, vor allem vor Konsonant: externo, experto.
Y y	j	etwa wie dt. **j**: yo, vaya, yate, ayuda
Z z	θ	etwa wie englisch th; wie **c** vor **e / i**: azúcar, arroz, feliz

Die stimmlosen Konsonanten **k, p, t** werden im Spanischen nicht aspiriert (behaucht).

Seseo
Der für das Hochspanische charakteristische, dem englischen th ähnliche **Reibelaut** [θ] ist im Südspanischen (Andalusischen) und in weiten Teilen Lateinamerikas nicht vorhanden. Er wird dort als stimmloses **s** ausgesprochen. Diese Aussprache wird als **seseo** bezeichnet.

5 Die Varianten des r

♦ Am **Wortanfang** wird **r** stark gerollt. Stark gerollt wird auch **rr** zwischen Vokalen.
♦ Im **Wortinnern** zwischen Vokalen ist der Unterschied zwischen stark gerolltem **rr** und einfach gerolltem **r** bedeutungsunterscheidend:

perro / pero (Hund / aber)
carro / caro (Karren / teuer)
parra / para (Weinlaube / für)

♦ Stark gerolltes **r** zwischen Vokalen wird als **rr** geschrieben.
♦ Erhalten Wörter, die mit **r** beginnen, eine Vorsilbe, die auf Vokal endet, so wird das **r** in der Regel verdoppelt:

rogar – prorrogar
reforma – contrarreforma   dagegen:
románico – prerrománico   raro – enrarecer

6 Konsonanten mit unterschiedlicher Schreibweise

Die **Schreibweise** bestimmter Konsonanten ändert sich, je nachdem, ob sie vor **e / i** (helle Vokale) oder **a / o / u** (dunkle Vokale) stehen.

i	e	a	o	u

Die Unterscheidung wirkt sich auf die Schreibweise folgender Laute aus:

Laut	Schreibung vor i und e	Schreibung vor a, o und u	Beispiele
g	**gu**	**g**	guitarra, guerra – gota, Málaga
χ	**g (j[1])**	**j**	gente, gira (jefe) – jarabe, José
k	**qu**	**c**	Quito, queso – calle, cuatro
θ	**c (z[2])**	**z**	Cecilia, (zeta) – zorro

[1] relativ wenige Fälle: jefe, mujer, die Formen des **Indefinido** von **decir, traer** und der Verben auf **-ucir**.
[2] nur Ausnahmefälle: zig-zag, Eigennamen

Entsprechend ändert sich die **Aussprache** der Buchstaben **c** und **g,** je nachdem, vor welchen Vokalen sie stehen:

Buchstabe	Aussprache vor i und e	Aussprache vor a, o und u
c	θ	k
g	χ	g

Die verschiedenen Schreibweisen treten insbesondere auf bei der **Konjugation** der **Verben,** die auf **-car, -gar** und **-zar** enden. → 110

Gesamtüberblick der Schreibweisen von [k], [g], [χ] und [θ]

Schreibweise	Laut
ca co qui que	k
ga go gu gui gue	g
ja jo ju ji je gi ge	χ

Schreibweise	Laut	
za zo zu -z (Wortende) ci ce	θ hochspan. (kastil.)	s südspan. / lateinam.

7 **Doppelkonsonanten**

In spanischen Wörtern kommen mm, pp, ss, oder tt nicht vor. Doppelkonsonanten existieren nur in wenigen Fällen:

nn: gelegentlich nach der Vorsilbe **in-** oder **en-:** innecesario, ennegrecer

Sonderfall cc: in der Aussprache kein Doppelkonsonant: [kθ]: accidente, lección, acceso

1.3 Betonung und Akzentsetzung
La acentuación y el acento ortográfico

1.3.1 Silbenzählung

8 Die Akzentsetzung richtet sich im Spanischen nach der **Betonung der letzten beiden Silben eines Wortes.**
Es ist also von Bedeutung, wie die Silben voneinander abgegrenzt werden.

Dabei zählt **Diphthong** als **eine Silbe,** die **Abfolge von zwei starken Vokalen** als **zwei Silben:**

cie-rra, jue-ga, fa-mi-lia ←→ te-a-tro, te-ó-ri-co

Die Verbindungen **-iu-** und **-ui-** können in der **Aussprache** je nach der Betonung und lautlichen Umgebung **variieren;** im Hinblick auf die **Silbenzählung** gelten sie jedoch immer als **Diphthong** (eine Silbe): ruido [**ru**i-do / rui-do], incluido [in-cl**ui**-do / in-clui-do]; **immer ohne Akzent.**

1.3.2 Betonungstypen

9 Je nach der Betonung der Wörter unterscheidet man im Spanischen drei Haupttypen:

a) Wörter, die auf der **letzten Silbe** betont werden (palabras agudas / oxítonas).

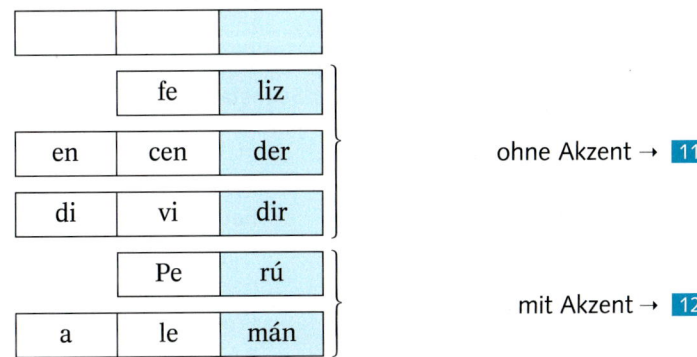

ohne Akzent → **11**

mit Akzent → **12**

b) Wörter, die auf der **vorletzten Silbe** betont werden (palabras llanas / paroxítonas).

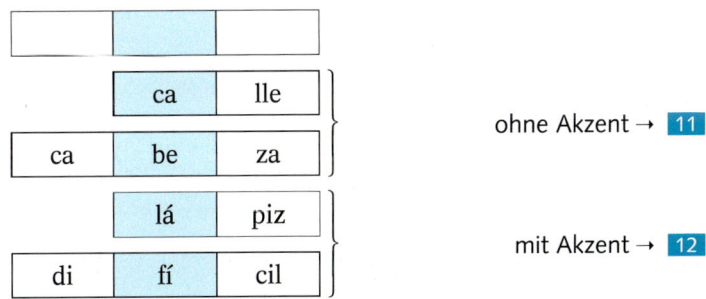

ohne Akzent → **11**

mit Akzent → **12**

c) Wörter, die auf der **drittletzten Silbe** betont werden (palabras esdrújulas / proparoxítonas)

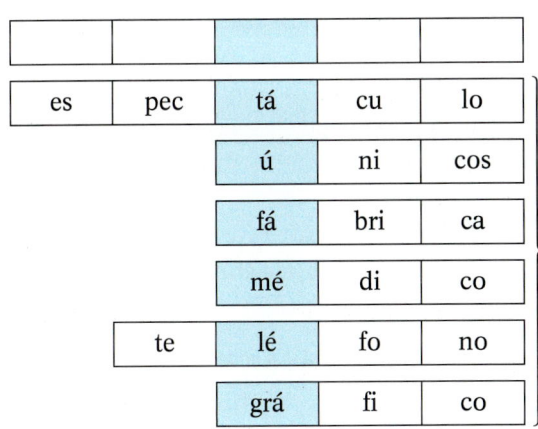

immer mit Akzent → **12**

1.3.3 Akzentsetzung El acento / La tilde

10 Regeln der Akzentsetzung

♦ Im Unterschied zu anderen Sprachen, etwa dem Französischen, ist der **Akzent** (el acento, la tilde) im Spanischen reines **Betonungszeichen,** d.h. er zeigt nicht an, ob ein Vokal offen oder geschlossen ausgesprochen wird.
♦ Bei den mehrsilbigen Wörtern hängt die Akzentsetzung von zwei Kriterien ab:
vom **Betonungstyp** des Wortes und vom **letzten Buchstaben** des Wortes.   Betonungstyp → **9**

11 Ohne Akzent

Betonungstyp a)

Betonungstyp b)

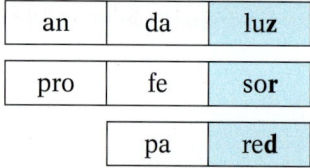

Wortende: Konsonant (außer n und s)

Wortende: Vokal sowie die Konsonanten **n** und **s** (**y** am Wortende gilt als Konsonant)

an	da	**luz**
pro	fe	**sor**
pa	**red**	

	chi	co
	ca	lle
a	ma	ble
pro	fe	so	ra
	can	tan
	chi	cos

12 Mit Akzent

a) alle Wörter, die auf der **drittletzten** oder einer **vorhergehenden Silbe** betont werden:

simpático, único, únicamente, fábrica, México

b) alle Wörter, bei denen das Wortende nicht der jeweiligen Gruppe entspricht, d.h.
– **endbetonte Wörter,** die auf **Vokal, -n** oder **-s** enden:

pagó, trabajé, Perú, inglés, información, adiós

– Wörter mit **Betonung** auf der **vorletzten Silbe,** die auf **Konsonant** (außer n / s[1]) enden:

cárcel, lápiz, carácter

[1] Einige wenige Wörter mit Betonung auf der vorletzten Silbe, die auf **Konsonant** + s enden, erhalten ebenfalls Akzent: cómics (meist Fremdwörter)

♦ Wird ein **Diphthong** akzentuiert, so trägt der **starke Vokal (e, a, o)** den Akzent:

huérfano, rompió, encendiéndolo

♦ Wenn bei der Kombination von **i** oder **u** mit einem der drei starken Vokale **e, a** und **o** – unabhängig von der Reihenfolge – kein Diphthong gebildet wird, d.h. **i** oder **u** den Haupton des Wortes tragen, wird Akzent gesetzt:

día, varían, país, continúa

13 Veränderungen in der Akzentsetzung

Werden einem Wort **Silben** (z.B. Pronomen) **angehängt,** so gelten diese als Silben des betreffenden Wortes. Die **Wortbetonung verschiebt sich** jedoch im Normalfall **nicht.**
Den Regeln entsprechend **ändert sich** dadurch aber bei vielen Wörtern die **Akzentsetzung.**
Die wichtigsten Fälle sind:

♦ **Substantive und Adjektive,** die auf **-és, -án, -ón** enden, verlieren in der femininen Form und im Plural den Akzent:

inglés – inglesa – ingleses, ratón – ratones, canción – canciones, alemán – alemana – alemanes

♦ **Verbformen,** denen ein oder mehrere Pronomen angehängt werden, erhalten in vielen Fällen Akzent oder verlieren ihn:

llamando – llamándole, pidiendo – pidiéndolo, está – estate quieto, dé – deme

♦ Wörter, die im Singular auf **-n** enden und auf der **vorletzten Silbe betont** werden, erhalten im Plural Akzent, wenn **-es** angehängt wird:

joven – jóvenes, examen – exámenes

Bei den Wochentagen gilt Plural = Singular: el lunes/los lunes.

♦ Bei einigen wenigen Wörtern **verschiebt sich** im Plural die **Betonung** um eine Silbe:

régimen – regímenes, carácter – caractéres

14 Unterscheidungsakzent   Acento diacrítico

Einige **einsilbige Wörter** können **unterschiedliche Funktion** oder **Bedeutung** haben, je nachdem, ob sie mit oder ohne Akzent geschrieben werden (diakritischer Akzent / **Unterscheidungsakzent –** acento diacrítico).

sogar	**aun** – **aún**	noch
von, aus, …	**de** – **dé**	gebe / gibt / geben Sie (1./3. Person Präs. Subjuntivo von dar)
der (mask. Artikel)	**el** – **él**	er
mein/e (Possessivbegleiter)	**mi** – **mí**	mich / mir (betontes Pronomen)
dein/e (Possessivbegleiter)	**tu** – **tú**	du (Subjektpronomen)
aber (literarisch)	**mas** – **más**	mehr (Steigerung)
sich (Reflexivpronomen)	**se** – **sé**	ich weiß / kann (1. Person Sing. Indik. von saber); sei (2. Pers. Imperativ von ser)
falls / ob	**si** – **sí**	ja
dich / dir	**te** – **té**	Tee

Manche einsilbigen Verbformen (so die Formen des Indefinido dió, fué, vió, die Formen guiáis, riáis) wurden früher aus Analogie zu den entsprechenden Formen der meisten anderen Verben mit Akzent geschrieben. Diese Schreibweise ist nach wie vor zulässig, ist jedoch nur mehr selten anzutreffen.

15 Fragewörter und Ausrufe Interrogativos y exclamativos

¿qué?	was?
¿cuál / cuáles?	welcher/e/es?
¿quién / quiénes?	wer?
¿cuánto/a/os/as?	wie viele?
¿cómo?	wie?
¿dónde?	wo?

¡qué[1] bien!	wie schön / gut!
¡cómo baila!	wie gut er / sie tanzt!
¡cuánto sabe!	wie viel er / sie weiß!

[1] **Beachte:** Bei Wunschsätzen trägt **que** keinen Akzent:
¡**Que** aproveche!, ¡**Que** te diviertas!

♦ Fragewörter und Ausrufe tragen immer **Akzent.**

16 Die Demonstrativpronomen Los demostrativos

éste / ésta / éstos / éstas	Mi casa es ésta / esta.
ése / ésa / ésos / ésas	Mira que fotos. Éstas son las
aquél / aquélla / aquéllos / aquéllas	que a mí más me gustan.

♦ Die **Demonstrativpronomen** (ohne Substantiv) **können mit Akzent** geschrieben werden. Dieser Akzent muss nur in seltenen Sonderfällen gesetzt werden, in denen es sonst zu Missverständnissen käme. In der Presse, in literarischen Werken und in Schulbüchern wird jedoch meist Akzent gesetzt.

¿Qué es **esto**?

♦ Die **Formen des Neutrums – esto, eso, aquello –** bleiben immer **ohne Akzent.** Sie können nur als Pronomen verwendet werden.

17 Sonstige Fälle

♦ Auch **Großbuchstaben** tragen **Akzent:**

Él, África, Ángel, ATLÁNTICO, LÓPEZ

♦ Steht das Wort **o** (oder) zwischen zwei Zahlen, so wird es mit Akzent geschrieben, um eine Verwechslung mit der Null zu vermeiden:

3 **ó** 4, 100 **ó** 200

♦ **Adverbien** auf **-mente** behalten die Akzentsetzung des Adjektivs bei:

difícil – difícilmente / tranquilo – tranquilamente

♦ **solo** (allein) **– sólo** (nur); Akzent ist nur erforderlich, wenn es zu Verwechslung kommen kann, die Akzentsetzung ist dennoch üblich.

Pasaré **solo** este verano aquí.	Ich verbringe diesen Sommer **allein** hier.
Pasaré **sólo** este verano aquí.	Ich verbringe **nur** diesen Sommer hier.

18 Fremdwörter

Wörter aus anderen modernen Fremdsprachen, die noch als Fremdwörter empfunden und meist kursiv oder zwischen Anführungszeichen geschrieben werden, tragen keinen Akzent:
parking, camping.

Haben diese ursprünglichen Fremdwörter jedoch bereits eine dem Spanischen angepasste Form, so wird der Akzent nach den üblichen Regeln gesetzt: fútbol, béisbol, París, Moscú, líder, cómic. Ähnliches gilt für geläufige lateinische Wörter: etcétera, ítem, accésit.

1.4 Groß- und Kleinschreibung
El empleo de las mayúsculas

19 ♦ **Substantive** werden im Spanischen **kleingeschrieben**.

♦ **Großgeschrieben werden:**
– **Eigennamen** (Vor- und Nachnamen) und Beinamen, Markennamen:

> Fernando, Gutiérrez, Sánchez, Alfonso el Sabio (Alfons der Weise), Seat, ...

– **Geografische Namen** (Orts- und Ländernamen, Regionen, Flüsse, Berge, Seen usw.). Bei Namen, die aus mehreren Wörtern bestehen, werden die Nomen, d.h. Substantive und Adjektive, groß geschrieben; gehört der Artikel zum Namen, wird er ebenfalls groß geschrieben:

> Madrid, España, Guadalquivir, la Sierra Nevada, El Salvador, La Habana, La Mancha

– **Institutionen:**

> la (Universidad) Complutense, el Teatro Real, las Cortes, el Congreso

– **Festtage** (kirchlich und weltlich):

> Navidad, Pentecostés, el Día de la Constitución

– **Abkürzungen, Siglen,** auch **abgekürzte Anredeformen:**

> Vd./Ud. (usted), OTAN (Nato), ONU (Uno), EE.UU.(Estados Unidos), UE (Unión Europea) RENFE (Red Nacional de Ferrocarriles Españoles)

– **Religiöse Namen** und **Bezeichnungen** (Gottheiten[1], heilige Schriften, Beinamen oder Attribute):

> Dios, Alá, Yavé, Biblia, Mesías, Inmaculada, ...

[1] Bei Religionen mit mehreren Gottheiten wird nur der Name großgeschrieben:
> el dios Quetzalcoatl, la diosa Venus

– **Geschichtliche Epochen, Stilepochen:**

> la Antigüedad, el Románico, el Renacimiento, el Gótico

20 ♦ Fälle, in denen je nach Funktion oder Bedeutung groß- oder kleingeschrieben wird:

	Großschreibung	Kleinschreibung
Himmelskörper	wenn sie wie ein Eigenname gebraucht werden: El Sol es el astro central de nuestro sistema planetario. En el último eclipse, la Tierra oscureció totalmente a la Luna.	als Erscheinungen des Tagesablaufs oder des Wetters: Hace sol. Sale el sol. Una noche de luna llena.
Himmelsrichtungen	als solche: el Norte, el Sur, el Este, el Oeste	als Bestandteil einer Ortsangabe: el norte de la región
Tierkreiszeichen	als solche: Tauro, Aries, Piscis	wenn sie sich auf eine Person beziehen: Yo soy cáncer.
Studien- und Lehrfächer	als Fach oder Studienrichtung: Ha estudiado Filosofía.	der Inhalt: la filosofía positivista
Institutionen	als Organismus: la Iglesia española, la Policía, el Gobierno británico	Angehörige oder Einrichtungen einer Institution: el policía (Polizeibeamter) la iglesia del pueblo (Gebäude)
Titel, Amtsbezeichnungen	wenn sie allein stehen (Funktion eines Eigennamens) los Reyes Católicos, el Papa, el Presidente	wenn der eigentliche Name folgt: la reina Sofia, el papa Pablo VI, el ex ministro del Interior, el director general del Cesid (in offiziellen Texten, Gesetzen usw. allerdings auch oft großgeschrieben)
Epochen, Kunststile	als Epochenbezeichnung: el Gótico (die Zeit der Gotik)	als Kunststil: el gótico (der gotische Stil)

1.5 Silbentrennung
La separación ortográfica de sílabas

21 ♦ Grundsätzlich wird zwischen Silben getrennt. Kern einer Silbe ist immer ein Vokal, er kann allein eine Silbe bilden (**a**-gua). Meist gehen jedoch ein oder zwei Konsonanten voraus und / oder ein Konsonant schließt die Silbe ab (vi-vir, tra-ba-jar).

♦ **Nicht getrennt werden dürfen:**
Zwei oder mehrere **Vokale** hintereinander (unabhängig davon, ob sie einen Diphthong bilden oder nicht):

tiem-po, tea-tro, poé-tico

Ausnahme: Die Vokale gehören zu zwei verschiedenen, ursprünglich unabhängigen Bestandteilen des Wortes: contra-espionaje

Nicht getrennt werden auch die Digraphen **ll, rr** und **ch** sowie die Buchstabenfolgen **bl, br, dl, dr, pl, pr, tl, tr:**

ca-**ll**ar, pe-**rr**o, co-**ch**e, pro-ba-**bl**e, con-**tr**a

♦ Ein einzelner Vokal sollte nicht allein am Ende einer Zeile stehenbleiben:

amis-ta-des (**nicht:** a-mistades)

♦ Bei **zusammengesetzten Wörtern** oder **Wörtern mit Vor- oder Nachsilben** kann nach den Bestandteilen (den ursprünglichen Wörtern oder Partikeln) oder an der Silbengrenze getrennt werden:

nos-o-tros / no-so-tros
des-a-gra-do / de-sa-gra-do
in-a-de-cua-do / ina-de-cua-do
sub-or-di-na-do / su-bor-di-na-do

1.6 Zahlen Los números

22 ♦ **Zahlen** werden im Spanischen häufiger **in Worten** geschrieben als im Deutschen.

♦ Bei **Zahlen über Tausend** wird jeweils zwischen drei Stellen ein Punkt gesetzt:

3.546.823   7.401

Ordnungszahlen und Datumsangaben → 386, 393

1.7 Die Satzzeichen
La puntuación

23 ## Punkt El punto

Beim Gebrauch des Punktes gibt es nur wenige Unterschiede zwischen dem Spanischen und dem Deutschen.
♦ Der Punkt schließt Sätze, Abschnitte und Texte ab.
Er kennzeichnet auch **Abkürzungen:** Sr. (señor), Sra. (señora), Excmo. (Excelentísimo), …
♦ Steht ein Satz oder Satzteil zwischen Anführungszeichen, so steht der Punkt nach diesen.
♦ **Titel** und **Untertitel** von Büchern, Artikeln, Kunstwerken usw. werden, wenn sie allein stehen, ohne Punkt geschrieben.

Beachte: Kein Punkt bei **Ordnungszahlen,** sie werden mit hochgestelltem ° oder ª geschrieben:

el 5° piso, la 5ª planta.

Punkt bei Zahlen → 22, 386

24 Komma La coma

Die Kommasetzung unterscheidet sich nur in wenigen Fällen von derjenigen im Deutschen.
In folgenden Fällen wird Komma gesetzt:

♦ **Umstandsbestimmungen**
Wird ein Satz durch ein **Adverb** oder eine **adverbiale Wendung** eingeleitet, so steht Komma:

Esta mañana, nos hemos levantado a las siete.	Heute morgen sind wir um sieben Uhr aufgestanden.

♦ Steht ein **Infinitiv,** ein **Gerundio** oder ein **Partizip** anstelle eines Nebensatzes am Satzanfang, so werden diese Ausdrücke durch Komma abgetrennt:

Al verte, me acordé del libro que te iba a devolver.	Als ich dich sah, ist mir das Buch eingefallen, das ich dir zurückgeben wollte.
Paseando por el centro, vi a muchos amigos.	Beim Stadtbummel traf ich viele Freunde.
Muerto el perro, se acabó la rabia.	Problem gelöst, *wörtl.*: Hund tot, Tollwut vorbei. (Sprichwort)
Una vez entrado, no hubo manera de echarlo.	Als er einmal drinnen war, konnte man ihn nicht mehr hinauswerfen.

♦ **Relativsätze**
Im Gegensatz zum Deutschen werden **notwendige (restriktive) Relativsätze nicht durch Komma abgetrennt.**
Relativsätze, die für das Verständnis nicht notwendig sind, d.h. rein erläuternden Charakter haben, werden durch Komma abgetrennt.

Textbeispiel:

Era una vez una Cucaracha llamada Gregorio Samsa **que** soñaba que era una Cucaracha llamada Franz Kafka **que** soñaba que era un escritor **que** escribía acerca de un empleado llamado Gregorio Samsa **que** soñaba que era una Cucaracha. (A. Monterroso: *La oveja negra y demás fábulas*, p.53)	Es war einmal eine Küchenschabe namens Gregorio Samsa, die träumte, sie sei eine Küchenschabe namens Franz Kafka, die träumte, sie sei ein Schriftsteller, der über einen Angestellten namens Gregorio Samsa schrieb, der davon träumte, er sei eine Küchenschabe.

♦ **Elliptische Sätze**
Wenn in einem Satz das Verb fehlt, so steht ein Komma an seiner Stelle:

Paco trabaja en un restaurante. Cecilia, en un bar.	Paco arbeitet in einem Restaurant. Cecilia in einer Bar.

♦ **Aufzählungen und parallele Satzteile**
Aufzählungen und Reihungen gleich strukturierter Satzteile werden durch Komma getrennt, sofern sie nicht durch eine der Konjunktionen **y / e, ní, o** verbunden sind:

Metieron en el coche las sillas, las sombrillas, los flotadores y la nevera, y salieron para la playa.	Sie packten die (Camping-)Stühle, die Sonnenschirme, die Schwimmringe und die Kühltasche ins Auto und fuhren zum Strand.

♦ **Einschübe**

Eingeschobene Satzteile, die den Fluss des Hauptsatzes unterbrechen, stehen zwischen Kommas:

Toda mi familia, incluido mi hermano, estaba de acuerdo.

♦ **Gliedsätze**

Adversativ- , Konsekutiv- und Kausalsätze werden normalerweise durch Komma vom Hauptsatz abgetrennt:

No nos moveremos de aquí, aunque venga el mismísimo Rey.	Wir gehen hier nicht weg, und wenn der König höchstpersönlich kommt.
Ella lo sabía, pero no lo dijo.	Sie wusste es, aber sie sagte es nicht.

♦ **Bedingungssätze**

Bedingungssätze, die **nach** dem Hauptsatz stehen, werden **ohne Komma** angeschlossen. Stehen sie **vor** dem Hauptsatz, so werden sie durch **Komma** abgetrennt:

Te llamo si tengo tiempo. ←→ Si no tienes tiempo, me llamas, y ya está.

♦ **Konnektoren**

Konnektoren stehen in der Regel ebenfalls mit – als Einschübe zwischen – Komma(ta):

esto es, ...	en fin, ...	sin embargo, ...	por lo tanto, ...
es decir, ...	por último,...	en cambio, ...	efectivamente, ...
o sea, ...	por consiguiente, …	en primer lugar, ...	en definitiva, ...

España, es decir, el Estado español, se compone de 17 Comunidades Autónomas.	Spanien, d.h. der spanische Staat, besteht aus 17 Autonomen Gemeinschaften.
Les pedí que me acompañaran y, en efecto, me acompañaron.	Ich bat sie, mich zu begleiten, und in der Tat kamen sie mit mir.

25 Frage- und Ausrufezeichen La interrogación / La admiración

Am **Beginn** einer Frage oder eines Ausrufs stehen **umgekehrtes Frage-** bzw. **Ausrufungszeichen.**

¿Adónde vas esta tarde?	Wohin gehst du heute Nachmittag?
¡Qué vergüenza!	Welch eine Schande!

Beachte: Die einleitenden Frage- bzw. Ausrufezeichen stehen erst dort, wo die eigentliche Frage bzw. der Ausruf beginnt.

Paco, ¡qué alegría verte!	Ich freue mich, dich zu sehen, Paco.
Sara, ¿por qué no me llamaste ayer?	Warum hast du mich gestern nicht angerufen, Sara?

26 Der Gedankenstrich La raya / El guión largo

Wie im Deutschen wird der Gedankenstrich dazu verwendet, eingeschobene Satzteile abzutrennen.

Der Gedankenstrich hat im Spanischen vor allem die Funktion, eine **direkte Rede** einzuleiten.

Textbeispiel:

—¿Dónde quieres cenar?	– Wo willst du zu Abend essen?
—La verdad es que no tengo ganas de comer nada.	– Offen gestanden, möchte ich gar nichts essen.

—Yo tampoco. He bebido un poco más de lo que acostumbro y se me ha cargado la cabeza.
—¿Vamos a dar un paseo?
—Magnífico. Si sientes hambre, dilo.
—Lo diré.
(J. García Hortelano: *Nuevas amistades.* Madrid: 1991, p.50)

– Ich auch nicht. Ich habe ein wenig mehr getrunken, als ich gewohnt bin und habe einen Brummschädel.
– Gehen wir ein wenig raus?
– Hervorragend. Wenn du Hunger hast, sag es.
– Das werde ich.

27 Das Semikolon / der Strichpunkt El punto y coma

Wie im Deutschen trennt das Semikolon Satzteile deutlicher als das Komma. Jedoch werden die einzelnen Abschnitte noch als Teil eines Satzes verstanden. Es wird insbesondere verwendet, um Satzteile zu trennen, die ihrerseits durch Komma untergliedert sind.

Textbeispiel:

... (el Búho) se dio a meditar sobre las evidentes maldades que hacía el León con su poder; sobre la debilidad de la Hormiga, que era aplastada todos los días, tal vez cuando más ocupada se hallaba; sobre la risa de la Hiena, ...
(A. Monterroso: *La oveja negra*, p. 33)

... (der Uhu) verfiel ins Grübeln über die offenkundigen Untaten, die der Löwe mit all seiner Macht beging; über die Schwäche der Ameise, die Tag für Tag zertreten wurde, vielleicht, wenn sie gerade am fleißigsten war; über das Gelächter der Hyäne, ...

Semikolon wird auch häufig vor den Konnektoren **pero, aunque, sin embargo, por tanto, en fin** u. ä. gesetzt, wenn diese längere Perioden einleiten.

28 Der Bindestrich El guión

Neben seiner Funktion als Trennstrich wird er auch gebraucht, um einzelne Wörter eng miteinander zu verbinden: empleados técnico-administrativos.

29 Der Doppelpunkt Los dos puntos

Wie im Deutschen steht der Doppelpunkt vor Aufzählungen:

El mobiliario se componía de: camas, armarios, mesas, sillones, alfombras, y un largo etcétera.

Das Mobiliar bestand aus Betten, Schränken, Tischen, Sesseln, Teppichen und viel mehr.

Nach Doppelpunkt werden nur Zitate großgeschrieben. Im Unterschied zum Deutschen wird der Doppelpunkt im Spanischen nach **der Anrede in Briefen** gesetzt:

Estimado Pablo: / Querido amigo:
Estimados señores: / Muy señores nuestros:

Lieber Pablo, / Lieber Freund,
Sehr geehrte Herren,

30 Die Anführungszeichen Las comillas

Verwendung wie im Deutschen, allerdings wird direkte Rede im Spanischen in der Regel nicht durch Anführungszeichen eingeleitet, sondern durch Gedankenstrich. Gedankenstrich → 26

2 Der Satz
La oración

2.1 Die Satzteile
Subjekt
Prädikat
Direktes und indirektes Objekt
Adverbiale Bestimmung
Apposition
Konkordanz
Gliedsätze

2.2 Schema des Satzbaues
Der Aussagesatz (Normalform und Umstellung)
Der Fragesatz
Die Verneinung

2.1 Die Satzteile Las partes de la oración

31 Subjekt El sujeto

Das Subjekt wird im spanischen Satz häufig nicht explizit genannt, da es durch die Endung des Verbs und oder den sprachlichen oder situativen Kontext in vielen Fällen eindeutig identifiziert ist.

Puedes venir con nosotros a la piscina.	Du kannst mit uns ins Bad gehen.
Su padre es encantador.	Ihr (Isabels) Vater ist sehr nett.
Tiene un chalet en El Viso.	Er hat ein Haus in El Viso.
(G. Hortelano: *Nuevas amistades*, p.51)	

Subjektpronomen → 330 – 332

32 Prädikat El predicado

Das Prädikat besteht in der Regel aus einem Verb, einer Konstruktion aus Hilfs-, Funktions- oder Modalverb und Hauptverb, oder aus dem Verb und einem sog. Prädikatsnomen (meist einem Adjektiv).

¿Te **gusta** mi pelo?	Gefällt dir mein Haar?
Llevo tres días **persiguiéndote** por todo Madrid.	Ich verfolge dich seit drei Tagen durch ganz Madrid.
Leopoldo **estaba sentado** en la cama.	Leopoldo saß auf dem Bett.

33 Direktes und indirektes Objekt El objeto directo e indirecto

Direktes Objekt:
Das **direkte Objekt** entspricht in etwa dem Akkusativobjekt im Deutschen.
Wie dieses wird es **im Passivsatz** zum **Subjekt.**
Da die spanischen Substantive jedoch nicht dekliniert werden, sprechen wir nicht vom Akkusativobjekt, sondern verwenden die Bezeichnung **direktes Objekt.**

Luis está arreglando **su habitación.**	Luis räumt sein Zimmer auf.

♦ Wenn es sich um **Gegenstände** handelt, unterscheidet sich das direkte Objekt formal nicht vom Subjekt.

No he visto **a mis padres** desde hace un mes.	Ich habe meine Eltern seit einem Monat nicht (mehr) gesehen.

♦ Ist das **direkte Objekt** eine bekannte oder bereits erwähnte **Person,** so steht es mit der Präposition **a.** → 359

Indirektes Objekt:
Das **indirekte Objekt** entspricht in etwa dem Dativobjekt im Deutschen. Es ist gekennzeichnet durch die Präpositon **a.** Bei Personen stimmt es daher in der Form mit dem direkten Objekt überein:

Esta mañana he visto **a mi amigo Luis.** (direktes Objekt)	Heute Morgen habe ich mein**en** Freund Luis gesehen. (Akkussativobjekt)
Esta mañana he escrito un e-mail **a mi amigo Luis.** (indirektes Objekt)	Heute Morgen habe ich mein**em** Freund L. eine E-Mail geschickt. (Dativobjekt)

♦ Welche Objekte in einem Satz stehen können, hängt von der **Art** (der Rektion) **des Verbs** ab.
In vielen Fällen steht im Spanischen **direktes Objekt,** wenn im Deutschen ein Akkusativobjekt steht
(transitives Verb), d. h. die Art der Objekte stimmt überein.
Auch das **indirekte Objekt** wird häufig ähnlich verwendet wie im Deutschen das Dativobjekt.

♦ Jedoch stimmen die deutschen und spanischen Verben in der Rektion nicht immer überein:

spanisch	deutsch
preguntar a alguien (indirektes Objekt)	jemand**en** fragen (Akkusativ)
ayudar a alguien (direktes Objekt)	jemand**em** helfen (Dativ)
seguir a alguien (direktes Objekt)	jemand**em** folgen (Dativ)
agradecer algo a alguien (direktes Objekt)	jemand**em** danken **für** (Dativ, präpositionales Objekt)
pedir algo a alguien (direktes Objektiv)	jemand**en** bitten **um** (Akkusativ, präpositionales Objekt)

Syntaktische Besonderheiten der Objekte:
– Stellung des Personalpronomens für das direkte und indirekte Objekt → `335`
– Verwendung der Präposition **a** beim direkten Objekt → `359`
– zusätzliches Pronomen bei Voranstellung des Objekts → `336`

Präpositionales Objekt:
Bei einer Reihe von Verben wird das Objekt durch eine Präposition angeschlossen, z. B.:

dedicarse **a** algo	sich einer Sache widmen
interesarse **por** algo	sich für etwas interessieren
alegrarse **de** algo	sich über etwas freuen

`34` Adverbiale Bestimmung   El grupo / El modificador adverbial

Art und Weise, Ort und Zeit einer Handlung können durch Adverbien oder durch adverbiale
Ausdrücke (adverbiale Bestimmungen) ausgedrückt werden.

Jacinto se sentó junto a la mesa y se estregó **rápidamente** las manos.	Jacinto setzte sich neben den Tisch und rieb sich rasch die Hände.
¿Me acompañas **a la playa**?	Gehst du mit mir zum Strand?
A aquella hora, la casa estaba silenciosa.	Um diese Zeit war es still im Haus.

`35` Die Apposition   La aposición

Angaben zu Personen und Gegenständen können als Beifügung / Apposition im Anschluss an das
betreffende Substantiv (bzw. einen Eigennamen) formuliert werden.

Salí con Joaquín y Carlos, dos compañer**os** de trabajo muy simpátic**os.**	Ich bin mit Joaquín und Carlos, zwei sehr netten Arbeitskollegen, ausgegangen.

Im Unterschied zum Deutschen (die Apposition muss im Fall mit dem Bezugswort übereinstimmen)
stimmt die Apposition im Spanischen in der Zahl, **nicht im Fall** (keine Deklination) mit dem
Bezugswort überein. Auch Präpositionen entfallen.

Hemos escrito **a** Sara, **la prima** de mi mujer.	Wir haben Sara, **der Cousine** meiner Frau, geschrieben.
He hablado con Joaquín, **el camarero del bar.**	Ich habe mit Joaquin, **dem** Kellner der Bar, gesprochen.

36 Konkordanz La concordancia

Häufig wird übersehen, dass im Spanischen im Unterschied zum Deutschen das Adjektiv, wenn es **prädikativisch** (als Prädikatsnomen) gebraucht wird, in Geschlecht und Zahl mit dem Bezugswort übereinstimmen muss (wie das attributivische Adjektiv).   ser / estar → `176` , `177`

En las ciudades latinomamericanas much**os** niñ**os** viven marginad**os**. Después de oír el resultado del examen, salieron content**as** del colegio.	In den lateinamerikanischen Städten leben viele von der Gesellschaft ausgestoßene Kinder. Nachdem sie das Ergebnis der Prüfungen erhalten hatten, verließen sie zufrieden die Schule.

37 Gliedsätze / Nebensätze Oraciones subordinadas

♦ Die Stelle des Subjekts, des Objekts oder der adverbialen Bestimmung kann auch von Nebensätzen eingenommen werden, die man als Subjektsatz, Objektsatz oder Adverbialsatz bezeichnet. Subjekt- und Objektsätze heißen auch Substantivsätze.
♦ Im Unterschied zum Deutschen findet **im spanischen Nebensatz keine Umstellung (Inversion)** zwischen Objekt / adverbialer Bestimmung und Verb statt.

Subjektsätze

Le gusta **que le echen piropos**.	Ihm / ihr gefällt es, wenn man ihm / ihr Komplimente macht.
Me encanta **ir al cine**.	Ich gehe sehr gerne ins Kino.

Objektsätze

Queremos **ir al cine** esta tarde.	Heute abend wollen wir ins Kino gehen.
Me dijo **dónde trabajaba** mañana.	Er sagte mir, wo er morgen arbeiten würde.

♦ Als **adverbiale Nebensätze** werden temporale, kausale, finale, konzessive, konsekutive usw. Nebensätze bezeichnet; sie haben die Bedeutung eines adverbialen Ausdrucks.

Cuando lleguen los amigos, llámame.	Ruf mich an, wenn die Freunde ankommen.
Lo he hecho **como me dijiste**.	Ich habe es so gemacht, wie du mir gesagt hast.

♦ **Attributsätze** sind Relativsätze und sogenannte appositive dass-Sätze.

Hemos comprado un coche **que gasta poco**.	Wir haben ein Auto gekauft, das wenig verbraucht.
Tengo la impresión **de que está enfadada**.	Ich habe den Eindruck, dass sie verärgert ist.

2.2 Schema des Satzbaus
El orden de las palabras

Die **Satzstellung** ist im Spanischen **relativ frei.** Bestimmte Satzteile können an verschiedenen Stellen des Satzes stehen.

38 Allerdings gibt es einige **Grundregeln,** die in jedem Fall einzuhalten sind:

♦ Bei den zusammengesetzten Zeiten darf zwischen Hilfsverb und Hauptverb nichts eingeschoben werden.
♦ Dem Verb am nächsten steht das verbundene Personalpronomen.
♦ Die Verneinungspartikel **no** steht ebenfalls so nahe wie möglich vor dem Verb; sie kann lediglich durch ein verbundenes Personalpronomen verdrängt werden. Die Verneinung muss in jedem Fall durch eine Partikel **vor** dem Verb ausgedrückt werden.

2.2.1 Der Aussagesatz La oración enunciativa

39 **Die Normalform des Aussagesatzes**

Zeit-ang.	Subjekt	Ver-neinung	Verbund. Pronomen	Verb(gruppe)	direktes Objekt	indirektes Objekt	adverbiale Angabe
				Entiendo.			
			Lo	entiendo.			
		No	(lo)	entiendo.			
	(Mi padre)	(no)	me	entiende.			
	Silvia	(no)	les	envía	el paquete.		
	Silvia	(no)	les[1]	envía	el paquete	a sus padres.	
	Silvia	(no)	les[1]	envía	el paquete	a sus padres	esta tarde.
	Silvia	(no)	les[1]	va a enviar	el paquete	a sus padres	por correo.
Esta tarde	Silvia	(no)	les[1]	va a enviar	el paquete	a sus padres	por correo.

[1] Die Vorwegnahme des indirekten Objekts durch das verbundene Pronomen ist fakultativ, jedoch üblich, insbesondere in der Umgangssprache.

♦ Vor dem Verb stehen jeweils die stärker schattierten Satzteile – sofern sie vorhanden sind – näher beim Verb.
♦ Sind zwei adverbiale Bestimmungen am Satzende vorhanden, so steht die Zeitangabe, sofern sie nicht besonders hervorgehoben werden soll, vor der Angabe des Ortes oder der Art und Weise.
♦ Die Zeitangabe befindet sich sehr oft am Satzanfang.

Notwendige Umstellung

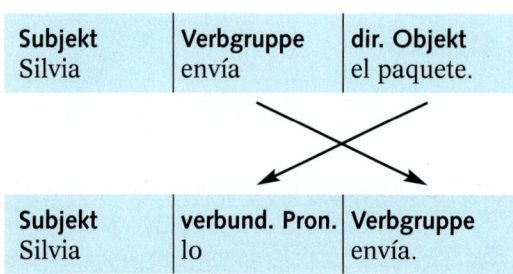

Subjekt	Verbgruppe	dir. Objekt
Silvia	envía	el paquete.

Subjekt	verbund. Pron.	Verbgruppe
Silvia	lo	envía.

Ist das direkte Objekt ein **Personalpronomen,** so steht es dem obigen Schema entsprechend vor der konjugierten (finiten) Verbform.

Stellung des Personalpronomens im Satz → 334

40 Mögliche Umstellungen

Durch Umstellung können einzelne Satzteile besonders **hervorgehoben werden.**

1. Verb – Subjekt

Diese Satzstellung ist sehr häufig bei **Infinitiv-, Gerundial- und Partizipialkonstruktionen** und beim **reflexiven Passiv.**

Al entrar **ella,** todos se callaron.	Als sie hereinkam, verstummten alle.
Diciendo esto, abandonó el local.	Er / sie sagte das und verließ den Raum.
Se venden **muchas bicicletas.**	Es werden viele Fahrräder verkauft.

Diese Umstellung wird auch bei **Fragesätzen** vorgenommen.

Fragesatz → 41

2. Objekt – Verb

La carta, la escribe Carmen.	Den Brief schreibt Carmen.
A sus padres, les va a enviar un paquete.	Seinen Eltern wird er / sie ein Paket schicken.

Steht das Objekt vor dem Verb – wo sich normalerweise das Subjekt befindet – , so muss es durch Hinzufügen des entsprechenden **Pronomens** als Objekt gekennzeichnet werden.

3. Adverbiale Bestimmung – Objekt

Ana escribe **esta tarde** una carta.	Ana schreibt heute nachmittag einen Brief.

Die adverbiale Bestimmung kann auch unmittelbar nach dem Verb stehen.

2.2.2 Der Fragesatz La oración interrogativa

41

¿A qué hora vendrán **tus amigos?**	Um wieviel Uhr kommen deine Freunde?
¿Por qué no lo hace **Pepe**?	Warum macht das nicht Pepe?
¿Cuál ha sido **el personaje** más difícil que ha interpretado usted?	Welches war die schwierigste Gestalt, die Sie gespielt haben?

♦ Wird eine Frage durch ein **Fragewort** eingeleitet, so steht das Subjekt nach dem Prädikat **(Inversion).**

¿Ha pasado **el cartero**?	Ist der Briefträger schon gekommen?

♦ Auch **Fragen ohne Fragewort** weisen zuweilen **Inversion** auf.

El tren llega a las doce, ¿**no**?	Der Zug kommt um neun, ja?
Tú tampoco tienes dinero, ¿**verdad**?	Du hast auch kein Geld, nicht wahr?

♦ Erwartet man eine bestätigende Antwort, so ist die **Satzstellung im Fragesatz** identisch mit dem **Aussagesatz**. Die Frage wird ausgedrückt durch die zum Satzende hin aufsteigende **Satzmelodie** und meist durch eine Partikel am Satzende, die Bestätigung fordert.

2.2.3 Die Verneinung La negación

42 Verneinungspartikel

No hace frío.	Es ist **nicht** kalt.
Hoy **no** van al cine.	Sie gehen heute **nicht** ins Kino.
No, a este chico **no** lo conozco.	Nein, diesen jungen Mann kenne ich **nicht**.

♦ Die **Verneinung** wird im Spanischen durch die Partikel **no** ausgedrückt. Sie steht unmittelbar **vor dem Verb** bzw. **vor dem verbundenen Personalpronomen**.
No = *nein*, wenn es alleine steht bzw. durch Komma abgetrennt ist.

♦ Die Verneinung kann auch durch **andere Partikeln** ausgedrückt werden. Solche Partikeln sind:

tampoco	auch nicht	**nada**	nichts	**nunca / jamás**	nie(mals)
		ninguno/a	keine/r	**nadie**	niemand

—A mí **no** me gusta este cuadro.	Mir gefällt dieses Bild **nicht**.
—A mí **tampoco** me gusta.	– Mir gefällt es **auch nicht**.
Nosotros **tampoco** fuimos a la fiesta.	Wir sind **auch nicht** zur Party gegangen.

♦ Wie **no** steht **tampoco vor dem Verb**.

Nadie sabe cuánto dura esto.	**Niemand** weiß, wie lange das dauert.
Nada es tan importante como la salud.	**Nichts** ist so wichtig wie die Gesundheit.
Nada es como parece.	**Nichts** ist so, wie es aussieht.
Ninguno de ellos me gusta.	**Keiner** von ihnen gefällt mir.
Nunca comen antes de las dos de la tarde.	**Nie** essen sie vor zwei Uhr nachmittags.

♦ Die **Voranstellung** dieser Verneinungspartikeln dient der **besonderen Betonung**.
♦ In Verbindung mit **no** stehen **nada, nadie, ninguno, nunca** nach dem Verb. → **43**

43 Doppelte Verneinung

No he visto **nunca** una película tan divertida.	Ich habe noch **nie** einen so lustigen Film gesehen.
Aunque trabajamos en la misma empresa, **no** nos vemos **nunca.**	Obwohl wir in derselben Firma arbeiten, sehen wir uns **nie**.

La semana pasada tuve un accidente con la bici, pero **no** me pasó **nada**.	Vergangene Woche hatte ich einen Fahrradunfall, aber es ist mir nichts passiert.
No hacemos **nada**.	Wir tun **nichts**.
Aquí **no** conocemos **a nadie**.	Wir kennen hier **niemanden**.
Cecilia envió su carta a varias revistas, pero **no** la ha publicado **ninguna**.	Cecilia hat ihren Leserbrief an verschiedene Zeitschriften geschickt, aber **keine** hat ihn veröffentlicht.

♦ Die **Verneinungspartikel** werden meist zusammen mit **no** gebraucht. In diesem Fall stehen sie **nach** dem **Verb**: no ... nunca, no ... nada. Die Partikel **no** darf dabei nicht fehlen.

44 Besondere Fälle

¿Sabéis **algo**? Aquí nadie sabe **nada**.	Wisst ihr **etwas**? Hier weiß niemand **etwas**.
—¿Conoces **a alguien**?	Kennst du **jemanden**?
—No, **no** conozco **a nadie**.	– Nein, ich kenne **niemanden**.

♦ Im **verneinten Satz** wird **algo** zu **nada**, **alguien** zu **nadie**.

No tiene coche **ni** piensa comprarse uno.	Er / sie hat kein Auto und will sich auch keines kaufen.
No escribe **ni** llama por teléfono.	Er / sie schreibt nicht und ruft auch nicht an.

♦ Dem deutschen *und auch nicht / weder ... noch* entspricht im Spanischen **no ... ni**.

Ni tú **ni** yo ...	Weder du noch ich ...
Ni la mesa **ni** las sillas están limpias.	Weder Tisch noch Stühle sind sauber.

♦ Folgt das Verb nicht unmittelbar auf die Verneinungspartikel, so steht **ni ... ni**.

3 Die Zeiten des Indikativs
Los tiempos del indicativo

3.1 Das Präsens

3.2 Das Indefinido / Perfecto simple

3.3 Das Imperfekt

3.4 Indefinido und Imperfekt

3.5 Das Perfekt

3.6 Das Plusquamperfekt

3.7 Das Pretérito anterior

3.8 Das Futur
Das Futur I
Das Futur II

3.9 Das Konditional
Das Konditional I
Das Konditional II

◆ Aus Gründen der Übersichtlichkeit wird hier nur die regelmäßige Bildung der jeweiligen Zeiten angeführt.
◆ Statt **Pretérito indefinido** bzw. **Perfecto simple** wird aus Gründen der besseren Übersichtlichkeit durchgängig die Bezeichnung **Indefinido** verwendet.
◆ Unregelmäßigkeiten und Besonderheiten der Konjugation (Klassenverben) sind in Kapitel 5 ausführlich dargestellt.
◆ Auf die jeweiligen Besonderheiten wird an den betreffenden Stellen verwiesen.

3.1 Das Präsens
El presente de indicativo

Formen

45 **Regelmäßige Verben auf -ar, -er und -ir**

	tom**ar**	com**er**	viv**ir**
yo	tom**o**	com**o**	viv**o**
tú	tom**as**	com**es**	viv**es**
él/ella/usted	tom**a**	com**e**	viv**e**
nosotros/as	tom**amos**	com**emos**	viv**imos**
vosotros/as	tom**áis**	com**éis**	viv**ís**
ellos/as/ustedes	tom**an**	com**en**	viv**en**

♦ Beachte den **Wechsel der Betonung** (unterstrichene Silben);
Singular und **3. Person Plural: Stamm** betont; **1./2. Pers. Plural: Endung** betont.

♦ **Besonderheiten der Konjugation** → **Kapitel 5:**
– Verben mit Änderung der Schreibweise → 110 – 114
– Klassenverben → 115 – 123
– unregelmäßige Verben → 140 – 156

Gebrauch

46 **Darstellung der Gegenwart**

Pepe no **está** en casa.	Pepe ist nicht zu Hause.
La Tierra **es** redonda.	Die Erde ist rund.
En mi casa **comemos** a las dos.	Zu Hause essen wir um 2 Uhr zu Mittag.

♦ Das Präsens bezeichnet eine **aktuelle Handlung** oder einen **aktuellen Zustand.**
♦ Das Präsens drückt auch **allgemeingültige Aussagen** oder **Wahrheiten** aus.
♦ Das Präsens der Gewohnheit (presente habitual) bezieht sich auf **wiederholte** oder **gewohnheitsmäßige Handlungen.**

47 **Das historische Präsens** El presente histórico

En 1492, los Reyes Católicos **toman** Granada.	Im Jahre 1492 nehmen die Katholischen Könige Granada ein.
El 5 de enero de 1998 el Rey **celebra** su 60 cumpleaños.	Am 5. Januar 1998 feiert der (spanische) König seinen 60. Geburtstag.

♦ Wie im Deutschen kann das Präsens auch gebraucht werden, um eine **Handlung der Vergangenheit** lebendiger darzustellen (historisches Präsens).

Anmerkung:
In der **Umgangssprache** wird das historische Präsens nicht selten durch **va / y va** oder (seltener) **coge / y coge** bzw. **agarra / y agarra** (Argentinien) ergänzt und hervorgehoben.

Ayer me **encuentro** con Marcos y **va** y me **dice** que no **entiendo** de motores. Le **dan** el dinero que le debían y **coge** y lo **pierde.** Le **cuentan** lo que estaba sucediendo en la calle y **agarra** y **sale** a presenciarlo.	Gestern treffe ich (den) Marcos und da sagt er mir plötzlich, ich würde nichts von Motoren verstehen. Da gibt man ihm das Geld, das man ihm schuldig war, und was tut er, er verliert es. Man berichtet ihm, was auf der Straße los ist, und er, nicht faul, geht hin und schaut es sich an.

48 Das Präsens als Äquivalent für *sollen*

¿Te **llamo** esta tarde? ¿Os **reservamos** una entrada?	Soll ich dich heute Nachmittag anrufen? Sollen wir euch eine Eintrittskarte zurücklegen?

♦ Bei Fragen in der ersten Person Singular und Plural entspricht das Präsens in der Regel einer deutschen Fragestellung mit *sollen*.

49 Präsens für Futur El presente en función de futuro

Mañana **salimos** de viaje. Ya **voy**, espérame.	Morgen gehen wir auf Reisen. Ich komme gleich heraus, warte (einen Moment).

♦ Wie im Deutschen können **zukünftige Handlungen oder Vorgänge** im Präsens ausgedrückt werden. Der Ausdruck wird dadurch lebendiger.
♦ Das Präsens kann auch benutzt werden, um eine **gerade beginnende Handlung** auszudrücken (presente ingresivo).

Anmerkung:
In der **Umgangssprache** entspricht das Präsens nach den Ausdrücken **por poco** oder **casi** einem **Pluscuamperfecto de subjuntivo** (presente de conato).

Por poco me **caigo.** (Por poco me hubiera caído.) Se hizo noche y casi nos **perdemos.**	Beinahe wäre ich gefallen. Es wurde Nacht und fast hätten wir uns verirrt.

50 Präsens als Imperativ El presente en función de imperativo

Vas a la panadería y **compras** unos panecillos.	Du gehst in die Bäckerei und kaufst ein paar Brötchen. (Geh … und kaufe …)

♦ Wie im Deutschen kann das Präsens **als Imperativ** verwendet werden; es kann bei entsprechender Betonung besonders energisch wirken.

3.2 Das Indefinido
El pretérito indefinido / El perfecto simple

Formen

51 **Regelmäßige Verben auf -ar, -er und -ir**

	tom**ar**	com**er**	viv**ir**
yo	tom**é**	com**í**	viv**í**
tú	tom**aste**	com**iste**	viv**iste**
él/ella/usted	tom**ó**	com**ió**	viv**ió**
nosotros/as	tom**amos**	com**imos**	viv**imos**
vosotros/as	tom**asteis**	com**isteis**	viv**isteis**
ellos/as/ustedes	tom**aron**	com**ieron**	viv**ieron**

♦ Alle Formen sind **endungsbetont,** daher keine Diphthongierung im Stamm.
♦ Bei den Verben auf **-ar** und **-ir** ist die 1. Person Plural formengleich mit dem Präsens.
♦ Verben, bei denen der **Stamm** mit **j, ñ** oder **ll** endet, verlieren in der **3. Person Plural** (Indefinido) das **i** der Endung: **dijeron, trajeron, riñeron, bulleron.**
♦ **Besonderheiten der Konjugation**   → Kapitel 5:
– Verben mit Änderung der Schreibweise → 110, 112, 132, 133
– Klassenverben → 117 – 121
– Verben **ir** und **ser** → 134
– Verben mit unregelmäßigem Indefinido → 135

Gebrauch

52 **In der Vergangenheit abgeschlossene Handlung**

Me **mudé** de casa el mes pasado.	Letzten Monat bin ich umgezogen.

♦ **Abgeschlossene** Handlung, die innerhalb eines **abgeschlossenen Zeitraums** stattgefunden hat. **Schlüsselwörter** z.B.: **ayer, la semana pasada / el año pasado, hace un siglo,** sowie Datum.

♦ **Beachte:** Die Dauer der Handlung spielt dabei keine Rolle.

Vergangenheit		**Gegenwart**
_____		
Handlung		

Esta mañana no **desayuné** en casa.	Heute morgen habe ich nicht zu Hause gefrühstückt.
Hace media hora **estuvo** aquí.	Er / sie war vor einer halben Stunde hier.

♦ Bei **punktuellen Handlungen innerhalb eines noch nicht abgeschlossenen Zeitraums** wird in **bestimmten Regionen Spaniens** ebenfalls **Indefinido** (statt Perfecto) gebraucht, im **lateinamerikanischen Spanisch** ist dies üblich.

Pretérito perfecto → 70

53 Das Indefinido als Ausdruck der Vorvergangenheit

El niño se **metió** en la cama y se **tapó** con la sábana porque **vio** una sombra en la ventana que lo **asustó**.	Das Kind schlüpfte ins Bett und zog die Decke über den Kopf, weil es am Fenster einen Schatten gesehen hatte, der es erschreckt hatte.

♦ Folgen **mehrere in sich abgeschlossene Handlungen** aufeinander, so stehen die entsprechenden Verben jeweils im **Indefinido.** Das Indefinido kann in der Umgangssprache das Pluscuamperfecto ersetzen (Vorzeitigkeit).

3.3 Das Imperfekt El pretérito imperfecto

Formen

54 Regelmäßige Verben auf -ar, -er und -ir

	tom**ar**	com**er**	viv**ir**
yo	tom**aba**	com**ía**	viv**ía**
tú	tom**abas**	com**ías**	viv**ías**
él/ella/usted	tom**aba**	com**ía**	viv**ía**
nosotros/as	tom**ábamos**	com**íamos**	viv**íamos**
vosotros/as	tom**abais**	com**íais**	viv**íais**
ellos/as/ustedes	tom**aban**	com**ían**	viv**ían**

♦ Die **Endungen** der Verben auf **-er** und **-ir** sind gleich.
♦ Die **Endungen** der **1.** und **3. Person Singular** sind gleich.
♦ **Klassenverben:** Da alle Formen des Imperfecto **endungsbetont** sind, werden sie **nicht diphthongiert.**
♦ Nur die Verben **ir, ser** und **ver** haben **unregelmäßiges Imperfecto.** → 136

Gebrauch

55 Zustand in der Vergangenheit

Cuando yo **era** niño, no **tenía** radio.	Ich hatte als Kind kein Radio.
Se **llamaba** Paco, **tenía** 22 años y **era** alto y moreno.	Er hieß Paco, war 22 Jahre alt, groß und dunkelhaarig.
La habitación **era** espaciosa y **daba** al sur.	Das Zimmer war geräumig und ging nach Süden.
La mañana **era** clara, los pájaros **cantaban** en la arboleda, la temperatura **era** agradable.	Der Morgen war hell, die Vögel sangen in den Bäumen, die Temperatur war angenehm.

♦ Das **Imperfecto** wird verwendet, wenn von einem vergangenen **Zustand** (Situation, Eigenschaft) gesprochen wird, dessen **Dauer nicht bekannt** oder **nicht von Interesse** ist.
Beachte: Die **Dauer** kann auch **sehr kurz** sein!
♦ **Name, Alter, Farbe, Größe, Zeitangabe, Lage und Form** werden in der Regel im **Imperfecto** ausgedrückt.

Vergangenheit	Gegenwart
• • • • ⟶ Zustand	

56 Gewohnheit

Siempre que **salía** de casa, **cerraba** la puerta con llave. Todos los días **leía** el periódico mientras **desayunaba.** Cuando eras pequeña, ¿**veías** mucho la tele?	Immer wenn er / sie aus dem Haus ging, schloss er / sie die Tür ab. Jeden Tag las er / sie die Zeitung, während er / sie frühstückte. Hast du viel ferngesehen, als du klein warst?

♦ Bei perfektiven oder Handlungsverben bezieht sich das **Imperfecto** i. d. Regel auf die **gewohnheitsmäßige Wiederholung** der betreffenden Handlung. (Die Zahl der Wiederholungen ist unbekannt.)

Vergangenheit	Gegenwart
● ● ● ━━━ ● ● ● ━━━ ● ● ● ➡ gewohnheitsmäßige Handlungen	

57 Das Imperfecto der Höflichkeit

¿Qué **deseaba** usted? **Quería** decirle que no podré terminar la obra en el plazo previsto.	Was wünschen Sie? Ich wollte Ihnen sagen, dass ich das Werk nicht zum vereinbarten Termin fertigstellen kann.

♦ Das **Imperfecto** der Höflichkeit bezieht sich eigentlich auf die Gegenwart. Es drückt **Bescheidenheit** oder eine **vorsichtige Bitte** aus.

58 Das spielerische Imperfecto

Yo **era** el rey, tú **eras** la reina.	Ich wäre der König, du die Königin.

♦ Im **Sprachgebrauch der Kinder** drückt das **Imperfecto** eine **Vorstellung** aus.

59 Überraschung

¡No **sabía** que fuerais paisanos! Pero, ¿no **estabas** en Córdoba?	Ich wusste nicht, dass ihr Landsleute seid. Aber, solltest du nicht in Córdoba sein?

♦ Das **Imperfecto** wird auch verwendet, um **Erstaunen** oder **Überraschung** auszudrücken. Es wird dann häufig durch **no** oder **pero (no)** eingeleitet.

60 Beginnende Handlung

Me encuentran aquí por pura casualidad, porque ya me **iba**.	Es ist reiner Zufall, dass Sie mich hier antreffen, ich wollte nämlich gerade gehen.

♦ Das **Imperfecto** drückt auch eine **beginnende** oder lediglich **versuchte Handlung** aus.

61 Imperfecto anstelle von Condicional

Si tuviera dinero, me **compraba** (compraría) una bicicleta. Aunque me ofreciera millones, no se lo **vendía** (vendería).	Wenn ich Geld hätte, würde ich mir ein Fahrrad kaufen / kaufte ich mir ein Fahrrad. Selbst wenn er / sie mir Millionen böte, würde ich es ihm / ihr nicht verkaufen.

♦ In **Bedingungs-** und **Konzessivsätzen** kann in der **Umgangssprache** das **Imperfecto** im Hauptsatz anstelle des Konditionals stehen. Dadurch wird der Aussage größerer **Nachdruck** und größere **Wirklichkeitsnähe** verliehen.

62 Verben des Sagens und Schreibens

El otro día me **decía** un amigo que en su empresa **había** un puesto libre.	Vor kurzem sagte mir ein Freund, dass in seiner Firma eine Stelle frei sei.

♦ Bei Verben wie **decir** und anderen (auch Ausdrücken), die sich auf eine **mündliche** oder **schriftliche Äußerung** beziehen, wird häufig das **Imperfecto** verwendet, auch wenn es sich um eine **einmalige Äußerung** handelt.

63 Indirekte Rede

Su madre me dijo que Pepe no **estaba.**	Seine Mutter sagte mir, dass Pepe nicht zu Hause sei.

Zur Verwendung des Imperfecto in der indirekten Rede → 167

3.4 Indefinido und Imperfekt
Pretérito indefinido y pretérito imperfecto

Stehen mehrere Verben im Satz, lassen sich drei Fälle unterscheiden:

64 Imperfecto – Imperfecto

Mientras unos **cantaban,** otros **bailaban.**	Während die einen sangen, tanzten die andern.
Había mucha gente en el andén. Unos **iban** de allá para acá, otros **esperaban** sentados.	Es waren viele Leute auf dem Bahnsteig. Die einen gingen auf und ab, die anderen saßen und warteten.
Delante del teatro **había** un montón de gente esperando. Unos **hablaban** acaloradamente, otros **esperaban** en silencio.	Vor dem Theater standen viele Leute und warteten. Die einen unterhielten sich lebhaft, die anderen warteten schweigend.

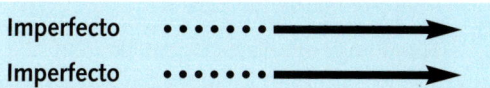

♦ Soll hervorgehoben werden, dass **mehrere Handlungen gleichzeitig** im Gange waren, stehen die betreffenden Verben im **Imperfecto.** Wichtig ist dabei lediglich, dass die Handlungen oder Vorgänge während einer gewissen Zeit parallel ablaufen; Anfang, Ende und die Dauer sind nicht von Interesse.

65 Indefinido – Indefinido

Cuando él **encontró** trabajo, nos **casamos**.	Als er Arbeit fand (gefunden hatte), heirateten wir.
Subió al coche, **arrancó** el motor y **salió** pitando.	Er stieg ins Auto, ließ den Motor an und brauste davon.

Indefinido	Indefinido	Indefinido
▬▬▬▬	▬▬▬▬	▬▬▬▬

♦ Werden die **Handlungen** als **aufeinanderfolgend** und jeweils **in sich abgeschlossen** angesehen, so stehen die Verben im **Indefinido**.

66 Imperfecto – Indefinido

En seguida **noté** que se **fijaba** en mí.	Ich merkte gleich, dass er mich beobachtete.
No **fuimos** de excursión porque **estaba lloviendo**.	Wir machten keinen Ausflug, weil es regnete.
Tenía veinticinco años cuando **se casó**.	Er / Sie war 25 Jahre alt, als er / sie heiratete.

♦ Setzt eine Handlung neu ein, während ein anderer Vorgang bereits abläuft, so steht der **noch nicht abgeschlossene Vorgang** im **Imperfecto**, die **neueinsetzende Handlung** im **Indefinido**.

67 Zusammenfassende Gegenüberstellung

Die Zeiten **Imperfecto** und **Indefinido** drücken neben dem zeitlichen Ablauf auch folgende **Bedeutungsunterschiede** aus:

Imperfecto	Indefinido
Begründung, auslösende Handlung	**Schlussfolgerung,** Folgehandlung, Reaktion
Beschreibung des Aussehens einer Person, einer Sache oder eines Vorgangs; **Leitfragen:** – Wie sah jemand / etwas aus? – Was war gerade im Gange, als etwas passierte?	**Bericht** zeitlich fixierter und abgeschlossener Handlungen **Leitfragen:** – Was passierte dann? – Was veränderte sich? – Wie reagierte die Person?
Hintergrundinformationen z.B. Alter einer Person, Uhrzeit, Ortsangaben	**Handlung,** um die es eigentlich geht, die im Vordergrund (im Zentrum des Interesses) steht

Textbeispiel:

Él **estaba** en un semáforo, esperando para poder cruzar, y yo **estaba** atrapada en un atasco. **Era** un chico de unos veinticinco años, alto, de pelo oscuro, guapo. Me lo **quedé** mirando no sé muy bien por qué: tal vez porque **era** alto, de pelo oscuro y guapo; pero también por algo más que, de primeras, no **supe** definir. **Llevaba** un periódico en una mano y **vestía** unos pantalones negros y una chaqueta tejida con diversos colores, como las que he visto en Guatemala. **Era** una chaqueta bonita y además hay muchas personas que usan ese tipo de ropa artesanal. De manera que tampoco **fue** su vestimenta lo que **atrajo** mi atención. Entonces el semáforo **se abrió** y el chico **cruzó** por delante de mí. Ahí **fue** cuando **entendí**. **Era** su manera de moverse, de caminar, de estar.

Er stand an einer Ampel und wartete darauf, hinübergehen zu können, und ich stand im Stau. Er war ein junger Mann von etwa 25 Jahren, groß, dunkelhaarig, schön. Ich schaute ihn mir genau an, ich weiß nicht mehr warum. Vielleicht weil er groß, dunkelhaarig und schön war, aber auch aus einem anderen Grund, den ich zunächst nicht nennen konnte. In der einen Hand hatte er eine Zeitung und er trug eine schwarze Hose und eine Jacke in verschiedenen Farben, wie ich sie in Guatemala gesehen habe. Es war eine hübsche Jacke und außerdem tragen viele Leute solch handgearbeitete Kleidung. Es war also auch nicht seine Aufmachung, die meine Aufmerksamkeit auf sich zog. Dann wurde die Ampel grün und der junge Mann ging vor mir über die Straße. Da begriff ich es. Es war seine Art, sich zu bewegen, zu gehen, dazustehen.

(Rosa Montero, *EPS,* 18/10/98, p.10)

68 Verben mit Bedeutungsänderung (Perfektive – imperfektive Verben)

♦ Für die Verwendung und Unterscheidung insbesondere der Vergangenheitszeiten spielt im Spanischen in bestimmten Fällen die **Grundbedeutung der Verben** eine wichtige Rolle.
Man unterscheidet zwischen **perfektiven** und **imperfektiven** Verben.
♦ **Perfektive** Verben (Handlungsverben) beziehen sich auf Handlungen, bei denen man in der Regel **Anfang** und **Ende** angeben kann, z.B.:
sentarse (sich setzen), **comprar** (kaufen), **hablar** (sprechen), **bailar** (tanzen), **comer** (essen) usw.
♦ **Imperfektive** Verben dagegen sind Verben, die sich eher auf einen **Zustand** oder einen **Verlauf** beziehen, dessen Ende nicht bekannt ist, z.B.: **saber** (wissen), **conocer** (kennen), **parecer** (aussehen) usw.
♦ Stehen **perfektive Verben** im **Imperfecto**, so drücken sie in der Regel eine **Gewohnheit** aus.
Bei einer Reihe von **imperfektiven Verben ändert sich die Bedeutung** mehr oder weniger stark, wenn sie im **Indefinido** stehen. Je nach Kontext kann das Indefinido einem anderen deutschen Verb entsprechen als das Imperfecto.

Wichtige Fälle:

conocer
Imperfecto: kennen | **Indefinido:** kennenlernen

Yo a Maribel la **conocí** en una fiesta de cumpleaños. | Maribel **lernte** ich auf einer Party **kennen**.
Ella, al parecer, ya me **conocía** de vista. | Sie **kannte** mich anscheinend schon vom Sehen.

saber
Imperfecto: wissen | **Indefinido:** erfahren, etwas (als Reaktion / Antwort) einfallen, können, wissen

Todo el mundo **sabía** que era una persona muy honrada. | Alle **wussten**, dass er / sie eine sehr anständige Person war.

Sus amigos no **supieron** del accidente hasta un mes después.	Seine / ihre Freunde **erfuhren** erst einen Monat später von dem Unfall.
Lo suspendieron porque no **supo** responder a varias preguntas que le hizo el profesor.	Er fiel durch (die Prüfung), weil er auf verschiedene Fragen des Lehrers nicht **antworten konnte.**
Cuando ella se puso a llorar, yo no **supe** qué hacer.	Als sie zu weinen anfing, **wusste** ich nicht, was ich tun sollte.

ser
Imperfecto: sein

Indefinido: häufig Ersatz für anderes Verb (stattfinden, geschehen, werden, sich benehmen)

Su hermano **era** ingeniero.	Sein / ihr Bruder **war** Ingenieur.
La manifestación **fue** el sábado.	Die Demonstration **fand** am Samstag **statt**.
A los 22 años **fue** mamá por primera vez.	Mit 22 Jahren bekam sie ihr erstes Kind (wörtl.: sie **wurde** Mutter).
Su novela **fue** un gran éxito.	Sein / ihr Roman **wurde** ein großer Erfolg.

tener
Imperfecto: haben (besitzen)

Indefinido: bekommen (Besuch, Kinder, Post, ...), haben (passieren, ein Fall tritt ein)

Cuando **tuvo** su tercer hijo se llevó una decepción. Ya **tenía** dos varoncitos y esperaba una niña.	Als sie ihr drittes Kind **bekam**, war sie enttäuscht. Sie **hatte** schon zwei Söhne und wollte gern eine Tochter.
Durante el viaje **tuvimos** algunos problemas.	Unterwegs **hatten/bekamen** wir ein paar Probleme.
Ayer **tuve** carta de un viejo amigo del colegio.	Gestern **bekam** ich einen Brief von einem alten Schulfreund.
Lo siento, el sábado no pude venir porque **tuvimos** visita de unos amigos.	Leider konnte ich am Samstag nicht kommen, weil wir Besuch von Freunden **bekamen**.

♦ Die Bedeutungsveränderung betrifft meist Verben, deren **Grundbedeutung** eher einen **Zustand** – nicht so sehr eine Handlung – ausdrückt (**imperfektive** Verben). Diese Verben erhalten im **Indefinido** die Bedeutung verwandter **perfektiver** Verben, die eine entsprechende **Handlung** ausdrücken.

ir
Imperfecto: unterwegs sein

Indefinido: einen Weg zurückgelegt haben

Iba al colegio cuando pasó el accidente.	Er / sie **war** gerade **auf dem Weg** in die Schule, als der Unfall passierte.
Ayer **fui** a hablar con el jefe.	Gestern **ging** ich zum Chef, um mit ihm zu sprechen.
Nos quedamos un día en Bilbao y después **fuimos** a Santander.	Wir blieben einen Tag in Bilbao und dann **fuhren** wir nach Santander.

llevar
Imperfecto: bei sich haben, tragen (Kleidung)

Indefinido: (hin)bringen, mit Zeitangabe: brauchen

Cuando la vi, **llevaba** un jersey rojo.	Als ich sie sah, **trug** sie einen roten Pullover.
Como necesitaba urgentemente los papeles, se los **llevé** a su casa.	Da er / sie die Papiere dringend brauchte, **brachte** ich sie ihm / ihr nach Hause.
Pintar la habitación nos **llevó** cinco horas.	Wir brauchten 5 Stunden, um das Zimmer zu streichen.

3.5 Das Perfekt El pretérito perfecto

69 Bildung des Pretérito perfecto

	Hilfsverb	Partizip	Bildung des Partizips:
yo	he	tomado (un café)	Verben auf -ar → -ado
tú	has	comido (unos bocadillos)	Verben auf -er/-ir → -ido
él/ella/usted	ha	vivido	
nosotros/as	hemos	hecho	
vosotros/as	habéis	puesto	
ellos/as/ustedes	han	ganado	

♦ Bildung des Pretérito perfecto: **Präsens des Hilfsverbs haber + Partizip**
♦ Es wird nur das Hilfsverb **haber** verwendet.
♦ Das Partizip verändert sich dabei nicht.
♦ Zwischen Hilfsverb und Partizip dürfen keine anderen Elemente des Satzes stehen.

Besonderheiten der Konjugation:
– unregelmäßige Partizipien   → 124
– Akzentsetzung bei -ido   → 125, 143, 148, 154

70 Handlung(en) innerhalb eines nicht abgeschlossenen Zeitraumes

Esta mañana me **he levantado** a las siete.	Heute morgen bin ich um 7 Uhr aufgestanden.
Ya **hemos hablado** suficientemente del tema.	Wir haben schon genug von diesem Thema gesprochen.

♦ Im **Perfecto** steht eine **Handlung**, die **innerhalb** eines **noch nicht abgeschlossenen Zeitraums** stattgefunden hat.
♦ Schlüsselwörter: **hoy, esta mañana, esta tarde, esta semana, este año, ya ...**

noch nicht abgeschlossener Zeitraum (Tag, Woche, Jahr, ...)

Augenblick des Sprechens / Schreibens

71 Noch nicht abgeschlossene Handlung(en)

Hasta ahora se han matriculado 20 alumnos.	Bis jetzt haben sich 20 Studenten eingeschrieben.
Mandé la carta hace un mes y **todavía no** me **han contestado.**	Ich schickte den Brief vor einem Monat und man hat mir immer noch nicht geantwortet.
Todavía no me **han llamado.**	Man hat mich noch nicht angerufen.

♦ Handlungen, die **in der Vergangenheit begonnen** haben, aber **noch nicht zu Ende** sind, stehen ebenfalls im **Perfecto.**
♦ Dies gilt auch, wenn eine **Handlung** bis jetzt **noch nicht stattgefunden hat.**
Schlüsselwörter: todavía no, en mi vida, hasta ahora.

3.6 Das Plusquamperfekt
El pretérito pluscuamperfecto

72 Bildung des Pretérito pluscuamperfecto

	Hilfsverb	Partizip
yo	había	
tú	habías	
él/ella/usted	había	hablado
nosotros/as	habíamos	leído
vosotros/as	habíais	escrito
ellos/as/ustedes	habían	

◆ **Bildung des Pluscuamperfecto:** Imperfecto des Hilfsverbs **haber** + Partizip
◆ Das **Hilfsverb** ist immer **haber.**
◆ Das Partizip bleibt unverändert.
◆ Zwischen Hilfsverb und Partizip dürfen – im Gegensatz zum Deutschen – keine anderen Elemente des Satzes stehen.

Besonderheiten der Konjugation:
– unregelmäßige Partizipien → 124
– Akzentsetzung beim Partizip → 125 , 143 , 148 , 154

73 Ausdruck der Vorvergangenheit

Al comenzar la guerra mundial, España tenía veintiséis millones de habitantes y **había crecido** en dos millones y medio en los últimos 10 años. Tuvo que llevar el coche al taller porque se le **había descargado** la batería.	Als der (2.) Weltkrieg begann, hatte Spanien 26 Millionen Einwohner und war in den letzten 10 Jahren um zweieinhalb Millionen gewachsen. Er musste das Auto in die Werkstatt bringen, weil sich die Batterie entladen hatte.

◆ Wie im Deutschen wird das **Pluscuamperfecto** verwendet, um eine **Vorvergangenheit** auszudrücken.

3.7 Das Pretérito anterior El pretérito anterior

74

	Hilfsverb	Partizip
yo	hube	llamado
tú	hubiste	leído
él / ella / usted	hubo	recibido
nosotros/as	hubimos	puesto
vosotros/as	hubisteis	vuelto
ellos/as/ustedes	hubieron	dicho

◆ Das **Pretérito anterior** wird gebildet mit dem **Indefinido** des Hilfsverbs **haber** und dem **Partizip Perfekt.** Es drückt eine **unmittelbare Vorvergangenheit** aus:

Apenas **hubo amanecido**, todos se levantaron.	Kaum war es hell geworden, standen alle auf.

Das **Pretérito anterior** wird heute kaum mehr verwendet und gilt zunehmend als antiquiert.

3.8 Das Futur El futuro

3.8.1 Das Futur I El futuro simple

75 Regelmäßige Verben auf -ar, -er und -ir

	tom**ar**	com**er**	viv**ir**
yo	tomar**é**	comer**é**	viviré
tú	tomar**ás**	comer**ás**	vivir**ás**
él/ella/usted	tomar**á**	comer**á**	vivir**á**
nosotros/as	tomar**emos**	comer**emos**	vivir**emos**
vosotros/as	tomar**éis**	comer**éis**	vivir**éis**
ellos/as/ustedes	tomar**án**	comer**án**	vivir**án**

♦ Die **Endungen** sind **bei allen** Verben gleich.
♦ **Stamm** ist der **Infinitiv**.
♦ Alle Formen sind **endungsbetont**.
♦ Die Endungen sind aus dem Präsens von **haber** entstanden.

Besonderheiten der Konjugation → Kapitel 5:
– unregelmäßige Formen → **126** – **128**

3.8.2 Das Futur II El futuro compuesto / perfecto

76 Bildung des Futuro compuesto

	Hilfsverb	Partizip
yo	**habré**	
tú	**habrás**	
él/ella/usted	**habrá**	**tomado**
nosotros/as	**habremos**	**comido**
vosotros/as	**habréis**	**vivido**
ellos/as/ustedes	**habrán**	

♦ Das **Futuro compuesto** wird mit dem **Futuro simple** des Hilfsverbs **haber** und dem **Partizip Perfekt** gebildet.
♦ Das Partizip bleibt immer unverändert.

77 Das Futur als Ausdruck der zukünftigen Handlung

De mayor, **seré** ingeniero, **ganaré** mucho dinero y tú **vivirás** conmigo, mamá.	Wenn ich groß bin, werde ich Ingenieur sein, werde viel Geld verdienen und du wirst bei mir wohnen, Mama.
Dentro de unos años **podremos** hacer turismo a la Luna.	In einigen Jahren werden wir Urlaub auf dem Mond machen können.

♦ Wie im Deutschen wird das **Futur** zur **Darstellung künftiger Handlungen** gebraucht.

¿Tú crees que se lo **habrán dicho** ya?	Glaubst du, dass man es ihm / ihr schon gesagt haben wird?
Cuando tú llegues, los otros ya **habrán salido.**	Wenn du ankommst, werden die anderen schon gegangen sein.

♦ Ereignisse und Handlungen, die zu einem bestimmten Zeitpunkt in der Zukunft bereits geschehen sein werden, werden im **Futuro compuesto** ausgedrückt.

78 Das Futur als Ausdruck der Vermutung

Llaman a la puerta. ¿Quién **será**?	Es klopft. Wer wird das wohl sein?
Fíjate qué blusa más bonita, pero si no ponen precio, **será** cara.	Sieh mal, was für eine hübsche Bluse, aber wenn kein Preis angegeben ist, wird sie wohl teuer sein.
No sé los años que tiene Isabel, pero más de 20 sí que **tendrá.**	Ich weiß nicht, wie alt Isabel ist, aber älter als 20 wird sie wohl sein.
¡Cuánto tardan! ¿**Habrán olvidado** que tienen que venir a cenar?	Wo bleiben sie nur! Haben sie vielleicht vergessen, dass sie zum Abendessen kommen sollen?

♦ Das **Futur** kann auch zum **Ausdruck einer Vermutung** verwendet werden.
♦ Eine **Vermutung**, die sich auf eine bereits geschehene Handlung bezieht, wird im **Futuro compuesto** ausgedrückt.

79 Das Futur als Imperativ

Textbeispiel:

Mamá Gutanda: No pongas esa cara ... Sólo vamos de visita a casa de los Sres. Peña, y tienen muchas ganas de verte. **Darás** besos a todo el mundo... Y si hay tarta para merendar, sólo **repetirás** si te lo preguntan ... No **harás** cochinadas soplando con la pajita en el refresco ... ni **contarás** ningún chiste verde ... Si están viendo la tele, no **insistirás** para que cambien de programa ... y por supuesto, te **estarás** quieto toda la tarde y no **pondrás** los pies encima de la mesita ..., ¿entendido?	Mamá Gutanda: Mach nicht so ein Gesicht! Wir gehen nur Familie Peña besuchen, die wollen dich gerne sehen. Du wirst allen einen Kuss geben. Und wenn es Kuchen zum Kaffee gibt, wirst du erst ein zweites Stück nehmen, wenn man dich fragt. Du wirst keine Schweinereien machen, indem du mit dem Strohhalm ins Glas bläst ... du wirst auch keine unanständigen Witze erzählen. Wenn sie fernsehen, wirst du nicht darauf bestehen, dass sie umschalten ... und natürlich wirst du den ganzen Nachmittag stillsitzen und die Füße nicht auf den Couchtisch legen, verstanden?
(Mique Beltrán: *Marco Antonio*, PP, 07/07/96)	

♦ Das **Futur** wird auch in der **Funktion eines Imperativs** gebraucht. Es drückt dann einen sehr hohen Grad der Autorität aus, der kaum Widerspruch duldet (z.B. die *Zehn Gebote:* **No matarás. Honrarás** a tu padre y a tu madre.).

80 Das Futur in Gesetzestexten

Textbeispiel:

Artículo 4: Nadie **estará** sometido a esclavitud ni a servidumbre; ...	Art. 4: Niemand soll in Sklaverei oder Knechtschaft leben ...
Artículo 5: Nadie **será** sometido a torturas ...	Art. 5: Niemand darf gefoltert weden ...
Artículo 9: Nadie **podrá** ser arbitrariamente detenido, ni preso, ni desterrado.	Art. 9: Niemand darf willkürlich verhaftet, eingesperrt oder des Landes verwiesen werden.
(Auszug aus der *Erklärung der Menschenrechte,* Declaración Universal de los Derechos Humanos)	

♦ Das **Futur** wird auch häufig **in Gesetzestexten** gebraucht.

3.9 Das Konditional
El condicional / El potencial

3.9.1 Das Konditional I
El condicional simple

Regelmäßige Verben auf -ar, -er und -ir

81

	tom**ar**	com**er**	viv**ir**
yo	tomar**ía**	comer**ía**	vivir**ía**
tú	tomar**ías**	comer**ías**	vivir**ías**
él/ella/usted	tomar**ía**	comer**ía**	vivir**ía**
nosotros/as	tomar**íamos**	comer**íamos**	vivir**íamos**
vosotros/as	tomar**íais**	comer**íais**	vivir**íais**
ellos/as/ustedes	tomar**ían**	comer**ían**	vivir**ían**

♦ Die **Endungen** sind **bei allen Verben gleich.**
♦ **Stamm** ist der **Infinitiv.**
♦ Die **1.** und die **3. Person Singular** haben **gleiche Endung.**

Besonderheiten der Konjugation → Kapitel 5:
– unregelmäßige Formen → **129** – **131**

3.9.2 Das Konditional II
El condicional compuesto

Die Bildung des Condicional compuesto

82

	Hilfsverb	Partizip
yo	habría	
tú	habrías	
él/ella/usted	habría	tomado
nosotros/as	habríamos	comido
vosotros/as	habríais	vivido
ellos/as/ustedes	habrían	

♦ Bildung: **Condicional simple** von **haber + Partizip Perfekt.**
♦ Das Partizip wird nicht verändert.

83 Das Condicional als Vorschlag oder Vermutung

Yo que tú, no **iría.**	Ich an deiner Stelle würde nicht hingehen.
Esto **quedaría** más bonito pintado de azul.	Das sähe in Blau hübscher aus.

♦ Das **Condicional** wird wie im Deutschen zum Ausdruck eines **Vorschlags** oder eines **Ratschlags** verwendet.
♦ Es drückt auch eine subjektive Meinung aus.

¿Por qué no vino? – No **tendría** tiempo.	Warum ist er / sie nicht gekommen? – Er / sie wird / dürfte keine Zeit gehabt haben. / Er / sie hat wohl keine Zeit gehabt.
¿No **usarías** tú el coche durante nuestra ausencia?	Hast du wirklich während unserer Abwesenheit das Auto nicht benutzt?

♦ Das **Condicional** drückt eine **Vermutung** über **Vergangenes** aus. Im Deutschen wird dazu in der Regel die Abtönungspartikel *wohl,* das Futur II oder das Modalverb *dürfen* verwendet. Ähnliche Funktion hat auch das **Futuro compuesto**; dieses ist jedoch stärker gegenwartsbezogen.

84 Das Condicional im irrealen Bedingungssatz

Si tuviera más tiempo, me **quedaría** con mucho gusto.	Wenn ich mehr Zeit hätte, würde ich sehr gerne bleiben.

♦ Das **Condicional** steht **im Hauptsatz eines** sog. **irrealen Bedingungssatzes.**   → 103

4 Der Subjuntivo

Zur Funktion des Subjuntivo

Formen

4.1. Das Präsens

4.2. Das Imperfekt

4.3 Perfekt und Plusquamperfekt

Gebrauch

4.4 Der Subjuntivo im Hauptsatz

4.5 Der Subjuntivo im Nebensatz
Zeitenfolge
Subjuntivo in Sätzen mit que
Konjunktionen mit Indikativ oder Subjuntivo
Subjuntivo in Bedingungssätzen
Subjuntivo im Relativsatz
Konzessive Konstruktionen

85 Zur Funktion des Subjuntivo

♦ Der **Subjuntivo** spielt im Spanischen eine völlig andere Rolle als der Konjunktiv im Deutschen.
Deshalb wird hier auch nicht die Bezeichnung *Konjunktiv* verwendet, sondern die spanische Bezeichnung **Subjuntivo** beibehalten.

♦ Im Unterschied zum deutschen Konjunktiv, der überwiegend in der Schriftsprache verwendet und in der gesprochenen Sprache häufig vermieden wird, besteht in der Verwendung des Subjuntivo kaum ein Unterschied zwischen der spanischen Schrift- und Umgangssprache.

♦ Im **Indikativ** wird ein Sachverhalt einfach festgestellt oder **neutral** und glaubhaft berichtet, der **Subjuntivo** dagegen bringt die **subjektive Einstellung des Sprechers** ins Spiel und drückt neben dem Sachverhalt selbst auch noch aus, ob dieser für den Sprecher **erwünscht** oder **unerwünscht** ist, ob er vom Sprecher **bezweifelt** wird oder ob der Sachverhalt beim Sprecher irgendwelche **positiven** oder **negativen Empfindungen** weckt.

Indikativ	Subjuntivo
Hace buen tiempo.	**Me alegro de que** haga buen tiempo.
	Me fastidia que no haga buen tiempo.
	Espero que mañana haga buen tiempo.

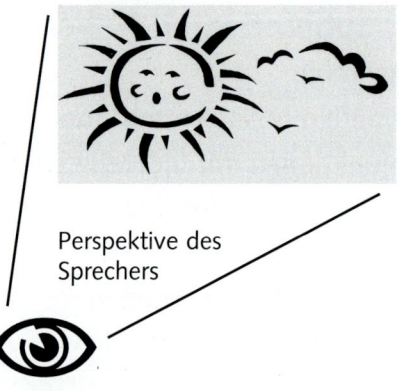

Perspektive des Sprechers

Sprecher

♦ Der **Subjuntivo** ist also mit einem **optischen Filter** vergleichbar, der die **Darstellung** des Sachverhalts **subjektiv einfärbt,** während der **Indikativ** den **Sachverhalt** einfach **feststellt** oder **neutral berichtet.**

♦ Außerdem wird der **Subjuntivo** immer dann verwendet, wenn der Sprecher oder eine im Text genannte Person eine andere Person (bzw. andere Personen) zu beeinflussen versucht. Der **Subjuntivo** ist daher auch der **Modus der persönlichen Einflussnahme**.

4.1 Das Präsens des Subjuntivo
El presente de subjuntivo

Formen

86 **Regelmäßige Verben auf -ar, -er und -ir**

	tom**ar**	com**er**	viv**ir**
yo	tom**e**	com**a**	viv**a**
tú	tom**es**	com**as**	viv**as**
él/ella/usted	tom**e**	com**a**	viv**a**
nosotros/as	tom**emos**	com**amos**	viv**amos**
vosotros/as	tom**éis**	com**áis**	viv**áis**
ellos/as/ustedes	tom**en**	com**an**	viv**an**

◆ **Stamm:** Stamm der 1. Person Singular Indikativ: **habl-, cierr-, salg-, conozc-, ...**
◆ Die **1.** und die **3. Person Singular** haben **gleiche Endung.**
◆ Die Endungen der **Verben** auf **-er** und **-ir** sind gleich.
◆ Abgesehen von der 1. Person Singular sind die **Endungen** des **Subjuntivo** der Verben auf **-er** (teilweise auch **-ir**) identisch mit den **Indikativ**-Endungen der Verben auf **-ar** und umgekehrt.

	Verben auf -ar	Verben auf -er
Indikativ	(-o) -as -a -amos -áis -an	(-o) -es -e -emos -éis -en
Subjuntivo	-e -es -e -emos -éis -en	-a -as -a -amos -áis -an

Besonderheiten der Konjugation → **Kapitel 5:**
– Verben mit Änderung der Schreibweise → 110 – 114
– Klassenverben → 115 – 123
– unregelmäßige Verben → 140 – 156

4.2 Perfekt und Plusquamperfekt des Subjuntivo
Perfecto de subjuntivo / Pluscuamperfecto de subjuntivo

87 Bildung

	Perfecto de subjuntivo			Pluscuamperfecto de subjuntivo		
yo	haya	hablado		hubiera /	hubiese	hablado
tú	hayas	escrito		hubieras /	hubieses	escrito
él/ella/usted	haya	visto		hubiera /	hubiese	visto
nosotros/as	hayamos	leído		hubiéramos /	hubiésemos	leído
vosotros/as	hayáis	abierto		hubierais /	hubieseis	abierto
ellos/as/ustedes	hayan	puesto		hubieran /	hubiesen	puesto

♦ Analog zum Indikativ wird der **Subjuntivo des zusammengesetzten Perfekts** mit dem **Presente de subjuntivo** des Hilfverbs **haber** und dem **Partizip** gebildet.
♦ Das **Pluscuamperfecto de Subjuntivo** wird gebildet mit dem **Imperfecto de subjuntivo** des Hilfsverbs **haber** und dem **Partizip**.
♦ Das **Partizip** bleibt **unverändert**.

4.3 Das Imperfekt des Subjuntivo
El imperfecto de subjuntivo

88 Regelmäßige Verben auf -ar, -er und -ir; Hilfsverb haber

	tomar	comer	vivir	haber
yo	tomara	comiera	viviera	hubiera
tú	tomaras	comieras	vivieras	hubieras
él/ella/usted	tomara	comiera	viviera	hubiera
nosotros/as	tomáramos	comiéramos	viviéramos	hubiéramos
vosotros/as	tomarais	comierais	vivierais	hubierais
ellos/as/ustedes	tomaran	comieran	vivieran	hubieran
yo	tomase	comiese	viviese	hubiese
tú	tomases	comieses	vivieses	hubieses
él/ella/usted	tomase	comiese	viviese	hubiese
nosotros/as	tomásemos	comiésemos	viviésemos	hubiésemos
vosotros/as	tomaseis	comieseis	vivieseis	hubieseis
ellos/as/ustedes	tomasen	comiesen	viviesen	hubiesen

♦ **Stamm** des **Imperfecto de subjuntivo** ist die **3. Person Plural** des **Indefinido**.

tom - aron → tom**ara** / tom**ase**
pus - ieron → pus**iera** / pus**iese**
traj - eron → traj**era** / traj**ese**
riñ - eron → riñ**era** / riñ**ese**

♦ Diese **Ableitungsregel gilt** in allen Fällen, d.h. **auch bei Verben mit unregelmäßigem Indefinido**.

♦ Die Verben, bei denen in der **3. Person** des **Indefinido** das **i** der Endung entfällt, bilden auch das Imperfecto de Subjuntivo **ohne i.** → 51

♦ Die beiden Formen des **Imperfecto de subjuntivo** sind in der Funktion gleichwertig. Es genügt, eine der beiden Formen aktiv zu beherrschen.

Die Formen auf **-ara, -aras, ...** und **-iera, -ieras** werden häufiger verwendet.

♦ Die Endungen sind für die drei Konjugationen gleich.

♦ Beachte die **Akzentsetzung** in der **1. Person Plural:** tom**á**ramos / tom**á**semos.

4.4 Der Subjuntivo im Hauptsatz
El subjuntivo en oraciones principales

Gebrauch

89 Im **Hauptsatz** wird **Subjuntivo selten** gebraucht. Die wichtigsten Fälle sind:

¡Ojalá le **diga** que sí!	Hoffentlich sagt er / sie ja.
¡Maldita **sea**! Me he olvidado de traer dinero.	Verflixt! Ich habe vergessen, Geld mitzunehmen.
¡**Vivan** los novios!	Es lebe das Brautpaar!
¡Así le **parta** un rayo!	Der Blitz soll ihn treffen!

♦ Nach **ojalá (que)** und in anderen **Ausrufesätzen**, die einen **Wunsch** oder eine **Verwünschung** ausdrücken, steht **Subjuntivo.**

Así **sea**.	So soll es sein.
¡Que **seáis** felices!	Viel Glück!
¡Que **descanses**!	Schlaf gut!
¡Que **aproveche**!	Guten Appetit!
¡Que no le **vuelva** a ver por aquí!	Ich will ihn hier nicht mehr sehen!

♦ Mit **que** eingeleitete Wunschsätze sind eigentlich Nebensätze, bei denen der **Hauptsatz unausgesprochen** bleibt.

¿Vas a aceptar el empleo? – **Según** lo que me **paguen**.	Wirst du die Stelle annehmen? – Je nachdem, was sie zahlen.

♦ Nach **según** in **konditionaler** oder **konzessiver Bedeutung** steht **Subjuntivo.**

Quizás **vaya** (voy) en verano.	Vielleicht fahre ich im Sommer.
Tal vez **sea** (es) mejor así.	Vielleicht ist es besser so.

♦ Nach **quizás / tal vez** steht überwiegend **Subjuntivo**; **Indikativ** ist jedoch **möglich**. **Beachte:** Nach **a lo mejor** steht immer **Indikativ!**

A lo mejor llueve esta tarde.	Vielleicht regnet es heute nachmittag.

Pase luego por nuestra oficina. **No** te **olvides** de mandarme su número.	Kommen Sie später in unserem Büro vorbei. Vergiss nicht, mir seine / ihre Nummer zu schicken.
Por favor, **no gritéis** tanto. **Hablemos** de otra cosa.	Bitte schreit nicht so. Sprechen wir von etwas anderem.

◆ Außer dem bejahten Imperativ der 2. Person Singular und Plural (*du, ihr*) sind alle anderen **Formen des Imperativs** gleich dem **Subjuntivo.**

Imperativ → 157

4.5 Der Subjuntivo im Nebensatz
El subjuntivo en oraciones subordinadas

Der **Subjuntivo** wird überwiegend in **Nebensätzen** verwendet.

4.5.1 Die Zeitenfolge beim Subjuntivo La correlación de tiempos

90 ◆ Wenn im Nebensatz **Subjuntivo** zu verwenden ist, so muss auch die **Zeitenfolge** eingehalten werden. Dabei gilt folgendes Schema:

Zeitenfolge

Hauptverb	Verb im Nebensatz
1. Futur	**Presente de subjuntivo** (bei Gleichzeitigkeit und Nachzeitigkeit)
2. Präsens	
3. Perfekt	**Perfecto de subjuntivo** (bei Vorzeitigkeit)
4. Imperfekt	**Imperfecto de subjuntivo** (bei Gleichzeitigkeit und Nachzeitigkeit)
5. Indefinido	
6. Plusquamperfekt	**Pluscuamperfecto de subjuntivo** (bei Vorzeitigkeit)
7. Konditional[1]	

[1] **Nach Konditional** kann auch **Presente de subjuntivo** stehen.

Ya te **invitaré a que vengas** algún día a casa.	Ich werde dich bald einmal zu mir nach Hause einladen.
Luis **propone que veamos** otra película.	Luis schlägt vor, dass wir uns einen anderen Film ansehen.
Hemos convencido a Antonio **para que** no **viaje** este fin de semana.	Wir haben Antonio überzeugt, nicht an diesem Wochenende zu reisen.
A sus padres **no les gusta nada que** no **haya aprobado** el curso.	Seinen / Ihren Eltern gefällt es überhaupt nicht, dass er / sie das Schuljahr nicht bestanden hat.
Le **dije que viniera** mañana. Me **extrañó que reaccionara** así. Me **extrañó que** no **hubieran oído** nada.	Ich sagte ihm, er solle morgen kommen. Ich war erstaunt, dass er / sie so reagierte. Ich war erstaunt, dass sie nichts gehört hatten.

4.5.2 Der Subjuntivo in Sätzen mit que
El subjuntivo en oraciones sustantivas

91 Im Spanischen werden dass-Sätze mit **que** eingeleitet, im Deutschen können sie auch durch Umstellung gebildet werden *(Ich hoffe, dass du nicht beleidigt bist. / Ich hoffe, du bist nicht beleidigt.)*. Sie werden im Spanischen als oraciones sustantivas bezeichnet, weil sie eine Stelle einnehmen, die im einfachen Satz ein Substantiv einnehmen würde.

> **Me sorprende que pienses así.**
>
> tu opinión

Subjuntivo wird in Nebensätzen dann gebraucht, wenn die Handlung des Verbs nicht einfach (neutral) festgestellt wird, sondern wenn das Subjekt des Hauptsatzes versucht, die **Handlung** des Nebensatzes zu **beeinflussen** oder **subjektiv** zu ihr **Stellung nimmt.** Dies ist der Fall, wenn das Verb des Hauptsatzes
– einen **Wunsch** (positiv oder negativ),
– **Zweifel, Unsicherheit,**
– eine **emotionale Beteiligung** (Freude, Ärger, Trauer, Schmerz, Aufregung usw.) ausdrückt.

92 ## Wunschsätze

Les voy a **pedir que** me **ayuden**.	Ich will sie bitten, mir zu helfen.
Le **hemos recomendado que deje** de fumar.	Wir haben ihm / ihr empfohlen, das Rauchen aufzugeben.
No **consentiré que** se **hable** así de ella.	Ich werde nicht zulassen, dass man so von ihr spricht.

◆ **Subjuntivo** wird in **Sätzen** mit **que** verwendet, wenn der Hauptsatz einen **Wunsch**, eine **Bitte** oder eine **Empfehlung** ausdrückt und das **Subjekt des Nebensatzes sich** von dem des Hauptsatzes **unterscheidet**.
◆ Haben Haupt- und Nebensatz **dasselbe Subjekt**, so wird im Allgemeinen eine **Infinitivkonstruktion** verwendet. Bei den **Verben**, die eine **Bitte** oder **Ermahnung** ausdrücken, ist jedoch die **Infinitivkonstruktion nicht üblich**.
◆ **Subjuntivo** steht nach Verben wie:

aconsejar*	raten	**lograr**	erreichen, gelingen
admitir	zugeben, zulassen	**mandar***	befehlen
agradar	gefallen	**ordenar***	befehlen
conseguir	erreichen, gelingen	**pedir**	bitten, verlangen
consentir	dulden, zulassen	**permitir***	erlauben
dejar*	(zu)lassen	**preferir**	vorziehen
desear	wünschen	**procurar**	versuchen
exigir	fordern	**querer**	wollen
gustar	gefallen	**recomendar***	empfehlen
importar	wichtig sein	**rogar**	bitten

* Diese Verben lassen auch bei unterschiedlichem Subjekt eine **Infinitivkonstruktion** zu.

Te **he dicho que** no me **esperes**.	Ich habe dir gesagt, du sollst nicht auf mich warten / dass du nicht auf mich warten sollst.

◆ **Subjuntivo** steht auch nach **decir** im Sinne von *bitten, befehlen.*

Yo no te he **prohibido hablar**.	Ich habe dir nicht verboten zu sprechen.
Ellos nos **mandaron entrar**.	Sie forderten uns auf, hereinzukommen.

♦ **Beachte**: Nach Verben, die einen **Befehl**, einen **Rat**, eine **Erlaubnis** oder ein **Verbot** ausdrücken, steht meist **Infinitiv**.

93 Zweifel, Unsicherheit

Dudo que sea como tú dices.	Ich bezweifle, dass es so ist, wie du sagst.
Creo que vive en Barcelona.	Ich glaube, er / sie wohnt in B.
No creo que viva en Barcelona.	Ich glaube **nicht**, dass er / sie in B. wohnt.
Estoy seguro de que está en casa.	Ich bin sicher, er / sie ist zu Hause.
No estoy seguro de que esté en casa.	Ich bin **nicht** sicher, ob er / sie zu Hause ist.

♦ Drückt das Hauptverb einen **Zweifel** aus, so steht im Nebensatz **Subjuntivo**.
♦ **Verben** und **Ausdrücke** des **Vermutens, Glaubens, Denkens** regieren in der Regel den **Indikativ**, wenn sie **bejaht** sind.
♦ Sind sie **verneint**, verlangen sie den Gebrauch des **Subjuntivo**.

(verneint) + Subjuntivo

no
creo que
(me) parece que
(me) da la sensación de que

(bejaht) + Indicativo

94 Emotionen, subjektive Stellungnahme

Sentimos que no hayáis podido venir.	Wir bedauern, dass ihr nicht kommen konntet.
Me alegro de que nos veamos pronto.	Es freut mich, dass wir uns bald sehen werden.
Lamento que no nos hayamos visto.	Ich bedauere, dass wir uns nicht gesehen haben.
Me fastidia que lleguen tan tarde.	Es ärgert mich, dass sie so spät kommen.
Me da igual que haga buen tiempo o no.	Mir ist egal, **ob** schönes Wetter ist oder nicht.
Más vale que nos quedemos en casa.	Wir sollten lieber zu Hause bleiben.

♦ Verben, die eine **Gefühlsregung** (Freude, Trauer, Ärger, Anteilnahme, Gleichgültigkeit usw.), eine **subjektive Stellungnahme** oder eine **emotionale Reaktion** auf eine Handlung oder einen Zustand ausdrücken, verlangen die Verwendung des **Subjuntivo** im Nebensatz, z.B.:

alegrarse de	sich freuen über	**fastidiar a alg.**	stören, lästig sein
asombrarse de	sich wundern	**lamentar**	bedauern
avergonzarse de	sich schämen	**maravillarse de**	sich wundern
celebrar	sich freuen über	**molestar**	belästigen, ärgern
dispensar	entschuldigen	**parecer bien/mal**	gut/schlecht finden
encantar	sehr gut gefallen,	**perdonar**	verzeihen
	sehr gern mögen/tun	**sentir**	bedauern
entristecer	traurig machen	**temer**	fürchten
extrañar que	erstaunt sein	**tener cuidado de**	achtgeben, vorsichtig sein
extrañarse de	sich wundern über	**tener miedo de**	fürchten

95 **Unpersönliche Ausdrücke**

Es lógico que esté enfadado.	Es ist logisch, dass er / sie verärgert ist.
Es natural que haya ocurrido.	Es ist verständlich, dass das passiert ist.
Es conveniente que se **pongan** en contacto.	Es empfiehlt sich, dass sie sich in Verbindung setzen. / Sie sollten sich in Verbindung setzen.
Puede ser que sean amigos.	Vielleicht sind sie befreundet.

◆ Nach den meisten **unpersönlichen Ausdrücken** vom Typ **es ... que** steht im Nebensatz **Subjuntivo**. Ausdrücke dieser Art sind u.a.:

es lógico que	es ist verständlich	**es normal que**	es ist normal
es natural que	es ist natürlich	**es mejor que**	es ist besser
es conveniente que	es ist ratsam	**es importante que**	es ist wichtig
es comprensible que	es ist verständlich	**es necesario que**	es ist notwendig
es posible que	es ist möglich	**es probable que**	es ist wahrscheinlich

Es evidente que no lo **puedes** haber hecho tú.	Es ist offensichtlich, dass du es nicht getan haben kannst.
Está claro que no **tiene** un duro.	Es ist klar, dass er keinen Pfennig Geld hat.
No es cierto que haya estado enfermo.	Es ist nicht wahr, dass er krank gewesen ist.

◆ Ausnahme: **Wendungen**, die eine **Feststellung** ausdrücken. Sind diese Wendungen jedoch **verneint**, so steht im Nebensatz ebenfalls **Subjuntivo**.
◆ Solche Wendungen sind u.a.:

es evidente que	es ist offensichtlich	**está demostrado que**	es ist bewiesen
es obvio que	es ist offenkundig	**está visto que**	es ist offensichtlich
es verdad que	es ist wahr	**está claro que**	es ist klar
es cierto que	es ist sicher		

4.5.3 Konjunktionen mit Indikativ oder Subjuntivo

Eine Reihe von Konjunktionen regieren, **je nach** ihrer konkreten **Bedeutung** im jeweiligen Satz, den **Indikativ** oder den **Subjuntivo**.

96 **Konjunktionen und Konstruktionen mit Subjuntivo**

Quiero convencer a mi padre **para que** me **deje** ir a Londres.	Ich will meinen Vater überzeugen, dass er mich nach London fahren lässt.
Se puso en pie **a fin de que** lo **vieran**.	Er stand auf, damit man ihn sehen konnte.
Vendrán a la fiesta, **a no ser que tengan** que trabajar.	Sie werden zur Party kommen, es sei denn sie müssen arbeiten.

◆ **Subjuntivo** steht **immer** nach den **Konjunktionen**:

a fin de que		
con objeto de que	} damit	final
para que		

a condición de que	unter der Bedingung, dass	
a no ser que	es sei denn, dass	
con tal de que	sofern	konditional
en caso de que	falls	

por mucho / poco que **por** + Adj. / Adv. + **que**	so sehr / wenig (auch) so + Adj. / Adv. (auch)	konzessiv

(a)dondequiera que **cualquiera que** **quienquiera que** **depende de cómo / quién / dónde /...**	wo(hin) auch immer welche/r/s auch immer wer auch immer je nachdem, wie / wer / wo / ...	→ 106

de ahí que **esto hace / causa que** **es la razón de que**	daraus folgt, dass, daher daher das ist der Grund dafür, dass	konsekutiv

no importa que **ya es / era hora de que**	es macht nichts, dass es ist / war (höchste) Zeit, dass

sin que **antes (de) que**[1]	ohne dass bevor

[1] **Beachte:** Bei gleichem Subjekt im Haupt- und Nebensatz steht nach **antes de** der Infinitiv:

Antes de terminar, vamos a hablar de otro problema.	Bevor wir zum Schluss kommen, reden wir noch über ein weiteres Problem.

Habla **como si fuera** el jefe. Describe el acontecimiento **como si** lo **hubiera** visto personalmente.	Er spricht, als ob er der Chef wäre. Er / sie beschreibt das Ereignis so, als ob er / sie es selbst gesehen hätte.

♦ Nach **como si** steht immer **Imperfecto de subjuntivo** bzw. **Pluscuamperfecto de subjuntivo.**

97 Temporale und modale Konjunktionen

cuando **en cuanto** **tan pronto como** **apenas**	als, wenn, sobald als, wenn, sobald als, wenn, sobald sobald	**mientras** **hasta que** **después de que**	während, solange bis nachdem	temporal

así que **de modo que / de manera que** **de forma que / de suerte que** **según**	so dass so dass so dass (so) wie, je nachdem wie / ob	modal

según → 100

Se lo comuniqué **cuando** me **enteré**. Nos bañamos **en cuanto hace** calor. **Apenas llega**, se ducha. **Mientras** tú te **divertías**, Juan estudiaba. Suelo leer **mientras viajo**. **Mientras** tú **haces** la comida yo voy/iré a comprar el pan. No apaga la tele **hasta que** no **termina** el programa.	Ich teilte es ihm / ihr mit, **als** ich es erfuhr. **Wenn** es heiß ist, gehen wir baden. **Wenn** er / sie kommt, duscht er / sie sich. **Während** du deinem Vergnügen nachgingst, hat Juan gelernt. Normalerweise lese ich, **während** ich auf Reisen bin. **Während** du das Essen machst, gehe ich Brot holen. Er / sie macht den Fernseher erst aus, wenn das Programm zu Ende ist.

Después de que su hijo **aprobó** el examen, dejó de fumar.	Nachdem sein / ihr Sohn das Examen bestanden hatte, hörte er / sie zu rauchen auf.
Según llegaron, se fueron sentando.	So, wie sie ankamen, setzten sie sich.
Ya dejó de llover, **de modo que** ya **podemos** seguir jugando.	Es hat schon aufgehört zu regnen, so dass wir schon weiterspielen können.
Hablaba **de modo que todos** la **entendían** bien.	Sie sprach so, dass alle sie gut verstehen konnten.

♦ **Indikativ** steht, wenn diese Konjunktionen sich auf eine **Erfahrungstatsache** beziehen.

Te lo comunicaré **cuando** lo **sepa**.	Ich werde es dir mitteilen, wenn / **sobald** ich es erfahre.
Mientras tú no **vayas** de compras, yo no podré hacer la comida.	**Solange** du nicht einkaufen gehst, kann ich das Essen nicht machen.

♦ **Subjuntivo** verwenden wir, wenn von einem **zukünftigen Ereignis** oder **Zustand** die Rede ist (Hauptverb im Futur oder im Präsens mit futurischer Bedeutung).
♦ Die deutsche Übersetzung kann in bestimmten Fällen als Orientierungshilfe dienen:

cuando + Indikativ: als, (immer) wenn   **mientras** + Indikativ: während
    + Subjuntivo: sobald   + Subjuntivo: **solange**

♦ Dieses Schema gilt für alle **temporalen** Konjunktionen, sowie für die **modalen** Konjunktionen **de modo que / de manera que / de forma que.**

Lo haré **de manera que podáis** estar contentos.	Ich werde es so machen, dass ihr zufrieden sein könnt.
Explícalo **de modo que sea** comprensible.	Erkläre es so, dass es verständlich ist.
Lo expliqué **de forma que** me **entendieron**.	Ich erklärte es so, dass sie mich verstanden.
Begoña escondió las llaves **de manera que** nadie **pudo** encontrarlas.	Begoña versteckte die Schlüssel, so dass niemand sie finden konnte.

Satzinhalt	Erfahrung / Wirklichkeit		Vorstellung / Erwartung
Modus im Nebensatz	**Indikativ**		**Subjuntivo**
Zeiten des Verbs im Hauptsatz	Perfekt Imperfekt Indefinido	Präsens	Futur (Präsens) Imperativ

♦ **Beachte:** Nach den **temporalen Konjunktionen** steht **kein Futur** und **kein Konditional.**

98   **aunque und por más que**

Aunque estudia mucho, no aprueba.	**Obwohl** er / sie viel lernt, besteht er / sie (die Prüfung) nicht.
Aunque estudie, no aprobará.	**Selbst wenn** er / sie lernt, wird er / sie nicht bestehen.
Aunque han jugado bien, no han ganado.	**Obwohl** sie gut gespielt haben, haben sie nicht gewonnen.
Aunque hayan jugado bien, no han ganado.	**Selbst wenn** sie gut gespielt haben sollten, sie haben (dennoch) nicht gewonnen.

Por más que estudia, no aprueba.	**So viel** er / sie **auch** lernt, er / sie besteht (die Prüfung) nicht.
Por más que juegue, no se cansa / cansará.	**So viel** er / sie **auch** spielt, er / sie wird nicht müde.

aunque	obwohl, selbst wenn	**a pesar de que**	obwohl, wenn auch
por más que	so sehr auch		

◆ **Subjuntivo** wird verwendet, wenn **nicht** von einer Erfahrungstatsache die Rede ist.

◆ **aunque** + Indikativ: obwohl
 + Subjuntivo: **selbst wenn**

Satzinhalt	Erfahrung	Vorstellung
Modus im Nebensatz	**Indikativ**	**Subjuntivo**

99 Infinitiv statt Nebensatz

Antes de marcharte, tienes que terminar este trabajo.	Bevor du gehst, musst du diese Arbeit fertig machen.
Después de terminar el trabajo, puedes irte.	Nachdem du die Arbeit erledigt hast, kannst du gehen.

◆ Wenn Haupt- und Nebensatz **dasselbe Subjekt** haben, werden **antes de** und **después de** mit **Infinitiv** verwendet. Dasselbe gilt, insbesondere in der Umgangssprache, auch für:

a pesar de		trotz, obgleich	**hasta**		bis
con tal de	+ Infinitiv	so dass	**para**	+ Infinitiv	damit, um zu
conque		also	**sin**		ohne zu
en caso de		falls			

En caso de que venga mi padre, avisadme. / **En caso de venir** mi padre, avisadme.	Falls mein Vater kommt, verständigt mich.
Antes de que llegaran, me fui. / Me fui **antes de llegar** ellos.	Ich ging, bevor sie kamen.

◆ In vielen Fällen wird die Infinitivkonstruktion selbst dann verwendet, wenn das Subjekt des Nebensatzes sich von dem des Hauptsatzes unterscheidet.

100 Konjunktionen mit unterschiedlicher Funktion: como, siempre que, según

como

Como no me **han contestado,** no sé qué hacer. Rellenó el impreso **como indican** las instrucciones.	**Da** sie mir nicht geantwortet haben, weiß ich nicht, was ich tun soll. Er / sie füllte das Formular so aus, **wie** es in den Anweisungen steht.
Como no **apruebes** el curso, tendrás que estudiar en las vacaciones. **Como vengas** tarde, saldremos sin ti.	**Wenn** du das Schuljahr nicht bestehst, musst du in den Ferien lernen. **Wenn** du zu spät kommst, gehen wir ohne dich weg.

	+ Indikativ:	da, weil	→	kausal
como	+ Indikativ:	wie	→	modal
	+ Subjuntivo:	**sofern, wenn**	→	**konditional**

◆ **Kausales como** steht immer am **Satzanfang** (im Gegensatz zu porque).
◆ In **konditionaler Funktion** hat **como** häufig einen drohenden Unterton.

siempre que

Siempre que va de viaje, nos **trae** muchos regalos.	**Immer wenn** er / sie auf Reisen geht, bringt er / sie uns viele Geschenke mit.
Siempre que iba de viaje, nos **traía** muchos regalos.	**Immer wenn** er / sie auf Reisen ging, brachte er / sie uns viele Geschenke mit.
Te dejaré la bicicleta, **siempre que** me la devuelvas antes de las cinco.	Ich leihe dir das Fahrrad, **sofern** du es vor fünf Uhr zurückbringst.

siempre que	+ Indikativ:	(immer) wenn	→	temporal
	+ Subjuntivo:	**sofern, unter der Bedingung**	→	**konditional**

según

Vamos a montar el aparato **según se indica** en las instrucciones.	Wir werden das Gerät montieren, **wie** es in den Anweisungen steht.
Esto es positivo o no, **según** se **interprete**.	Das ist gut oder schlecht, **je nachdem**, wie man es interpretiert.

según	+ Indikativ:	wie / gemäß
	+ Subjuntivo:	**je nachdem, wie / ob**

101 Kausale, konsekutive und konzessive Konjunktionen

Puesto que vosotros no **vais**, yo tampoco iré.	Da ihr nicht hingeht, werde ich auch nicht gehen.
No nos dejaban entrar, **así que** nos **fuimos**.	Man ließ uns nicht hinein, also gingen wir wieder.

◆ Nach den **kausalen** und **konsekutiven Konjunktionen** steht in bejahten Sätzen **Indikativ**.
Diese Konjunktionen sind:

porque	weil	
ya que	da	
puesto que	da	**kausal**
pues	dann, also	

luego	daher	
por lo tanto	demnach	
así que	so dass, also	**konsekutiv**
en vista de que	angesichts dessen, dass	

a pesar de que	trotz	**konzessiv**

No es que no me **guste**, es que ahora no me apetece.	Nicht, dass es mir nicht gefällt, ich habe jetzt nur keine Lust.
No porque haga mal tiempo, dejaremos de pasear.	Weil schlechtes Wetter ist, werden wir nicht etwa auf unseren Spaziergang verzichten.

♦ **Beachte:** Nach **no es que / no porque** allerdings folgt meist **Subjuntivo.**

102 4.5.4 Der Subjuntivo in Bedingungssätzen

♦ **Bedingungssätze** mit folgenden Konjunktionen stehen immer im **Subjuntivo:**

a condición de que	unter der Bedingung, dass
con (tal de) que	unter der Bedingung dass, sofern
a no ser que	es sei denn, dass
siempre que	sofern
como	sofern, vorausgesetzt, dass

→ 100

Te acompaño, **a condición de que** me **invites** a un café.	Ich begleite dich unter der Bedingung, dass du mich zu einem Kaffee einlädst.
El sábado pasaré por tu casa, **a no ser que tenga** que trabajar.	Am Samstag werde ich bei dir vorbeikommen, es sei denn, ich muss arbeiten.
Siempre que cumplas con tus obligaciones, tus jefes no se van a quejar.	Sofern du deine Pflichten erfüllst, werden deine Vorgesetzten sich nicht beklagen.
Como no se lo **digas,** se va a enfadar.	Wenn du es ihm / ihr nicht sagst, wird er / sie böse werden.

103 Bedingungssätze mit si

Beim **si**-Satz unterscheiden wir drei Fälle:

a) Die **Bedingung kann erfüllt werden** oder sie **ist bereits erfüllt** (Potentialis, Realis).

Si vienes antes de las ocho, salimos juntos.	Wenn du vor acht kommst, gehen wir zusammen aus.
Si apruebo el curso, voy a México en agosto.	Wenn ich das Schul- / Studienjahr bestehe, fliege ich im August nach Mexiko.
Si lo **habías visto**, ¿por qué no me lo dijiste?	Wenn du das gesehen hast, warum hast du es mir nicht gesagt?

b) Die **Erfüllung der Bedingung** ist **unwahrscheinlich** oder **hypothetisch** (Irrealis), die **Hypothese** bezieht sich auf die **Gegenwart** oder **Zukunft.**

Si vinieras, hablaríamos del asunto.	Wenn du kämst, würden wir über die Angelegenheit sprechen.
Si fuera usted más joven, podría trabajar aquí.	Wenn Sie jünger wären, könnten Sie hier arbeiten.
Si estudiaras más, sacarías mejores notas.	Wenn du mehr lernen würdest, bekämst du bessere Noten.

c) Die **Erfüllung der Bedingung** ist **nicht mehr möglich**, die **Hypothese** bezieht sich auf die **Vergangenheit**.

Si hubieras venido, habríamos hablado del asunto.	Wenn du gekommen wärst, hätten wir über die Angelegenheit gesprochen.
Si hubieras estado en clase, sabrías de qué hablamos.	Wenn du im Unterricht gewesen wärst, wüsstest du, worüber wir sprechen.

Zeitenfolge im Bedingungssatz

	Si-Satz (Nebensatz)	Hauptsatz
Realis	Präsens Indikativ (auch Vergangenheitszeiten)	Indikativ, alle Zeiten
Irrealis	Imperfecto de subjuntivo	Konditional I
	Pluscuamperfecto de subjuntivo	Konditional II / (Konditional I)

♦ Im **si**-Satz dürfen **nie** stehen: Futur I / II
Konditional I / II
Presente de subjuntivo / Perfecto de subjuntivo

104 **como si**

Los héroes del país cuentan con numerosas calles, **como si** no se conformaran con una.	Nach den Helden des Landes sind viele Straßen benannt, als ob ihnen eine nicht genügte.

♦ Nach **como si** steht **Imperfecto de subjuntivo** oder **Pluscuamperfecto de subjuntivo**.

105 # 4.5.5 Subjuntivo im Relativsatz

¿Dónde puedes aprender sin horarios y con profesor particular?	Wo kannst du etwas lernen ... ohne festen Stundenplan und mit Privatlehrer?
Con el programa X, en tu casa.	Zu Hause, mit dem Programm X.
X te acerca la forma más cómoda de aprender, donde tú quieras.	X bietet dir die bequemste Möglichkeit, zu lernen, wo (immer) du willst.
Como tú quieras.	Wie (immer) du willst.
Con la ayuda que quieras.	Mit den Hilfen, die du möchtest.
Todo lo que tú quieras.	Alles, was du möchtest.
X te ofrece múltiples opciones profesionales para que elijas la que prefieras de entre todos los cursos que encontrarás al dorso.	X bietet dir zahlreiche berufliche Möglichkeiten, damit du unter den Kursen, die du auf der Rückseite findest, diejenige Möglichkeit auswählst, die dir am besten gefällt.
Solicítanos información sobre el curso que más te interese y te regalaremos un lápiz portaminas de diseño.	Fordere Informationen über den Kurs an, der dich am meisten interessiert, und du wirst einen Designer-Druckbleistift als Geschenk erhalten.
(Werbeprospekt für Fernunterricht)	

♦ Im **Relativsatz** steht **Subjuntivo**, wenn er sich auf etwas **Vorgestelltes**, noch nicht **Bekanntes**, **Gewünschtes** oder **Erhofftes** bezieht.
♦ Bezieht sich der **Relativsatz** auf etwas **Bekanntes, Bestimmtes**, auf etwas, von dem schon gesprochen wurde, so wird **Indikativ** verwendet.

Anmerkung:
Auch wenn das Bezugswort für den Relativsatz im Hauptsatz ausgelassen ist, gilt dieselbe Regel für den Gebrauch des **Subjuntivo**.

El que estudie, aprobará.	Wer lernt, wird bestehen.
Los que hayan estudiado, aprobarán.	Wer gelernt hat, wird auch bestehen.
Puedes hacer **lo que quieras.**	Du kannst tun, was (immer) du willst.

Jedoch:

Se **pueden** ir **los que** me han entregado sus deberes.	Diejenigen, die die Hausaufgaben bei mir abgegeben haben, können gehen.

No he visto nunca una persona **que hable** tanto.	Ich habe nie einen Menschen gesehen, der so viel redet.
No hay nadie que sepa cómo funciona esto.	Es gibt keinen, der weiß, wie das funktioniert.

Jedoch:

No he visto nunca al chico que **vive** con Juan.	Ich habe den jungen Mann, der bei Juan wohnt, nie gesehen.

♦ Wird die **Existenz** der Person oder Sache, auf die sich der Relativsatz bezieht, **geleugnet** oder **bezweifelt**, so steht im **Relativsatz** ebenfalls **Subjuntivo** (Nichtexistierendes kann nicht Gegenstand einer Erfahrung sein).

♦ Bezieht sich der Relativsatz auf eine **bestimmte** bzw. **bekannte Person** oder **Sache**, obwohl das **Verb** (die Handlung) **verneint** ist, so steht er im **Indikativ**.

106 4.5.6 Konzessive Konstruktionen

Hagas lo que **hagas**, te van a criticar.	Was auch immer du tust, man wird dich kritisieren.
No tenía éxito, **hiciera** lo que **hiciera**.	Er konnte machen, was er wollte, er hatte keinen Erfolg.
A estas horas no abro, **llame** quien **llame** / quienquiera que **llame**.	Um diese Zeit mache ich nicht auf, da kann läuten, wer will.
No consigue adelgazar, **haga** lo que **haga**.	Er / Sie kann machen was er / sie will, er / sie schafft es nicht abzunehmen.
Solucionaremos este asunto, **sea** como **sea**.	Wir werden diese Angelegenheit lösen, wie auch immer.
Digas lo que **digas**, este asunto no tiene remedio.	Du kannst sagen, was du willst, in dieser Sache ist nichts zu machen.
Le **guste** o no le **guste**, tendrá que decírmelo.	Ob es ihm gefällt oder nicht, er wird es mir sagen müssen

♦ In **konzessiven Sätzen** vom Typ *wer / was / wo / wann etc. auch immer* wird **Subjuntivo** verwendet, sowohl nach konzessiven Konjunktionen als auch bei Wiederholung des Verbs nach dem Schema:

Subjuntivo + Relativpronomen + Subjuntivo
Subjuntivo + o (no) + Subjuntivo

5 Klassenverben und unregelmäßige Verben
Verbos de irregularidad común y verbos irregulares

5.1 Regelmäßige Verbformen (Gesamtübersicht)

5.2 Die Verben haber, estar und ser

5.3 Verben mit Änderungen der Schreibweise

5.4 Klassenverben

5.5 Verben mit unregelmäßigem Partizip und zwei Partizipien

5.6 Sonderformen des Futurs und Konditionals

5.7 Indefinido und Imperfekt

5.8 Präsens des Subjuntivo

5.9 Unregelmäßige Formen des Imperativs

5.10 Unregelmäßige Verben

♦ Das Kapitel gibt einen Überblick über die **wichtigsten Besonderheiten** und **Unregelmäßigkeiten** der Verbkonjugation.

♦ Eine Reihe dieser Erscheinungen – insbesondere die **Diphthongierung** der Stammvokale **e** und **o** – betrifft jeweils eine Gruppe von Verben in gleicher Weise. Diese Verben werden daher als **Gruppen**- oder **Klassenverben** (verbos de irregularidad común) bezeichnet.

♦ Bei den einzelnen Verbklassen werden neben dem **Musterbeispiel** jeweils eine Reihe wichtiger Verben derselben Klasse aufgezählt. Sie können über das **alphabetische Register** schnell aufgefunden werden. Andere Unregelmäßigkeiten betreffen eine bestimmte **Zeitform**, z.B. das Indefinido, oder einen bestimmten **Modus** (Aussageweise) wie den Imperativ. Die betroffenen Verben bilden jeweils eigene Gruppen.

♦ Als **unregelmäßige Verben** im engeren Sinne gelten Verben, die mehrere Besonderheiten gleichzeitig und in einer Kombination aufweisen, die nur bei einem bestimmten Verb auftritt. Zum Vergleich geht eine schematische **Übersicht der regelmäßigen Konjugationsformen** voraus.

5.1 Regelmäßige Verbformen (Gesamtübersicht)
Verbos regulares

107 Indicativo

	Verben auf -ar		Verben auf -er		Verben auf -ir	
	tomar		comer		vivir	
Presente de indicativo						
yo	tomo	-o	como	-o	vivo	-o
tú	tomas	-as	comes	-es	vives	-es
él/ella/usted	toma	-a	come	-e	vive	-e
nosotros/as	tomamos	-amos	comemos	-emos	vivimos	-imos
vosotros/as	tomáis	-áis	coméis	-éis	vivís	-ís
ellos/as/ustedes	toman	-an	comen	-en	viven	-en
Pretérito indefinido						
yo	tomé	-é	comí		viví	-í
tú	tomaste	-aste	comiste		viviste	-iste
él/ella/usted	tomó	-ó	comió		vivió	-ió
nosotros/as	tomamos	-amos	comimos		vivimos	-imos
vosotros/as	tomasteis	-asteis	comisteis		vivisteis	-isteis
ellos/as/ustedes	tomaron	-aron	comieron		vivieron	-ieron
Pretérito imperfecto						
yo	tomaba	-aba	comía		vivía	-ía
tú	tomabas	-abas	comías		vivías	-ías
él/ella/usted	tomaba	-aba	comía		vivía	-ía
nosotros/as	tomábamos	-ábamos	comíamos		vivíamos	-íamos
vosotros/as	tomabais	-abais	comíais		vivíais	-íais
ellos/as/ustedes	tomaban	-aban	comían		vivían	-ían
Futuro						
yo	tomaré		comeré		viviré	-é
tú	tomarás		comerás		vivirás	-ás
él/ella/usted	tomará		comerá		vivirá	-á
nosotros/as	tomaremos		comeremos		viviremos	-emos
vosotros/as	tomaréis		comeréis		viviréis	-éis
ellos/as/ustedes	tomarán		comerán		vivirán	-án
Condicional						
yo	tomaría		comería		viviría	-ía
tú	tomarías		comerías		vivirías	-ías
él/ella/usted	tomaría		comería		viviría	-ía
nosotros/as	tomaríamos		comeríamos		viviríamos	-íamos
vosotros/as	tomaríais		comeríais		viviríais	-íais
ellos/as/ustedes	tomarían		comerían		vivirían	-ían

108 **Subjuntivo**

	Verben auf -ar		Verben auf -er		Verben auf -ir	
	tom**ar**		com**er**		viv**ir**	

Presente de subjuntivo

yo	tome	-e	coma		viva	-a
tú	tomes	-es	comas		vivas	-as
él/ella/usted	tome	-e	coma		viva	-a
nosotros/as	tomemos	-emos	comamos		vivamos	-amos
vosotros/as	toméis	-éis	comáis		viváis	-áis
ellos/as/ustedes	tomen	-en	coman		vivan	-an

Imperfecto de subjuntivo

yo	tomara	-ara	comiera		viviera	-iera
tú	tomaras	-aras	comieras		vivieras	-ieras
él/ella/usted	tomara	-ara	comiera		viviera	-iera
nosotros/as	tomáramos	-áramos	comiéramos		viviéramos	-iéramos
vosotros/as	tomarais	-arais	comierais		vivierais	-ierais
ellos/as/ustedes	tomaran	-aran	comieran		vivieran	-ieran

yo	tomase	-ase	comiese		viviese	-iese
tú	tomases	-ases	comieses		vivieses	-ieses
él/ella/usted	tomase	-ase	comiese		viviese	-iese
nosotros/as	tomásemos	-ásemos	comiésemos		viviésemos	-iésemos
vosotros/as	tomaseis	-aseis	comieseis		vivieseis	-ieseis
ellos/as/ustedes	tomasen	-asen	comiesen		viviesen	-iesen

Participio tomado -ado   comido   vivido -ido

Gerundio tomando -ando   comiendo   viviendo -iendo

5.2 Die Verben haber, estar und ser
Los verbos auxiliares haber, estar y ser

109

	haber	estar	ser

Presente de indicativo

yo	he	estoy	soy
tú	has	estás	eres
él/ella/usted	ha	está	es
nosotros/as	hemos	estamos	somos
vosotros/as	habéis	estáis	sois
ellos/as/ustedes	han	están	son

5.2
Die Verben haber, estar und ser
Los verbos auxiliares haber, estar y ser

	haber	estar	ser

Pretérito indefinido

	haber	estar	ser
yo	(hube)	estuve	fui
tú	(hubiste)	estuviste	fuiste
él/ella/usted	hubo	estuvo	fue
nosotros/as	(hubimos)	estuvimos	fuimos
vosotros/as	(hubisteis)	estuvisteis	fuisteis
ellos/as/ustedes	(hubieron)	estuvieron	fueron

Pretérito imperfecto

	haber	estar	ser
yo	había	estaba	era
tú	habías	estabas	eras
él/ella/usted	había	estaba	era
nosotros/as	habíamos	estábamos	éramos
vosotros/as	habíais	estabais	erais
ellos/as/ustedes	habían	estaban	eran

Futuro

	haber	estar	ser
yo	habré	estaré	seré
tú	habrás	estarás	serás
él/ella/usted	habrá	estará	será
nosotros/as	habremos	estaremos	seremos
vosotros/as	habréis	estaréis	seréis
ellos/as/ustedes	habrán	estarán	serán

Condicional

	haber	estar	ser
yo	habría	estaría	sería
tú	habrías	estarías	serías
él/ella/usted	habría	estaría	sería
nosotros/as	habríamos	estaríamos	seríamos
vosotros/as	habríais	estaríais	seríais
ellos/as/ustedes	habrían	estarían	serían

Presente de subjuntivo

	haber	estar	ser
yo	haya	esté	sea
tú	hayas	estés	seas
él/ella/usted	haya	esté	sea
nosotros/as	hayamos	estemos	seamos
vosotros/as	hayáis	estéis	seáis
ellos/as/ustedes	hayan	estén	sean

Imperfecto de subjuntivo

	haber	estar	ser
yo	hubiera	estuviera	fuera
tú	hubieras	estuvieras	fueras
él/ella/usted	hubiera	estuviera	fuera
nosotros/as	hubiéramos	estuviéramos	fuéramos
vosotros/as	hubierais	estuvierais	fuerais
ellos/as/ustedes	hubieran	estuvieran	fueran

5.3 Verben mit Änderungen der Schreibweise
Verbos con modificación ortográfica

110 Verben mit der Endung -car, -gar und -zar

Endung	Veränderung der Schreibweise	Kriterium	Verben
-car -gar -zar	c → qu g → gu z → c	vor **e**	sacar pagar empezar

♦ Bei den Verben, die auf **-car, -gar** und **-zar** enden, ändert sich die **Schreibweise** der Laute [k], [χ], [θ] in den Formen, in denen ein **e** auf den betreffenden Konsonanten folgt (**1. Person Indefinido** und alle Personen des **Subjuntivo,** sowie die **Imperativformen,** die mit dem Subjuntivo übereinstimmen).
Die **Aussprache** ändert sich nicht; die Schreibweise passt sich der Aussprache an.

	sacar herausnehmen		**jugar** spielen	
	Pretérito indefinido	Presente de subjuntivo	Pretérito indefinido	Presente de subjuntivo
yo	saqué	saque	jugué	juegue
tú	sacaste	saques	jugaste	juegues
él/ella/usted	sacó	saque	jugó	juegue
nosotros/as	sacamos	saquemos	jugamos	juguemos
vosotros/as	sacasteis	saquéis	jugasteis	juguéis
ellos/as/ustedes	sacaron	saquen	jugaron	jueguen

	empezar beginnen	
	Pretérito indefinido	Presente de subjuntivo
yo	empecé	empiece
tú	empezaste	empieces
él/ella/usted	empezó	empiece
nosotros/as	empezamos	empecemos
vosotros/as	empezasteis	empecéis
ellos/as/ustedes	empezaron	empiecen

Dazu gehören u.a. folgende Verben:

aparcar	parken	**apagar**	löschen, ausmachen	**abrazar**	umarmen
aplicar	anwenden	**encargar**	bestellen	**adelgazar**	abnehmen
buscar	suchen	**entregar**	übergeben	**almorzar**	zu Mittag essen
colocar	stellen, legen, platzieren	**juzgar**	beurteilen	**amenazar**	drohen
destacar	hervorragen, hervorheben	**llegar**	ankommen	**analizar**	analysieren
fabricar	herstellen	**obligar**	verpflichten	**cruzar**	überqueren
pescar	fischen	**pagar**	zahlen	**realizar**	ausführen
publicar	veröffentlichen	**pegar**	kleben, schlagen	**utilizar**	benutzen

111 Verben auf -cer, -cir, -ger, -gir, -guir, -quir

Endung	Veränderung der Schreibweise	Kriterium	Verben
-cer, -cir -ger, -gir	c → z g → j	vor a / o	cocer, zurcir proteger, elegir
-guir -quir	gu → g qu → c	vor a / o	distinguir delinquir

♦ Bei den Verben, die auf -cer[1], -cir[1], -ger, -gir, -guir, und -quir enden, ändert sich die Schreibweise, wenn die Endung mit **a** oder **o** beginnt. Das betrifft insgesamt wenige, teils selten gebrauchte Verben.

[1] **Beachte:** Außer den Verben cocer und mecer, esparcir (ausstreuen) und zurcir werden **alle weiteren Verben** auf -cer (**-ecer, -ocer**) und **-cir (-ucir)** nach dem **Muster** von **conocer** konjugiert.

	cocer (gar)kochen		**zurcir** flicken	
	Presente de indicativo	Presente de subjuntivo	Presente de indicativo	Presente de subjuntivo
yo	cuezo	cueza	zurzo	zurza
tú	cueces	cuezas	zurces	zurzas
él/ella/usted	cuece	cueza	zurce	zurza
nosotros/as	cocemos	cozamos	zurcimos	zurzamos
vosotros/as	cocéis	cozáis	zurcís	zurzáis
ellos/as/ustedes	cuecen	cuezan	zurcen	zurzan

Ebenso: mecer (wiegen), jedoch ohne Diphthong: mezo, ...

	proteger schützen		**elegir** auswählen	
	Presente de indicativo	Presente de subjuntivo	Presente de indicativo	Presente de subjuntivo
yo	protejo	proteja	elijo	elija
tú	proteges	protejas	eliges	elijas
él/ella/usted	protege	proteja	elige	elija
nosotros/as	protegemos	protejamos	elegimos	elijamos
vosotros/as	protegéis	protejáis	elegís	elijáis
ellos/as/ustedes	protegen	protejan	eligen	elijan

	distinguir unterscheiden	
	Presente de indicativo	Presente de subjuntivo
yo	distingo	distinga
tú	distingues	distingas
él/ella/usted	distingue	distinga
nosotros/as	distinguimos	distingamos
vosotros/as	distinguís	distingáis
ellos/as/ustedes	distinguen	distingan

Ähnlich: delinquir (eine Straftat begehen): **Presente de indicativo:** delinco, delinques, ... ;
Presente de subjuntivo: delinca, delincas, ...

112 leer / poseer und incluir

	leer lesen		**incluir** beilegen, beifügen	
	Pretérito indefinido	Imperfecto de subjuntivo	Pretérito indefinido	Imperfecto de subjuntivo
yo	leí	leyera	incluí	incluyera
tú	leíste	leyeras	incluiste	incluyeras
él/ella/usted	leyó	leyera	incluyó	incluyera
nosotros/as	leímos	leyéramos	incluimos	incluyéramos
vosotros/as	leísteis	leyerais	incluisteis	incluyerais
ellos/as/ustedes	leyeron	leyeran	incluyeron	incluyeran

Gerundio: leyendo   **Gerundio:** incluyendo

◆ Bei den Verben **leer** (lesen), **creer** (glauben), **caer** (fallen) und **poseer** (besitzen) wird das **unbetonte i** der Endung zu **y** (Gerundio, **3. Pers. Singular** und **Plural Indefinido** und in allen Formen des **Imperfecto de subjuntivo)**.

◆ Bei den Verben, die auf **-uir** enden, findet dieselbe Veränderung statt; darüber hinaus wird ein **y** zwischen Stamm und Endung eingeschoben, wenn die Endung mit **a, e** oder **o** beginnt.

→ 121

113 Verben auf -guar

	averiguar herausfinden, erforschen	
	Presente de indicativo	Presente de subjuntivo
yo	averiguo	averigüe
tú	averiguas	averigües
él/ella/usted	averigua	averigüe
nosotros/as	averiguamos	averigüemos
vosotros/as	averiguáis	averigüéis
ellos/as/ustedes	averiguan	averigüen

◆ Bei den Verben auf **-guar** steht **-gü-**, wenn die Endung mit **e** oder **i** beginnt.

Ebenso: **aguar** mit Wasser vermischen   **apaciguar** besänftigen
amortiguar dämpfen, mildern   **atestiguar** bezeugen

114 Weitere Besonderheiten der Rechtschreibung

reunir (vereinen, versammeln) **Presente de indicativo:** reúno, reúnes, reúne, reunimos, reunís, reúnen
prohibir Presente de indicativo: prohíbo, prohíbes, prohíbe, prohibimos, prohibís, prohíben
bullir[1] (sieden, sprudeln) **Pret. indefinido:** bulló, bulleron **Gerundio:** bullendo
bruñir (polieren) **Pret. indefinido:** bruñó, bruñeron **Gerundio:** bruñendo

[1] **Ebenso: mullir** (Boden auflockern)

Anmerkung:
Nach **ñ** und **ll** verlieren die 3. Person Sing. und Plural des Indefinido sowie das Gerundio das **i** der Endung.

5.4 Klassenverben
Verbos de irregularidad común

Hier werden neben den Musterbeispielen jeweils nur einige **wichtige Verben** genannt, die nach demselben Schema konjugiert werden.

115 Klassenverben e → ie

pensar denken		entender verstehen	
Presente de indicativo	Presente de subjuntivo	Presente de indicativo	Presente de subjuntivo
pienso	piense	entiendo	entienda
piensas	pienses	entiendes	entiendas
piensa	piense	entiende	entienda
pensamos	pensemos	entendemos	entendamos
pensáis	penséis	entendéis	entendáis
piensan	piensen	entienden	entiendan

(Zeilenbeschriftung links: yo, tú, él/ella/usted, nosotros/as, vosotros/as, ellos/as/ustedes)

♦ Bei bestimmten Verben **diphthongiert** in den **stammbetonten Formen** des **Präsens** (**Indikativ** und **Subjuntivo**) der Stammvokal **e** zu **ie**.
♦ Die **endbetonten Formen** (Imperfekt / Indefinido / Futur / Konditional) **diphthongieren nicht:** pensaba, pensé, pensaré, pensaría; entendía, entendí, entenderé, entendería.
♦ Hilfe bei der Zuordnung der Verben zu dieser Gruppe: Weist ein **Adjektiv** oder **Substantiv derselben Wortfamilie** den Diphthong **ie** auf, so diphthongiert in der Regel auch das **Verb:** el comienzo → yo comienzo; caliente → Paco calienta ....

Zu dieser Gruppe gehören unter anderen folgende Verben und ihre Ableitungen:

cerrar	schließen	**gobernar**	regieren
confesar	beichten, zugeben	**manifestar**	äußern
empezar	beginnen	**recomendar**	empfehlen
encender	anzünden	**sentarse**	sich setzen
entender	verstehen		

♦ **Sonderfälle: adquirir** (erwerben) und **inquirir** (untersuchen, herausfinden).
Bei diesen Verben wird in den stammbetonten Formen der Stammvokal **i** durch **ie** ersetzt: adquiero, adquieres, adquiere …

116 Klassenverben o → ue

encontrar finden, treffen		volver zurückkehren	
Presente de indicativo	Presente de subjuntivo	Presente de indicativo	Presente de subjuntivo
encuentro	encuentre	vuelvo	vuelva
encuentras	encuentres	vuelves	vuelvas
encuentra	encuentre	vuelve	vuelva
encontramos	encontremos	volvemos	volvamos
encontráis	encontréis	volvéis	volváis
encuentran	encuentren	vuelven	vuelvan

(Zeilenbeschriftung links: yo, tú, él/ella/usted, nosotros/as, vosotros/as, ellos/as/ustedes)

♦ Bei einigen Verben **diphthongiert** in den **stammbetonten Formen** des **Präsens** (Indikativ und Subjuntivo) der Stammvokal **o** zu **ue**.

♦ Die **endbetonten Formen** (Imperfekt / Indefinido / Futur / Konditional) **diphthongieren nicht**.

♦ Hilfe bei der Zuordnung der Verben zu dieser Gruppe: Weist ein **Adjektiv** oder **Substantiv** derselben **Wortfamilie** den Diphthong **ue** auf, so diphthongiert in der Regel auch das **Verb**: el alm**ue**rzo → yo alm**ue**rzo; dis**ue**lto → ellos dis**ue**lven, el ac**ue**rdo → me ac**ue**rdo ...

Ebenso: das Verb **jugar**: j**ue**go, j**ue**gas, j**ue**ga, jugamos, jugáis, j**ue**gan.

Zu dieser Gruppe gehören u.a. die folgenden Verben mit ihren Ableitungen:

acordarse	sich erinnern	**oler**[1]	riechen	**sonar**	klingen, tönen
acostarse	sich hinlegen	**poder**	können	**soñar**	träumen
costar	kosten	**probar**	probieren	**volar**	fliegen
mover	bewegen	**soler**	zu tun pflegen		

[1] Schreibung von **oler**: Entsprechend der allgemeinen Rechtschreibregel, nach der **ue** am Wortanfang als **hue** zu schreiben ist, beginnen alle **diphthongierenden Formen** mit **h**: **huelo, hueles, huele, olemos, oléis, huelen, huela, ...**

117 Klassenverben e → i

pedir bitten, fordern				
	Presente de indicativo	Presente de subjuntivo	Pretérito indefinido	Imperfecto de subjuntivo	Gerundio
yo	**pido**	**pida**	pedí	**pidiera**	**pidiendo**
tú	**pides**	**pidas**	pediste	**pidieras**	
él/ella/usted	**pide**	**pida**	**pidió**	**pidiera**	
nosotros/as	pedimos	**pidamos**	pedimos	**pidiéramos**	
vosotros/as	pedís	**pidáis**	pedisteis	**pidierais**	
ellos/as/ustedes	**piden**	**pidan**	**pidieron**	**pidieran**	

♦ Im **Gerundio** und in den **Formen,** die kein betontes **i** in der Endung haben, wird der Stammvokal **e** zu **i**.

Zu dieser Gruppe gehören u.a. folgende Verben mit ihren Ableitungen:

conseguir	erreichen	**medir**	messen
corregir	korrigieren	**repetir**	wiederholen
despedir(se)	(sich) verabschieden	**reír(se)**	lachen
elegir	(aus)wählen	**seguir**	folgen
impedir	verhindern	**servir**	dienen, bedienen
vestir(se)	(sich) anziehen		

118 Klassenverben e → ie / i

sentir fühlen, spüren, bedauern				
	Presente de indicativo	Presente de subjuntivo	Pretérito indefinido	Imperfecto de subjuntivo	Gerundio
yo	siento	sienta	sentí	sintiera	sintiendo
tú	sientes	sientas	sentiste	sintieras	
él/ella/usted	siente	sienta	sintió	sintiera	
nosotros/as	sentimos	sintamos	sentimos	sintiéramos	
vosotros/as	sentís	sintáis	sentisteis	sintierais	
ellos/as/ustedes	sienten	sientan	sintieron	sintieran	

◆ Die Verben dieser Gruppe weisen beim **Gerundio**, im **Indefinido** und im **Subjuntivo** neben der **Diphthongierung** zusätzlich **Vokalverschiebung e → i** auf.

Zu dieser Gruppe gehören u.a. folgende Verben und ihre Ableitungen:

advertir	warnen	**herir**	verwunden
arrepentirse	bereuen	**invertir**	investieren, umkehren
consentir	gestatten, billigen	**mentir**	lügen
convertir	umwandeln	**preferir**	vorziehen, etw. lieber tun
sugerir	vorschlagen	**requerir**	erfordern, mahnen

119 Klassenverben o → ue / u

dormir schlafen				
	Presente de indicativo	Presente de subjuntivo	Pretérito indefinido	Imperfecto de subjuntivo	Gerundio
yo	duermo	duerma	dormí	durmiera	durmiendo
tú	duermes	duermas	dormiste	durmieras	
él/ella/usted	duerme	duerma	durmió	durmiera	
nosotros/as	dormimos	durmamos	dormimos	durmiéramos	
vosotros/as	dormís	durmáis	dormisteis	durmierais	
ellos/as/ustedes	duermen	duerman	durmieron	durmieran	

◆ Die Verben dieser Gruppe weisen beim **Gerundio**, im **Indefinido** und im **Subjuntivo** neben der **Diphthongierung** zusätzlich **Vokalverschiebung o → u** auf.

Zu dieser Gruppe gehört auch das Verb **morir** (sterben).

120 **Klassenverben c → zc und Verben auf -ducir**

conocer kennen, kennenlernen	
Presente de indicativo	**Presente de subjuntivo**
yo	cono**zc**o	cono**zc**a
tú	conoces	cono**zc**as
él/ella/usted	conoce	cono**zc**a
nosotros/as	conocemos	cono**zc**amos
vosotros/as	conocéis	cono**zc**áis
ellos/as/ustedes	conocen	cono**zc**an

♦ Verben, die auf **-acer**, **-ecer** und **-ocer** und **-ducir** enden, bilden die **1. Person Präsens** und die davon **ableitbaren Formen** mit **-zc-**.
Alle weiteren Formen des Präsens sind regelmäßig.

Zu dieser Gruppe gehören u.a. folgende Verben mit ihren Ableitungen:

agradecer	danken	**apetecer**	Lust haben auf	**nacer**	geboren werden
amanecer	Tag werden	**enriquecer(se)**	reich werden	**ofrecer**	anbieten
anochecer	dunkel werden	**favorecer**	begünstigen	**padecer**	leiden (an)
aparecer	erscheinen	**merecer**	verdienen, (Lob)	**parecer**	scheinen

conducir steuern, lenken, führen		
Presente de indicativo	**Presente de subjuntivo**	**Pretérito indefinido**
yo	condu**zc**o	condu**zc**a	con**duje**
tú	conduces	condu**zc**as	con**dujiste**
él/ella/usted	conduce	condu**zc**a	con**dujo**
nosotros/as	conducimos	condu**zc**amos	con**dujimos**
vosotros/as	conducís	condu**zc**áis	con**dujisteis**
ellos/as/ustedes	conducen	condu**zc**an	con**dujeron**

♦ Die Verben, die auf **-ducir** enden, haben darüber hinaus **unregelmäßiges Indefinido.**

Verben dieser Gruppe → 133

121 **Klassenverben auf -uir**

contribuir beitragen				
Presente de indicativo	**Presente de subjuntivo**	**Pretérito indefinido**	**Imperfecto de subjuntivo**	**Gerundio**
yo	contribu**y**o	contribu**y**a	contribuí	contribu**y**era[1]	contribu**y**endo
tú	contribu**y**es	contribu**y**as	contribuiste	contribu**y**eras	
él/ella/usted	contribu**y**e	contribu**y**a	contribu**y**ó	contribu**y**era	
nosotros/as	contribuimos	contribu**y**amos	contribuimos	contribu**y**éramos	
vosotros/as	contribuís	contribu**y**áis	contribuisteis	contribu**y**erais	
ellos/as/ustedes	contribu**y**en	contribu**y**an	contribu**y**eron	contribu**y**eran	

[1] **Imperfecto de subjuntivo:** ebenso die Formen auf **-se:** contribu**y**ese, ...

♦ Bei den Verben auf **-uir** endet der **Stamm** mit **y,** wenn die **Endung nicht** mit betontem **i** beginnt.

Weitere Verben dieser Gruppe:
Indefinido → 112

construir	bauen	**distribuir**	verteilen	**influir**	beeinflussen
destruir	zerstören	**huir**	fliehen	**retribuir**	vergüten
disminuir	weniger werden	**incluir**	beinhalten	**sustituir**	ersetzen

122   Verbgruppe mit -g- in der 1. Person Singular Indikativ

salir hinausgehen		
	Presente de indicativo	**Presente de subjuntivo**
yo	sal**g**o	sal**g**a
tú	sales	sal**g**as
él/ella/usted	sale	sal**g**a
nosotros/as	salimos	sal**g**amos
vosotros/as	salís	sal**g**áis
ellos/as/ustedes	salen	sal**g**an

♦ Bei den Verben dieser Gruppe steht in der **1. Person Präsens Indikativ** ein **g** vor der Endung.
♦ Entsprechend endet der **Stamm** des **Presente de subjuntivo** in allen Formen mit **g**.

Ebenso: **caer**   fallen   **oir**   hören   **valer**   wert sein
hacer tun, machen   **poner** stellen, legen   **venir**   kommen
decir sagen   **tener** haben

Indefinido → 135

123   Verben mit der Endung -iar / -uar

cambiar ändern, wechseln		variar abwechseln	
Presente de indicativo	**Presente de subjuntivo**	**Presente de indicativo**	**Presente de subjuntivo**
cambio	cambie	varío	varíe
cambias	cambies	varías	varíes
cambia	cambie	varía	varíe
cambiamos	cambiemos	variamos	variemos
cambiáis	cambiéis	variáis	variéis
cambian	cambien	varían	varíen

(yo, tú, él/ella/usted, nosotros/as, vosotros/as, ellos/as/ustedes)

♦ Bei einem Teil der Verben, die auf **-iar / -uar** enden, ist das **i / u** vor der Endung **betont** (außer 1. / 2. Person Plural), bei den übrigen bilden **i / u** mit dem Endungsvokal einen **Diphthong**.

♦ Weitere Verben der Gruppe **cambiar**:

abreviar	abkürzen	**fastidiar**	ärgern
anunciar	ankündigen	**odiar**	hassen
copiar	kopieren	**renunciar**	verzichten
ensuciar	schmutzig machen		
aguar	verwässern	**averiguar**	herausfinden

♦ Weitere Verben der Gruppe **variar**:

ampliar	erweitern	**desafiar**	herausfordern
confiar	vertrauen	**enfriar(se)**	kalt werden
desconfiar	misstrauen		
acentuar	betonen	**insinuar**	andeuten
continuar	fortsetzen	**situar**	einordnen, platzieren

5.5 Verben mit unregelmäßigem Partizip und zwei Partizipien

124 Verben mit unregelmäßigem Partizip

Inifinitiv	Partizip
abrir	abierto
absolver	absuelto
cubrir	cubierto
decir	dicho
escribir	escrito
hacer	hecho
morir	muerto
poner	puesto
romper	roto
ver	visto
volver	vuelto

♦ Die genannten Verben haben **unregelmäßiges Partizip.**
Das gilt auch für die **Ableitungen,** z.B. **describir** → descrito.

Beachte:
satisfacer → satisfecho

125 Verben mit zwei Partizipien

Infintiv	Partizipien
freír	freído / frito
imprimir	imprimido / impreso
proveer	proveído / provisto
atender	atendido / atento
bendecir	bendecido / bendito
convencer	convencido / convicto
elegir	elegido / electo
maldecir	maldecido / maldito
poseer	poseído / poseso

♦ Einige Verben besitzen zwei Partizipien.
♦ Für **zusammengesetzte Zeiten** (Perfekt, Plusquamperfekt) werden meist **frito, impreso** und **provisto** verwendet. In allen anderen Fällen wird die **regelmäßige Form** verwendet.
♦ Die **unregelmäßige Form** wird als **Adjektiv** gebraucht.

5.6 Sonderformen des Futurs und Konditionals

5.6.1 Futur

126 decir, hacer

decir	diré	dirás	dirá	diremos	diréis	dirán
hacer	haré	harás	hará	haremos	haréis	harán

♦ Bei diesen beiden Verben (und ihren Ableitungen – außer bendecir / maldecir) **verändert sich** der **Stamm.**

127 **poner, salir, tener, valer, venir**

	poner	salir	tener	valer	venir
yo	pondré	saldré	tendré	valdré	vendré
tú	pondrás	saldrás	tendrás	valdrás	vendrás
él/ella/usted	pondrá	saldrá	tendrá	valdrá	vendrá
nosotros/as	pondremos	saldremos	tendremos	valdremos	vendremos
vosotros/as	pondréis	saldréis	tendréis	valdréis	vendréis
ellos/as/ustedes	pondrán	saldrán	tendrán	valdrán	vendrán

♦ Der Vokal der Infinitivendung (e / i) wird zu **d** (alle Personen).

128 **haber, poder, querer, saber, caber**

	haber	poder	querer	saber	caber
yo	habré	podré	querré	sabré	cabré
tú	habrás	podrás	querrás	sabrás	cabrás
él/ella/usted	habrá	podrá	querrá	sabrá	cabrá
nosotros/as	habremos	podremos	querremos	sabremos	cabremos
vosotros/as	habréis	podréis	querréis	sabréis	cabréis
ellos/as/ustedes	habrán	podrán	querrán	sabrán	cabrán

♦ Der Vokal der Infinitivendung fällt weg (alle Personen).

5.6.2 Konditional

129 **decir, hacer**

decir	diría	dirías	diría	diríamos	diríais	dirían
hacer	haría	harías	haría	haríamos	haríais	harían

♦ Der Stamm des Verbs verändert sich wie beim Futur.

130 **poner, salir, tener, valer, venir**

	poner	salir	tener	valer	venir
yo	pondría	saldría	tendría	valdría	vendría
tú	pondrías	saldrías	tendrías	valdrías	vendrías
él/ella/usted	pondría	saldría	tendría	valdría	vendría
nosotros/as	pondríamos	saldríamos	tendríamos	valdríamos	vendríamos
vosotros/as	pondríais	saldríais	tendríais	valdríais	vendríais
ellos/as/ustedes	pondrían	saldrían	tendrían	valdrían	vendrían

♦ Wie beim Futur wird der Vokal der Infinitivendung zu **d** (alle Personen).

131 **haber, poder, querer, saber, caber**

	haber	poder	querer	saber	caber
yo	habría	podría	querría	sabría	cabría
tú	habrías	podrías	querrías	sabrías	cabrías
él/ella/usted	habría	podría	querría	sabría	cabría
nosotros/as	habríamos	podríamos	querríamos	sabríamos	cabríamos
vosotros/as	habríais	podríais	querríais	sabríais	cabríais
ellos/as/ustedes	habrían	podrían	querrían	sabrían	cabrían

♦ Wie beim Futur fällt der Vokal der Infinitivendung weg (alle Personen).

5.7 Indefinido und Imperfekt
Pretérito indefinido y pretérito imperfecto

5.7.1 Indefinido

132 Vokalverschiebung in der 3. Person Singular / Plural

pedir	pedí	pediste	pidió	pedimos	pedisteis	pidieron
sentir	sentí	sentiste	sintió	sentimos	sentisteis	sintieron
dormir	dormí	dormiste	durmió	dormimos	dormisteis	durmieron

♦ Bei den Klassenverben der Gruppen **pedir**, **sentir** und **dormir verschiebt sich** der **Stammvokal** in der **3. Person Singular** und in der **3. Person Plural** des **Indefinido** (Formen, in denen das **i** der Endung **nicht betont**, d.h. halbvokalisch ist). → **117**, **118** und **119**
♦ Der **Vokal ändert sich** ebenfalls im **Imperfecto de subjuntivo.**

133 Verben auf -ducir / die Verben decir und traer

traducir	traduje	tradujiste	tradujo	tradujimos	tradujisteis	tradujeron
decir	dije	dijiste	dijo	dijimos	dijisteis	dijeron
traer	traje	trajiste	trajo	trajimos	trajisteis	trajeron

♦ **Beachte:** Diese Verben sind im Unterschied zur regelmäßigen Bildung in der 1. und 3. Person Singular **nicht** endbetont.
♦ Wie **traducir** (übersetzen) werden alle Verben auf **-ducir** konjugiert, z.B.: **inducir** (verleiten), **conducir** (ein Fahrzeug lenken), **deducir** (ableiten), **producir** (erzeugen), **reducir** (vermindern), ... **Ausnahmen: lucir** (leuchten), **relucir** (glänzen): 1. Pers. Präsens auf **-zc-**, jedoch regelmäßiges Pretérito indefinido.
♦ Wie **decir** werden die Zusammensetzungen und Ableitungen konjugiert, z.B.: **contradecir** (widersprechen), **predecir** (vorhersagen). **Ausnahmen: bendecir** (segnen), **maldecir** (verwünschen).
♦ Wie **traer** werden die Zusammensetzungen und Ableitungen konjugiert: **atraer** (anlocken), **contraer** (zusammenziehen, bekommen u.a.), **distraer** (ablenken).

134 Die Verben ser und ir

ser	fui	fuiste	fue	fuimos	fuisteis	fueron
ir	fui	fuiste	fue	fuimos	fuisteis	fueron

♦ Die Verben **ser** und **ir** haben im Indefinido **gleiche Formen.**

135 Weitere Verben mit unregelmäßigem Indefinido

estar	estuve	estuviste	estuvo	estuvimos	estuvisteis	estuvieron
haber	(hube)	(hubiste)	(hubo)	(hubimos)	(hubisteis)	(hubieron)
poder	pude	pudiste	pudo	pudimos	pudisteis	pudieron
poner	puse	pusiste	puso	pusimos	pusisteis	pusieron
saber	supe	supiste	supo	supimos	supisteis	supieron
tener	tuve	tuviste	tuvo	tuvimos	tuvisteis	tuvieron

hacer	hice	hiciste	hizo	hicimos	hicisteis	hicieron
querer	quise	quisiste	quiso	quisimos	quisisteis	quisieron
venir	vine	viniste	vino	vinimos	vinisteis	vinieron
dar	di	diste	dio	dimos	disteis	dieron
ver	vi	viste	vio	vimos	visteis	vieron

♦ **Beachte:** Bei den mehrsilbigen Formen ist die 1. und 3. Person Singular **nicht** endbetont.

Analog konjugiert werden die **Zusammensetzungen** und **Ableitungen** dieser Verben, z.B.:
obtener (erhalten), **proponer** (vorschlagen), **prever** (voraussehen), **rehacer** (wiederherstellen)

5.7.2 Imperfecto

136 **Die Verben ir, ser und ver**

ir	iba	ibas	iba	íbamos	ibais	iban
ser	era	eras	era	éramos	erais	eran
ver	veía	veías	veía	veíamos	veíais	veían

♦ Nur diese Verben haben **unregelmäßiges Imperfekt**.

5.8 Präsens des Subjuntivo
Presente de subjuntivo

137 **Verben mit regelmäßiger Ableitung**

	hacer	conocer	pedir	poner	
yo	hago	conozco	pido	pongo	1. Pers. Sing. Indikativ
yo	haga	conozca	pida	ponga	Presente de subjuntivo
tú	hagas	conozcas	pidas	pongas	
él/ella/usted	haga	conozca	pida	ponga	
nosotros/as	hagamos	conozcamos	pidamos	pongamos	
vosotros/as	hagáis	conozcáis	pidáis	pongáis	
ellos/as/ustedes	hagan	conozcan	pidan	pongan	

♦ **Stamm** des **Subjuntivo de presente** ist der **Stamm der 1. Person Singular Indikativ,** d.h. alle dort vorhandenen **Veränderungen** und Unregelmäßigkeiten treten **ebenfalls beim Subjuntivo** auf.
♦ Außer bei den diphthongierenden Verben bleibt der Stamm in allen Personen unverändert.

138 **Nicht ableitbare unregelmäßige Formen**

dar	estar	saber	caber	ser	haber	ir
dé	esté	sepa	quepa	sea	haya	vaya
des	estés	sepas	quepas	seas	hayas	vayas
dé	esté	sepa	quepa	sea	haya	vaya
demos	estemos	sepamos	quepamos	seamos	hayamos	vayamos
deis	estéis	sepáis	quepáis	seáis	hayáis	vayáis
den	estén	sepan	quepan	sean	hayan	vayan

5.9 Unregelmäßige Formen des Imperativs

139

Infinitiv	bejahter Imperativ (2. Pers. Sing.)
decir	**di**
hacer	**haz**
ir / irse	**ve / vete**
poner	**pon**
salir	**sal**
ser	**sé**
tener	**ten**
venir	**ven**

♦ Der **verneinte Imperativ** der 2. Person Singular ist bei all diesen Verben **regelmäßig** (d.h. formengleich mit dem **Subjuntivo**): **no digas, no hagas, no vayas, no pongas, no salgas, no seas, no tengas, no vengas**.

Imperativ → 157

5.10 Unregelmäßige Verben
Verbos irregulares

140
♦ Als **unregelmäßige Verben** im engeren Sinn kann man diejenigen Verben ansehen, die zwar möglicherweise bestimmte Unregelmäßigkeiten mit anderen Verben gemeinsam haben, die Kombination dieser Unregelmäßigkeiten jedoch mit keinem anderen Verb teilen.
♦ Es sind hier nur diejenigen **Formen** angegeben, die eine **Unregelmäßigkeit** aufweisen. Die übrigen Formen sind regelmäßig.
♦ Beim **Imperfecto de subjuntivo** sind die Formen auf **-ra** angegeben; die Formen auf **-se** werden analog dazu gebildet.

Presente de indicativo	Presente de subjuntivo	Pretérito indefinido	Imperfecto de subjuntivo	Futuro	Condicional

141 **andar** gehen

		anduve	anduviera		
		anduviste	anduvieras		
		anduvo	anduviera		
		anduvimos	anduviéramos		
		anduvisteis	anduvierais		
		anduvieron	anduvieran		

142 **caber** (hinein)passen

Presente de indicativo	Presente de subjuntivo	Pretérito indefinido	Imperfecto de subjuntivo	Futuro	Condicional
quepo	quepa	cupe	cupiera	cabré	cabría
cabes	quepas	cupiste	cupieras	cabrás	cabrías
cabe	quepa	cupo	cupiera	cabrá	cabría
cabemos	quepamos	cupimos	cupiéramos	cabremos	cabríamos
cabéis	quepáis	cupisteis	cupierais	cabréis	cabríais
caben	quepan	cupieron	cupieran	cabrán	cabrían

Presente de indicativo	Presente de subjuntivo	Pretérito indefinido	Imperfecto de subjuntivo	Futuro	Condicional

143 caer fallen

caigo	caiga	caí	cayera
caes	caigas	caíste	cayeras
cae	caiga	cayó	cayera
caemos	caigamos	caímos	cayéramos
caéis	caigáis	caísteis	cayerais
caen	caigan	cayeron	cayeran

Gerundio: cayendo
Participio: caído
Indefinido: Beachte die **Akzentsetzung!**

144 dar geben

doy	dé	di
das	des	diste
da	dé	dio / dió[1]
damos	demos	dimos
dais	deis	disteis
dan	den	dieron

145 decir[2] sagen

digo	diga	dije	dijera	diré	diría
dices	digas	dijiste	dijeras	dirás	dirías
dice	diga	dijo	dijera	dirá	diría
decimos	digamos	dijimos	dijéramos	diremos	diríamos
decís	digáis	dijisteis	dijerais	diréis	diríais
dicen	digan	dijeron	dijeran	dirán	dirían

Gerundio: diciendo
Participio: dicho
Imperativ (2. Pers. Sg.): di

[1] Ältere Schreibweise, die jedoch noch zulässig ist und immer wieder in Publikationen auftaucht.
[2] **Beachte:** Die Verben **bendecir** (segnen), **maldecir** (verfluchen) und **contradecir** (widersprechen) haben **regelmäßiges Futur** und **Konditional:** bendeciré, maldeciré, contradeciré, ...
Auch der **Imperativ der 2. Person** ist **regelmäßig:** bendice, maldice, contradice.
Participio: contradicho, aber: bendecido, maldecido.

Presente de indicativo	Presente de subjuntivo	Pretérito indefinido	Imperfecto de subjuntivo	Futuro	Condicional

146 hacer tun, machen

hago	haga	hice	hiciera	haré	haría
haces	hagas	hiciste	hicieras	harás	harías
hace	haga	hizo	hiciera	hará	haría
hacemos	hagamos	hicimos	hiciéramos	haremos	haríamos
hacéis	hagáis	hicisteis	hicierais	haréis	haríais
hacen	hagan	hicieron	hicieran	harán	harían

Participio: **hecho**
Imperativ (2. Pers. Sg.): **haz**

Analog: **satisfacer** (zufriedenstellen): **Präsens Indikativ:** satisfago, satisfaces, ...
Presente de subjuntivo: satisfaga, ...
Indefinido: satisfice, ...   **Futur:** satisfaré   **Participio:** satisfecho, ...

147 ir gehen

voy	vaya	fui	fuera
vas	vayas	fuiste	fueras
va	vaya	fue	fuera
vamos	vayamos	fuimos	fuéramos
vais	vayáis	fuisteis	fuerais
van	vayan	fueron	fueran

Gerundio: **yendo**
Imperativ : **ve (vete),** (1. Pers. Pl.): **vamos**

148 oír hören

oigo	oiga	oí	oyera
oyes	oigas	oíste	oyeras
oye	oiga	oyó	oyera
oímos	oigamos	oímos	oyéramos
oís	oigáis	oísteis	oyerais
oyen	oigan	oyeron	oyeran

Gerundio: oyendo
Participio: oído
Imperativ: **oye,** (2. Pers. Pl.): **oíd**

Presente de indicativo	Presente de subjuntivo	Pretérito indefinido	Imperfecto de subjuntivo	Futuro	Condicional

149 **poder** können, dürfen

puedo	pueda	pude	pudiera	podré	podría
puedes	puedas	pudiste	pudieras	podrás	podrías
puede	pueda	pudo	pudiera	podrá	podría
podemos	podamos	pudimos	pudiéramos	podremos	podríamos
podéis	podáis	pudisteis	pudierais	podréis	podríais
pueden	puedan	pudieron	pudieran	podrán	podrían

Gerundio: **pu**diendo

150 **poner** stellen, legen

pongo	ponga	puse	pusiera	pondré	pondría
pones	pongas	pusiste	pusieras	pondrás	pondrías
pone	ponga	puso	pusiera	pondrá	pondría
ponemos	pongamos	pusimos	pusiéramos	pondremos	pondríamos
ponéis	pongáis	pusisteis	pusierais	pondréis	pondríais
ponen	pongan	pusieron	pusieran	pondrán	pondrían

Participio: **puesto**
Imperativ (2. Pers. Sg.): **pon**

151 **querer** wollen, lieben

quiero	quiera	quise	quisiera	querré	querría
quieres	quieras	quisiste	quisieras	querrás	querrías
quiere	quiera	quiso	quisiera	querrá	querría
queremos	queramos	quisimos	quisiéramos	querremos	querríamos
queréis	queráis	quisisteis	quisierais	querréis	querríais
quieren	quieran	quisieron	quisieran	querrán	querrían

152 **saber** wissen

sé	sepa	supe	supiera	sabré	sabría
sabes	sepas	supiste	supieras	sabrás	sabrías
sabe	sepa	supo	supiera	sabrá	sabría
sabemos	sepamos	supimos	supiéramos	sabremos	sabríamos
sabéis	sepáis	supisteis	supierais	sabréis	sabríais
saben	sepan	supieron	supieran	sabrán	sabrían

Presente de indicativo	Presente de subjuntivo	Pretérito indefinido	Imperfecto de subjuntivo	Futuro	Condicional

153 **tener** besitzen, haben

tengo	tenga	tuve	tuviera	tendré	tendría
tienes	tengas	tuviste	tuvieras	tendrás	tendrías
tiene	tenga	tuvo	tuviera	tendrá	tendría
tenemos	tengamos	tuvimos	tuviéramos	tendremos	tendríamos
tenéis	tengáis	tuvisteis	tuvierais	tendréis	tendríais
tienen	tengan	tuvieron	tuvieran	tendrán	tendrían

Imperativ (2. Pers. Sg.): **ten**

154 **traer** herbringen

traigo	traiga	traje	trajera
traes	traigas	trajiste	trajeras
trae	traiga	trajo	trajera
traemos	traigamos	trajimos	trajéramos
traéis	traigáis	trajisteis	trajerais
traen	traigan	trajeron	trajeran

Gerundio: trayendo
Participio: traído

155 **venir** (her)kommen

vengo	venga	vine	viniera	vendré	vendría
vienes	vengas	viniste	vinieras	vendrás	vendrías
viene	venga	vino	viniera	vendrá	vendría
venimos	vengamos	vinimos	viniéramos	vendremos	vendríamos
venís	vengáis	vinisteis	vinierais	vendréis	vendríais
vienen	vengan	vinieron	vinieran	vendrán	vendrían

Gerundio: **viniendo**
Imperativ (2. Pers. Sg.): **ven**

156 **ver** sehen

veo	vea	vi	viera
ves	veas	viste	vieras
ve	vea	vio / vió[1]	viera
vemos	veamos	vimos	viéramos
veis	veáis	visteis	vierais
ven	vean	vieron	vieran

[1] Ältere Schreibweise, die jedoch noch zulässig ist und immer wieder in Publikationen auftaucht.

Pretérito imperfecto: veía, veías, …
Participio: **visto**

→ 136

6 Aussageweisen und besondere Strukturen des Verbs

6.1 Der Imperativ

Formen

Infinitiv als Imperativ

Das Pronomen beim Imperativ

Der Imperativ der indirekten Rede

Grade des Imperativs

6.2 Die indirekte Rede

Hauptsatz in einer Präsenszeit
            in einer Vergangenheitszeit

Frage und Imperativ

6.3 Das Passiv

Bildung

Gebrauch

Reflexives Passiv

Zustandspassiv

6.4 Unpersönliche Konstruktionen

3. Person Plural

se

Reflexive Verben

6.5 Hilfs- und Modalverben

ser, estar und haber

Modalverben

6.1 Der Imperativ El imperativo

157 Formen

Im Spanischen ist für den **Gebrauch** des Imperativs von großer Bedeutung, ob er **bejaht** oder **verneint** ist. Dies spielt eine Rolle für die Formen der **2. Person Singular und Plural** und für die **Stellung des Pronomens**.

	tomar		**leer**		**subir**	
	bejaht	verneint	bejaht	verneint	bejaht	verneint
tú	**toma/tomá**[1]	**no tomes**	**lee / leé**[1]	**no leas**	**sube / subí**[1]	**no subas/subás**
usted	**tome**	**no tome**	**lea**	**no lea**	**suba**	**no suba**
nosotros/as	**tomemos**	**no tomemos**	**leamos**	**no leamos**	**subamos**	**no subamos**
vosotros/as[2]	**tomad**	**no toméis**	**leed**	**no leáis**	**subid**	**no subáis**
ustedes	**tomen**	**no tomen**	**lean**	**no lean**	**suban**	**no suban**

[1] Im **argentinischen Spanisch** werden **endbetonte Formen** gebraucht, die aus dem Imperativ der 2. Person Plural entstanden sind: z.B.: **tomá, mirá, leé, comé, subí, escribí, no tomés, no mirés, no leás**, …

Mirá, este abrigo me gusta.	Schau mal, dieser Mantel gefällt mir.

[2] In **Lateinamerika** wird statt der 2. Person Plural die **3. Person Plural** verwendet, z.B: **tomen, lean, suban.**

♦ **Außer der 2. Person Singular und der 2. Person Plural des bejahten Imperativs sind alle Formen des Imperativs gleich denen des Presente de subjuntivo.**

Anda, Toño, **vamos.**	Komm, Toño, wir gehen.

Ausnahme: Der **bejahte Imperativ** der **1. Person Plural** lautet **vamos.**
(Die verneinte Form entspricht der Regel: **no vayamos.**)   → **158**

♦ Der **bejahte Imperativ** der **2. Person Singular** *(du)* ist **formengleich** mit der 3. Person Singular Präsens Indikativ.

♦ **Unregelmäßige Formen der 2. Person Singular:**

di (decir), **haz** (hacer), **ve / vete** (ir / irse), **pon** (poner), **sal** (salir), **sé** (ser), **ten** (tener), **ven** (venir)   → **139**

¡María, **para,** por favor!	Maria, halt bitte an!
No pares aquí.	Halt hier nicht an!
Lee lo que dice ahí.	Lies, was hier steht!
No leas esas tonterías.	Lies diesen Unsinn nicht!
Abre el maletero.	Mach den Kofferraum auf!
No abras el maletero ahora.	Mach den Kofferraum jetzt nicht auf!
Apuntad todo lo que os digan.	Schreibt alles auf, was man euch sagt!
No apuntéis eso.	Schreibt das nicht auf!
Leed lo que dice ahí.	Lest was hier steht!
No leáis esas tonterías.	Lest diesen Unsinn nicht!
Abrid el maletero.	Macht den Kofferraum auf!
No abráis ahora el maletero.	Macht den Kofferraum jetzt nicht auf!

♦ Der **bejahte Imperativ** der **2. Person Plural** *(ihr)* kann **vom Infinitiv abgeleitet** werden. Das Auslaut **-r** wird zu **d**.
In der **Umgangssprache** wird häufig der **Infinitiv** als **Ersatz für** den **Imperativ** gebraucht.   → **159**

158 Der Imperativ der 1. Person Plural

Esperemos que alguien sepa español.	Hoffen wir, dass jemand Spanisch kann.
Vamos a sacar la rueda de repuesto.	Nehmen wir das Reserverad heraus.

♦ Der **Imperativ der 1. Person Plural** entspricht ebenfalls dem **Presente de subjuntivo**.
In der **Umgangssprache** wird diese Form wenig gebraucht. Sie wird häufig umschrieben
durch **vamos a + Infinitiv**.

159 Der Infinitiv als Imperativ

¡Salir a jugar!	(Geht) Hinaus zum Spielen!
¡Comer más!	Esst mehr!
¡No pasar!	Kein Durchgang!
¡No fumar!	Rauchen verboten!

♦ In Spanien verwendet die **Umgangssprache** als bejahten **Imperativ der 2. Person Plural**
häufig den **Infinitiv**.
♦ Der Infinitiv findet sich auch als Imperativ auf **Hinweis-** und **Verbotsschildern**.

160 Das Pronomen beim Imperativ

Dame este papel, **dámelo.**	Gib mir diesen Zettel, gib ihn mir!
No se lo (= el papel) **des.**	Gib ihn ihm / ihr nicht!
Llámame esta tarde.	Ruf mich heute nachmittag an!
No me llames antes de las seis.	Ruf mich nicht vor sechs Uhr an!
Váyase.	Gehen Sie!
No se vaya ahora.	Gehen Sie jetzt (noch) nicht!
Escríbannos.	Schreiben Sie uns!
No nos escriban en alemán.	Schreiben Sie uns nicht auf Deutsch!

♦ An den **bejahten Imperativ** werden die **Personalpronomen angehängt**.
Bei zwei **aufeinanderfolgenden Pronomen** gilt die übliche **Reihenfolge**
indirektes Objekt – direktes Objekt (**Akzentsetzung** beachten!):

dámelo, póntelo, dígannoslo, regálaselo, compráds**elo**

♦ Beim **verneinten Imperativ** stehen die **Pronomen** – wie bei den übrigen konjugierten
Verbformen – **vor dem Verb**:

no te lo pongas, no se lo regale, no nos lo diga así, **no se lo compréis**

Anmerkung: Wird der Imperativ der 1. Person Plural durch **vamos a + Infinitiv** ersetzt,
so wird das **Pronomen** an den Infinitiv **angehängt**:

Vamos a llevar**le** el paquete a Mayte.	Bringen wir Mayte das Paket mit!

161 Veränderungen bei angehängtem Reflexivpronomen

¿A las siete? Bueno, pues, **levantémonos** a las siete.	Um sieben Uhr (schon)? Na ja, dann stehen wir eben um sieben Uhr auf.
A ver, venga, **decidámonos** de una vez.	Mach(t) schon, entscheiden wir uns endlich!

♦ Beim **Imperativ** der **1. Person Plural** entfällt das **-s** der Endung **-emos**, wenn das Reflexivpronomen angehängt wird.
Das gilt auch für **irse: vámonos.**

Daos prisa.	Beeilt euch!
Vestíos.	Zieht euch an!
Iros antes del anochecer.	Geht vor Einbruch der Dunkelheit.
Este coche es bueno, **comprarlo.**	Dieses Auto ist gut, kauft es.

♦ Beim **(bejahten) Imperativ** der **2. Person Plural** entfällt bei angehängtem Reflexivpronomen das **-d.**
In der **Umgangssprache** wird meist der **Infinitiv als Imperativ** verwendet.
Die **Pronomen** werden **angehängt.**

162 Der Imperativ in der indirekten Rede El imperativo en el estilo indirecto

La madre le dice a su hijo: **toma** el autobús número 42.	Die Mutter sagt ihrem Sohn: Nimm den Bus Nummer 42.
La madre le dice a su hijo que **tome** el autobús número 42.	Die Mutter sagt zu ihrem Sohn, er solle den Bus Nummer 42 nehmen.
La madre le dijo a su hijo que **tomara** el autobús número 42.	Die Mutter sagte zu ihrem Sohn, er solle den Bus Nummer 42 nehmen.

♦ Der indirekte Imperativ wird durch **que + Subjuntivo** ausgedrückt.
Dabei gilt die **Zeitenfolgeregel** des Subjuntivo:

Hauptverb	Verb im Nebensatz (indirekte Rede)
Präsenszeit (Futur, Präsens, Perfekt)	**Presente de subjuntivo**
Vergangenheitszeit (Indefinido, Imperfekt, Plusquamperfekt, Konditional)	**Imperfecto de subjuntivo**

163 Grade des Imperativs

Im Spanischen stehen wie im Deutschen eine Reihe von Möglichkeiten zur Verfügung, um eine **Bitte oder Aufforderung** auszusprechen.

Llámame esta tarde.	Ruf mich heute nachmittag an.

♦ Der **Imperativ** ist eine dieser Möglichkeiten. Er drückt einen **relativ hohen Grad** der **Bestimmtheit** aus.

Esta tarde me **llamas** y hablamos del asunto.	Heute nachmittag rufst du mich an und wir sprechen über die Sache.
¡Tú te **quedas** en casa, con esa gente no **sales**!	Du bleibst zu Hause; mit diesen Leuten gehst du mir nicht weg!

♦ Der **Indikativ Präsens** wird in der Umgangssprache sehr häufig gebraucht, um einen **Vorschlag** zu formulieren, wenn man davon ausgeht, dass der Partner / die Partnerin zustimmt oder sein / ihr grundsätzliches Einverständnis bereits signalisiert hat.

♦ Bei entsprechender Schärfe im Ton kann das **Präsens** aber auch einen sehr **hohen Grad der Bestimmtheit** ausdrücken, der kaum Widerspruch zulässt.

Podrías llamarme esta tarde.	Du könntest mich heute nachmittag anrufen.
¿Por qué no me llamas esta tarde?	Ruf mich doch heute nachmittag an. / Wie wär's, wenn du mich heute nachmittag anrufst.

♦ Aus Gründen der **Höflichkeit** wird oft der Imperativ vermieden und eine **Bitte** oder **Aufforderung als Frage** oder **im Konditional** formuliert.

6.2 Die indirekte Rede El estilo indirecto

164 Im Gegensatz zum Deutschen ändert sich im Spanischen in der indirekten Rede der Modus nicht (Indikativ bleibt Indikativ); **Sonderfall:** indirekter **Imperativ**.
Für die **Zeitenfolge** ist entscheidend, ob der einleitende **Hauptsatz** in einer **Präsenszeit** (Futur, Präsens, Perfekt) oder in einer **Vergangenheitszeit** (Indefinido, Imperfekt, Plusquamperfekt, Konditional) steht.

165 ## Hauptsatz in einer Präsenszeit

Direkte Rede / Estilo directo	Indirekte Rede / Estilo indirecto
He leído con gran interés el artículo sobre el trabajo doméstico del hombre en el hogar. Yo tengo 32 años, y desde muy pequeño mi madre nos ha educado a mis dos hermanos, a mi padre y a mí para ayudar en las tareas domésticas. En mi caso, me manejo bien, tanto haciendo limpieza general los fines de semana, cuando no trabajo, como yendo a comprar al mercado. Yo animo a los jóvenes para que hagan un pequeño esfuerzo que demuestre el cariño hacia nuestra pareja, pues ellas también trabajan fuera y a veces no se lo agradecemos. F. J. Santos, EPS 12-08-01	F. J. Santos **escribe / ha escrito / escribirá que ha** leído con gran interés el artículo sobre el trabajo doméstico del hombre en el hogar. **Que él tiene** 32 años, y **que** desde muy pequeño **su** madre **los** ha educado a **sus** dos hermanos, a **su** padre y a **él** para ayudar en las tareas domésticas. **Que** en **su** caso, **se maneja** bien, tanto haciendo limpieza general los fines de semana, cuando no **trabaja,** como yendo a comprar al mercado. **Termina diciendo que él anima** a los jóvenes para que hagan un pequeño esfuerzo que demuestre el cariño hacia **su** pareja, pues ellas trabajan fuera y a veces no se lo **agradecen.**

Mit großem Interesse habe ich den Artikel über die Hausarbeit der Männer gelesen. Ich bin 32 Jahre alt, und unsere Mutter hat meine zwei Brüder, meinen Vater und mich von klein auf dazu erzogen, bei der Hausarbeit mitzuhelfen. Was mich angeht, so komme ich gut zurecht, sowohl mit dem Hausputz am Wochenende als auch mit dem Einkauf auf dem Markt.
Ich möchte die jungen Leute dazu ermuntern, die kleine Mühe auf sich zu nehmen, die unsere Liebe zu unserer Partnerin unter Beweis stellt, denn sie arbeitet ja auch außerhalb des Hauses und manchmal danken wir es ihr nicht.

♦ Steht das **Hauptverb** im **Präsens bzw.** in einer **Präsenszeit** (Futur, Perfekt), so bleiben die Zeiten der abhängigen Verben wie in der direkten Rede.
♦ Wie im Deutschen wird die 1. Person Singular zur 3. Person Singular, die 1. Person Plural zur 3. Person Plural, und entsprechend ändern sich auch Possessivadjektive und Possessivpronomen. Auch zeitliche und örtliche Verweise werden angepasst (*hier – dort, heute – gestern / am ... / ...*)
♦ Die Abschnitte werden durch ein Verb des Sagens, Schreibens oder Denkens eingeleitet. Die Sätze der eigentlichen Rede sind abhängige dass-Sätze; sie werden jeweils durch **que**[1] eingeleitet. Dabei kann ein und dasselbe Hauptverb für mehrere Nebensätze gelten.

[1] **Beachte:** Im Deutschen kann der Nebensatz auch ohne *dass* formuliert werden (Sie sagte uns, dass sie ihn gesehen habe / sie habe ihn gesehen.), im Spanischen steht **immer que**.

166 Frage und Imperativ in der indirekten Rede

Direkte Rede / Estilo directo	Indirekte Rede / Estilo indirecto
—¿Estás lista? – me pregunta Antonio. —¿A qué hora sale el tren? Date prisa.	Antonio le pregunta **si** está lista. **Que a qué hora** sale el tren. **Que** se **dé** prisa.
„Bist du fertig?", fragt mich Antonio. „Um wie viel Uhr fährt der Zug? Beeil dich!"	Antonio fragt sie, ob sie fertig **sei**. Um wie viel Uhr der Zug **abfahre**. Sie **solle** sich beeilen.

♦ **Fragen ohne Fragewort** werden in der **indirekten Rede** mit **si** eingeleitet.
♦ Beginnt eine Frage in der direkten Rede **mit Fragewort**, so wird ihr in der indirekten Rede nur ein **que** vorangestellt. Das Gleiche gilt für Ausrufe:

que qué / que cómo / que quién / que por qué / ...

♦ Der **Imperativ** der direkten Rede wird **in der indirekten Rede** zum **Subjuntivo**. → 162

167 Hauptsatz in einer Vergangenheitszeit

Steht das **Hauptverb** in einer **Vergangenheitszeit** (Imperfekt, Indefinido, Plusquamperfekt), so muss die **Zeitenfolge** zwischen Haupt- und Nebensatz beachtet werden.
Sie richtet sich danach, ob die Handlung des Nebensatzes zu der des Hauptsatzes **gleichzeitig**, **nachzeitig** (später) oder **vorzeitig** (früher) stattfindet.

Direkte Rede / Estilo directo	Indirekte Rede / Estilo indirecto
He leído con gran interés el artículo sobre el trabajo doméstico del hombre en el hogar. Yo tengo 32 años, y desde muy pequeño mi madre nos ha educado a mis dos hermanos, a mi padre y a mí para ayudar en las tareas domésticas. En mi caso, me manejo bien, tanto haciendo limpieza general los fines de semana, cuando no trabajo, como yendo a comprar al mercado. Yo animo a los jóvenes para que hagan un pequeño esfuerzo que demuestre el cariño hacia nuestra pareja, pues ellas trabajan fuera y a veces no se lo agradecemos. F. J. Santos, EPS 12-08-01	F. J. Santos **escribió que había** leído con gran interés el artículo sobre el trabajo doméstico del hombre en el hogar. **Que él tenía** 32 años, y **que** desde muy pequeño **su** madre **los había** educado a **sus** dos hermanos, a **su** padre y a **él** para ayudar en las tareas domésticas. **Que** en **su** caso, **se manejaba** bien, tanto haciendo limpieza general los fines de semana, cuando no **trabajaba,** como yendo a comprar al mercado. **Terminaba diciendo que él animaba** a los jóvenes para que **hicieran** un pequeño esfuerzo que **demostrara** el cariño hacia **su** pareja, pues ellas **trabajaban** fuera y a veces no se lo **agradecían.**

Elisa me dijo: –Te **llamaré** mañana.	Elisa sagte mir: „Ich werde dich morgen anrufen".
Elisa me dijo **que** me **llamaría** hoy / al día siguiente.	Elisa sagte mir, **sie werde** mich heute / am nächsten Tag anrufen. // Elisa sagte mir, **dass** sie mich am nächsten Tag anrufen werde.

Es gilt folgendes Zeitenschema:

Hauptsatz / Einleitung der indirekten Rede	Tempus der direkten Rede wird zu	Tempus der indirekten Rede (Nebensatz)	zeitliches Verhältnis Nebensatz – Hauptsatz
Indefinido Imperfekt Plusquamperfekt	Indefinido, Perfekt	Plusquamperfekt (Indefinido)	vorzeitig
	Präsens	Imperfekt	gleichzeitig
	Futur	Konditional	nachzeitig

168 **Gebrauch der indirekten Rede**

La ministra cesada aseguraba, en un comunicado **que «me voy con la conciencia muy tranquila»**. [aus der Tagespresse] Vino un día Sara y me **dijo que tenía** bronquitis.	Die entlassene Ministerin versicherte in einer einer Pressemitteilung, dass „ich mit absolut ruhigem Gewissen gehe". Und eines Tages kam Sara und sagte mir, sie habe Bronchitis.

♦ Bei der Wiedergabe von Redebeiträgen in der Presse wird häufig eine Art Mischform zwischen direkter und indirekter Rede verwendet: **que** + (in Anführungszeichen) **direkte Rede.**
Dagegen hält sich – im Unterschied zum Deutschen – gerade die **Umgangssprache** oftmals genau an die Regeln der indirekten Rede.

6.3 Das Passiv La voz pasiva

169 **Die Bildung des Passivs**

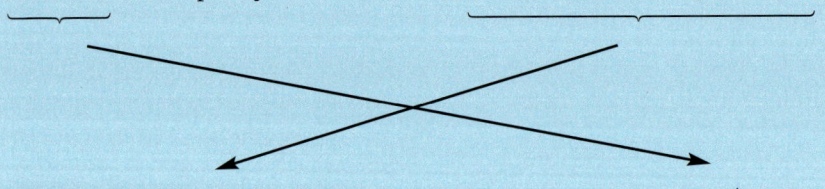

La Policía interceptó ayer en las costas a un total de 123 inmigrantes ilegales.

Un total de 123 inmigrantes ilegales **fueron interceptados por la Policía** ayer en las costas.

Insgesamt 123 illegale Einwanderer wurden gestern von der Polizei an der Küste aufgegriffen.

Los maestros del toreo han aceptado a Cristina. Cristina **ha sido aceptada por** los maestros del toreo.	Die Meister des Stierkampfes haben Cristina anerkannt. Cristina ist von den Meistern des Stierkampfes anerkannt worden.
El pesquero "Tatiana", que sufrió una avería, **fue abandonado**.	Der Fischkutter „Tatiana", der einen Maschinenschaden hatte, wurde aufgegeben.

♦ Das **Passiv** wird im Spanischen mit dem Hilfsverb **ser** (alle Zeiten) **+ Partizip** gebildet. Das Subjekt des aktiven Satzes wird dabei zur adverbialen Angabe und mit **por** angeschlossen. Wie im Deutschen wird jedoch der Urheber häufig nicht genannt.

♦ Im Passiv ist das **Partizip veränderlich** und **richtet sich nach** dem **Subjekt** des Satzes.

Anmerkung:
Wenn das Passiv die **Folgen eines Ereignisses** ausdrückt (insbesondere Verletzung, Tod), werden anstelle von **ser** auch Verben wie **resultar** und **verse** verwendet:

Un niño de diez años y un hombre de 76 **resultaron heridos** en un accidente de tráfico.	Ein zehnjähriger Junge und ein 76-jähriger Mann wurden bei einem Verkehrsunfall verletzt.

170 Der Gebrauch des Passivs

Los testigos **fueron llamados** a declarar. Una mujer **fue acusada** de malos tratos.	Die Zeugen wurden vorgeladen um auszusagen. Eine Frau wurde wegen Kindesmisshandlung angeklagt.
Los embajadores **fueron recibidos** por el rey don Juan Carlos en el Palacio Real.	Die Botschafter wurden von König Juan Carlos im Königspalast empfangen.

♦ Das Passiv wird in der spanischen Umgangssprache kaum gebraucht. Es wird vor allem in **Zeitungsberichten**, **juristischen Texten** und in der **Verwaltungssprache** verwendet.

171 Das reflexive Passiv

In vielen Fällen, in denen im Deutschen das Passiv verwendet wird, gebraucht man im Spanischen eine **unpersönliche Form** mit **se**, die als **Pasiva refleja** (reflexives Passiv) bezeichnet wird. Es handelt sich dabei um transitive Verben: Das direkte Objekt des aktiven Satzes wird – wie beim regulären Passiv – zum Subjekt im Passivsatz.

Con medidas policiales no **se soluciona** el problema de la droga.	Mit polizeilichen Maßnahmen wird das Drogenproblem nicht gelöst / kann man das D. nicht lösen.
En la región de Alicante y Valencia **se fabrican** muchos juguetes.	In der Gegend um Alicante und Valencia wird viel Spielzeug hergestellt.
Aquí **se venden** flores.	Hier werden Blumen verkauft.
Esta mermelada **se hace** a base de higos.	Diese Marmelade wird aus Feigen gemacht.
Se le **notan** las arrugas.	Man sieht deutlich seine / ihre Falten. / Seine / Ihre Falten sind deutlich zu sehen.
Las flores **se venden** sueltas.	Die Blumen werden einzeln verkauft.

Bildung: se + 3. Person Singular / Plural. Das **Verb richtet sich** dabei **nach** dem **Bezugswort** (Subjekt).

Textbeispiel für Passiv und Passiversatz

La andadura contemporánea de la Aljafería de Zaragoza arranca en 1931, cuando **es declarada** monumento nacional. El palacio, donde **se han encontrado** restos del siglo IX, comenzó a **construirse** en el año 1046, bajo el reinado de Abu Jafar Almuctadir.	Die zeitgenössische Etappe der Aljaferia von Zaragoza beginnt 1931, als sie zum Nationaldenkmal erklärt wird. Mit dem Bau des Palastes, in dem Reste aus dem 9. Jahrhundert gefunden wurden, wurde im Jahre 1046 während der Regierungszeit von Abu Jafar Almuctadir begonnen.

Weitere Möglichkeiten für den **Passiversatz** in **Kapitel 6.4** → `173` `174`

`172` Das Zustandspassiv

Das **Ergebnis einer Handlung** wird durch **estar + Partizip**, das sogenannte **Zustandspassiv,** ausgedrückt; das **Partizip** ist dabei **veränderlich**.

Las maletas ya **están hechas**.	Die Koffer sind schon gepackt.
Los problemas **están resueltos**.	Die Probleme sind gelöst.

6.4 Unpersönliche Konstruktionen
Estructuras impersonales

`173` Verb in der 3. Person Plural

Meten mucha propaganda en los buzones.	In die Briefkästen wird viel Werbung eingeworfen.
Contestan en castellano.	Man antwortet auf Spanisch.
Llaman a la puerta.	Es klopft.
Dicen en el colegio que van a quitar el latín.	In der Schule ist die Rede davon, dass Latein abgeschafft wird.

♦ Bei Sätzen **ohne Angabe eines konkreten Subjekts** entspricht die 3. Person Plural dem deutschen *man* bzw. dem Passiv.

`174` Die unpersönliche Konstruktion mit se

Dem reflexiven Passiv → `171` sehr ähnlich sind unpersönliche Sätze mit **se.**
Wie bei diesem kann die deutsche Entsprechung ein Satz mit unpersönlichem Subjekt oder das Passiv sein.
Bei der unpersönlichen Konstruktion ist **kein grammatisches Subjekt** vorhanden.

Se atiende a los pacientes.	Die Patienten werden versorgt.
Se ruega a los clientes que no fumen.	Die Kunden werden gebeten, nicht zu rauchen.
Se habló de muchos temas.	Es wurde über viele Themen gesprochen.
Aquí **se estudia** en silencio.	Hier wird still gelernt.

♦ Bei der **unpersönlichen Konstruktion** steht das Verb immer in der **3. Person Singular**. Eindeutige Fälle:
a) Das **direkte Objekt** ist eine **Person** und durch die Präposition **a** als solche gekennzeichnet: **a los pacientes.**
b) Es folgt ein **Objekt mit Präposition** oder ein **adverbialer Ausdruck**: **de muchos temas, a gritos, en silencio.**

Se come mucha carne.	Es wird viel Fleisch gegessen.
Se buscan camareros.	Kellner gesucht.
Se alquilan habitaciones.	Zimmer zu vermieten.

♦ Bezieht sich das dem Verb folgende Substantiv auf **unbestimmte / unbekannte Personen** (direktes Objekt ohne Präposition **a**) oder auf Sachen, so ist häufig schwer zu entscheiden, ob es sich um ein **reflexives Passiv oder** eine **unpersönliche Konstruktion** handelt.
In diesen Fällen richtet sich das **Verb** nach dem folgenden Substantiv.

175 **Die unpersönliche Konstruktion bei reflexiven Verben**

Uno / Una se acostumbra a todo.	Man gewöhnt sich an alles.

♦ Bei **reflexiven Verben** und reflexiv gebrauchten Verben wird **uno / una** hinzugefügt.

Nunca **se** sabe cómo van a salir las cosas. Nunca sabe **uno / una** cómo van a salir las cosas.	Man weiß nie, wie eine Sache ausgeht.

♦ **Uno / una** können auch an die Stelle eines unpersönlichen **se** treten. Wie in vielen Fällen auch das deutsche *man*, schließt uno / una den Sprecher / die Sprecherin mit ein oder steht für die erste Person (*ich*).

6.5 Hilfs- und Modalverben
Los verbos auxiliares y modales

6.5.1 Die Verben ser, estar und haber

Dem deutschen *sein* entsprechen im Spanischen die beiden Verben **ser** und **estar.**

176 **Das Verb ser**

Formen → **109**

Gebrauch

Das Verb **ser** wird insbesondere in folgenden Fällen gebraucht:

1.

Este **es mi amigo** Miguel.	Das ist mein Freund Miguel.
Esto **es un rotulador**.	Das ist ein Stift.

♦ Um **Personen** oder **Gegenstände** zu **identifizieren** oder zu **definieren**.
Leitfragen: ¿Quién es?, ¿Qué es?

2.

Paco **es ingeniero** industrial.	Paco ist Diplomingenieur.
Es de Sevilla.	Er ist aus Sevilla.
Es andaluz. Su mujer **es inglesa**.	Er ist Andalusier. Seine Frau ist Engländerin.
Es joven, alto y **moreno**.	Er ist jung, groß und dunkelhaarig.
Es mi tío.	Er ist mein Onkel.

◆ Zur **Angabe von Eigenschaften**, die eine Person charakterisieren wie **Beruf, Herkunft, Nationalität, Körpergröße, Haarfarbe, Verwandtschaftsbeziehungen, Konfession** usw.
Leitfragen: ¿Qué es?, ¿De dónde es?, ¿Cómo es?

3.

Este bolso **es de piel**.	Diese Tasche ist aus Leder.
Es negro.	Sie (die Tasche) ist schwarz.
Es pequeño y ligero.	Sie ist klein und leicht.
La mesa **era redonda**.	Der Tisch war rund.

◆ Zur **Angabe von Eigenschaften**, die einen Gegenstand charakterisieren, wie **Material, Form, Farbe, Größe, Gewicht, Preis** usw.
Leitfragen: ¿De qué es?, ¿De qué color es?, ¿Cómo es?

4.

¿De quién es este móvil?	Wem gehört dieses Handy?
Es de Raquel.	Es gehört Raquel.

◆ Zur **Angabe des Besitzes**. **Leitfrage: ¿De quién es?**

5.

Hoy es el 20 de abril.	Heute ist der 20. April.
Son las tres y media.	Es ist halb vier.
Ya era bastante tarde.	Es war schon ziemlich spät.
Ya es verano.	Es ist schon Sommer.

◆ Zur **Angabe von Datum, Uhrzeit und Jahreszeit**.
Leitfragen: ¿Qué día / fecha es?, ¿Qué hora es?, ¿A qué hora es?

6.

En el curso de informática **somos diez.**	Im Informatikkurs sind wir zu zehnt.
En su familia **son cinco hermanos.**	Sie sind fünf Geschwister.
Son 22 bombones por caja.	Es sind 22 Pralinen in der Schachtel.

◆ Zur Angabe der Zahl von **Personen** und **Dingen**, die zu **einer bestimmten Gruppe** gehören.
Leitfragen: ¿Cuántos / Cuántas son?

7.

La fiesta **es en casa de** Lucía.	Die Party ist bei Lucía.
El accidente **fue en la autopista**.	Der Unfall passierte auf der Autobahn.

◆ In der Bedeutung „**stattfinden**".
Leitfragen: ¿Dónde es?, ¿Dónde fue?

8.

¿Cuánto es? – Son 12 euros cincuenta.	Wieviel macht das? – Das macht 12 Euro 50.
¿Qué es de tu vida?	Wie geht es denn so?
¿Qué habrá sido de Julia?	Was ist wohl aus Julia geworden?

♦ **Preisangaben** und bestimmte **Redewendungen**.

9.

Me lo dijo <u>Juan</u>.	Mir sagte es <u>Juan</u>.
Fue Juan **el que / quien** me lo dijo.	/ <u>Juan</u> sagte es mir.
Quiere <u>el</u> (bolígrafo) <u>rojo</u>.	
El que quiere **es** el rojo.	Den <u>roten</u> möchte er.
Lo encontraron <u>bajo el puente</u>.	
Donde lo encontraron **fue** bajo el puente.	<u>Unter der Brücke</u> fanden sie ihn.
Nos reunimos <u>el jueves</u>.	
Es el jueves **cuando** nos reunimos.	Am <u>Donnerstag</u> treffen wir uns.
Se lo comunicó <u>por Internet</u>.	
Fue por Internet **como** se lo comunicó.	Per <u>Internet</u> hat er / sie es ihm mitgeteilt.

♦ Zur **besonderen Betonung** bestimmter Elemente des Satzes wird, insbesondere in der **Umgangssprache**, das Verb **ser** verwendet. Dabei steht **ser** in derselben Zeit wie das Hauptverb. Die Hervorhebung geschieht durch folgende Grundstruktur:

A	B		C
ser +	**Relativpronomen / Kopula**	+	**hervorzuhebendes Element**
	el / la / los / las que		**Substantiv**
	quien/quienes		**Eigenname**
	lo que		**Adjektiv**
	cuando		**adverbialer Ausdruck**
	donde		**Verb**
	como		**Verb**

(Die Reihenfolge kann aber auch B – A – C sein.)

10.

La manifestación **fue prohibida** por la autoridad.	Die Demonstration wurde von den Behörden verboten.

♦ Zur **Bildung des Passivs**. Passiv → 169

11.

Así **es** la vida.	So ist das Leben.
Nosotros **somos** así.	Wir sind (eben) so.

♦ Außer **así** stehen keine Adverbien in Verbindung mit **ser**.

177 Das Verb estar

Formen → 109

Gebrauch

Das Verb **estar** wird in folgenden Fällen verwendet:

1.

El museo **está en** la calle Serrano.	Das Museum ist in der Serrano-Straße.
¿Dónde está Vigo? – **Está en** Galicia.	Wo liegt Vigo? – Es liegt in Galicien.
Ya **estamos** todos.	Wir sind schon alle hier.

♦ Bei **Angaben, wo sich Personen oder Dinge befinden.**
Leitfrage: ¿Dónde está?   aber: stattfinden → 176

2.

¿Cómo estás? – Estoy bien.	Wie geht es dir? – (Es geht mir) gut.
Paco **está de mal humor.**	Paco hat schlechte Laune.
¿Por qué estás enfadada?	Warum bist du böse?
Estamos contentos con este coche.	Wir sind mit diesem Auto zufrieden.
El jefe **está enfermo** desde la semana pasada.	Der Chef ist seit vergangener Woche krank.

♦ Zur **Angabe des augenblicklichen Befindens**, der **Stimmung** und des **Gesundheitszustands.**
Leitfrage: ¿Cómo estás / está /.....?

3.

Ahora no puedo ayudarte, **estoy preparando** la comida.	Jetzt kann ich dir nicht helfen, ich mache gerade das Essen.

♦ Zur **Angabe eines gerade ablaufenden Vorganges.**   Verlaufsform → 203

4.

estar de buen / mal humor	gut / schlecht gelaunt sein
estar de camarero / cocinero / azafata	einen Beruf ausüben als ...
estar de compras	beim Einkaufen sein
estar de excursión	sich auf einem Ausflug befinden
estar de fiesta	auf einer Party / Feier sein
estar de juerga	sich amüsieren
estar de moda	in Mode sein
estar de paseo	einen Spaziergang machen
estar de viaje	auf Reisen sein

♦ **Redewendungen** mit **estar.**

178 **Bedeutungsunterschiede bei Adjektiven durch die Verwendung von ser oder estar**

Eine Reihe von Adjektiven können mit **ser** oder **estar** verbunden werden. In jedem Fall ist damit ein **Bedeutungsunterschied** beabsichtigt:

ser atento	höflich sein	**estar atento**	aufpassen, aufmerksam sein, achten auf
ser consciente de	sich bewusst sein	**estar consciente**	bei Bewusstsein sein
ser joven	jung sein	**estar joven**	jung aussehen
ser feliz	glücklich sein	**estar feliz**	zufrieden sein (LA: glücklich sein)
ser vivo	lebhaft sein	**estar vivo**	am Leben sein

♦ Mit **ser** wird dabei im Allgemeinen eine **charakteristische Eigenschaft** der Person oder Sache ausgedrückt. Wenn es mit **ser** verbunden wird, hat das **Adjektiv** in der Regel seine **Grundbedeutung**.
♦ Das mit **estar** verbundene **Adjektiv** drückt dagegen einen **augenblicklichen Zustand** oder ein **konkretes Verhalten** aus oder es hat **übertragene Bedeutung**.

El coche **es nuevo**.	Sein Auto **ist** (fabrik)**neu**.
Tu coche **está nuevo**.	Dein Auto **sieht aus wie neu**.
Andrés **es alto**.	Andrés **ist groß**.
El niño **está alto**.	Das Kind **ist stark gewachsen**.
La blusa **es verde**.	Die Bluse **ist grün**.
Paco todavía **está** muy **verde**.	Paco **ist** noch ziemlich **unerfahren**.
Las manzanas **son verdes**.	Die Äpfel **sind grün**. (= grüne Sorte)
Las manzanas **están verdes**.	Die Äpfel sind **unreif**.
Sara **es** muy **lista**.	Sara **ist** sehr **intelligent**.
Ya **estoy listo**.	Ich **bin** schon **fertig**.
Es una familia **rica**.	Das **ist** eine **reiche** Familie.
El lenguado **está** muy **rico**.	Die Seezunge **schmeckt** sehr **gut**.
La carne **es buena**.	Das Fleisch **ist gut**. (Qualität)
La carne **está buena**.	Das Fleisch **schmeckt gut**.

♦ **Wichtig**: Die Dauer spielt keine Rolle, entscheidend sind die Verhältnisse **im Augenblick der Aussage**.

ser soltero/a – estar soltero/a	ledig sein (zunehmend mit **estar)**
ser casado – estar casado con	verheiratet sein (**casado con** ... nur mit **estar**)

♦ Bei einigen Adjektiven schwankt der Gebrauch.

Passiv → 169   Zustandspassiv → 172

179 estar oder hay

El hotel Mediodía **está** en la calle del Prado.	Das Hotel M. ist in der Prado-Straße.
En la calle del Prado **hay un hotel.**	In der Prado-Straße ist / gibt es ein Hotel.
¿**Está Antonio** en casa?	Ist Antonio zu Hause?
Hay algo que te interese?	Gibt es etwas, was dich interessiert?
¿Dónde **está el mando** de la tele?	Wo ist die Fernbedienung?
En la calle **hay tres niños** jugando.	Auf der Straße spielen drei Kinder.
Los periódicos están encima de la mesa.	Die Zeitungen liegen auf dem Tisch.
En este documento **hay muchos puntos** que aclarar.	In diesem Dokument sind viele Punkte zu klären.
Hoy **hay** mucho trabajo.	Heute gibt es viel Arbeit.

♦ Bei Ortsangaben wird **estar** verwendet, wenn das **Bezugswort bestimmt** ist (bestimmter Artikel, Eigenname, Demonstrativadjektiv/pronomen). Ist das **Bezugswort unbestimmt** (unbestimmter Artikel, Zahl, Plural ohne Artikel, Menge), so wird die Aussage mit **hay** (unveränderlich) formuliert.
♦ Mit **hay** wird auch **Existenz** oder **Nicht-Existenz** ausgedrückt (*es gibt, da ist, ...*).

180 Zahlenangaben mit ser bzw. hay

Éramos cinco.	Wir waren zu fünft.
Había cinco personas.	Es waren fünf Personen anwesend.

♦ Wird eine **Zahl bestimmter Personen** genannt, so wird **ser** verwendet.
♦ Handelt es sich um **unbekannte Personen**, wird **hay** gebraucht.

6.5.2 Modalverben

181 Allgemeines

Die **wichtigsten** spanischen **Modalverben** sind:

poder	können, dürfen
querer	wollen, mögen
dejar	zulassen, erlauben
deber	müssen, sollen
hacer	veranlassen

Diese Verben stehen wie im Deutschen **mit dem Infinitiv des Hauptverbs**:

hoy no **puedo trabajar, déjame dormir,** Pepe no **quiere estudiar** ...

Es gibt jedoch im Spanischen **neben den eigentlichen Modalverben** noch eine ganze Reihe weiterer **Ausdrucksweisen, die den deutschen Modalverben entsprechen**. Es handelt sich dabei hauptsächlich um **lexikalische Strukturen**, die mit Hilfe des Wörterbuchs gefunden werden müssen. In einigen Fällen werden allerdings auch **grammatikalische Strukturen** zum Ausdruck der Modalität benutzt, z.B. der Subjuntivo, das Futur oder Konditional. Hier einige wichtige Fälle:

182 dürfen

erlaubt sein: **poder**

| Aquí **no se puede** aparcar. | Hier darf man nicht parken. |

Vermutung: **Futur**

| El libro **estará** agotado. | Das Buch dürfte vergriffen sein. |

183 können

gelernt haben: **saber**

| **Sé** nadar. | Ich kann schwimmen. |

die Umstände erlauben es: **poder**

| Hoy **no puedo** salir. Tengo que trabajar. | Heute kann ich nicht ausgehen. Ich muss arbeiten. |

184 lassen

zulassen, überlassen: **dejar**

| **Déjalo** leer. | Lass ihn lesen. |
| ¿Me puedes **dejar** el coche? | Kannst du mir das Auto leihen? |

veranlassen: **hacer**

| **No** la **hagas** esperar. | Lass sie nicht warten. |
| Siéntese, **haré** que le traigan algo de beber. | Setzen Sie sich, ich werde Ihnen etwas zu trinken bringen lassen. |

185 mögen

gern haben: **querer, gustar** (Personen, Handlungen)

Los dos hermanos **se quieren** mucho.	Die beiden Geschwister mögen sich sehr.
Me gusta mucho esta música.	Diese Musik mag ich sehr.
A mí **no me gusta** esperar.	Ich mag nicht warten.

Lust haben: **tener ganas de** ...

| No **tengo ganas** de ver esta película. | Ich mag / möchte diesen Film nicht sehen. |

lieber mögen: **preferir**

| **Preferiría** quedarme. | Ich möchte lieber bleiben. |
| **Prefiero** tomar café. | Ich mag / trinke lieber Kaffee. |

Einräumung (*wenn auch*): **que** + Subjuntivo / **por mucho** + Subjuntivo / **por (muy)** + Adjektiv + Subjuntivo / Wiederholung des Verbs im Subjuntivo

Que se vaya, si quiere.	Er mag gehen / soll er doch gehen, wenn er will.
Por mucho que corramos, **no cogeremos** el tren.	So schnell wir auch laufen mögen, wir werden den Zug nicht erwischen.
Por muy inteligente **que sea,** ...	So intelligent er / sie auch sein mag, ... Er / sie mag noch so intelligent sein, ...
Suceda lo **que suceda.**	Es mag / kann geschehen, was will.

Vermutung: **Futur**, **Konditional**

Tendrá unos diez años.	Er mag / dürfte etwa 10 Jahre alt sein.
Serían las cinco.	Es mag wohl / mochte / dürfte 5 Uhr gewesen sein.

186 müssen

Verpflichtung: **tener que, deber, haber de** → 215
Vermutung: **Futur, tener que** → 78

El coche no arranca, **tenemos que** llamar un taxi.	Das Auto springt nicht an, wir müssen ein Taxi rufen.
Hay que considerar todos los aspectos.	Man muss alle Gesichtspunkte bedenken.
Ahora **serán** las ocho.	Es wird (wohl) acht Uhr sein.
Mantener una casa así **tiene que** ser caro, ¿no crees?	Ein solches Haus zu unterhalten muss wohl kostspielig sein, meinst du nicht?

187 sollen

Aufforderung: **deber** / Verb des Wunsches + Subjuntivo / **que** + Subjuntivo

Deberías habérmelo dicho.	Du hättest es mir sagen sollen.
Deberías ser más prudente.	Du solltest vorsichtiger sein.
¿Quieres que te llame esta tarde?	Soll ich dich heute nachmittag anrufen?
Que venga Paco.	Paco soll herkommen.

Frage: Fragesatz in der 1. Person Singular / Plural

¿Qué hago / hacemos?	Was soll ich / sollen wir tun?
¿Te recojo a las tres?	Soll ich dich um drei Uhr abholen?
¿Cierro la puerta?	Soll ich die Tür schließen?

Vermutung: **dicen / se dice que, según parece**

Dicen que aquí se va a construir una carretera.	Hier soll eine Straße gebaut werden.
Según parece, el gobierno está decidido a subir los impuestos.	Die Regierung soll entschlossen sein, die Steuern zu erhöhen.

Möglichkeit, Vermutung: **Futur, Konditional**

¿Estará / Estaría enfermo?	Ob er wohl krank ist? / Sollte er etwa krank sein?

Bedingungssatz (Potentialis): **si (acaso), en caso de que + Imperfecto de subjuntivo**

Si el tiempo **cambiara,** saldríamos a dar una vuelta.	Sollte sich das Wetter ändern, würden wir einen Spaziergang machen.

Zukünftige Entwicklung innerhalb eines vergangenen Geschehens (Geschichtsdarstellungen): **Konditional**

Años más tarde **iría a** vivir a Barcelona.	Jahre später sollte er nach B. ziehen.

Rhetorische Frage: **Fragewort + ir a + Verb**

¿Cómo lo **iba a saber?**	Wie sollte er das wissen?
¿En qué va a parar esto?	Was soll daraus werden?
¿Qué va a ser de nosotros?	Was soll nur aus uns werden?
¿Cómo lo **vamos a pagar?**	Wie sollen wir das bezahlen?

188 werden

Aufgrund der außerordentlichen Häufigkeit und Vielfalt der Bedeutungen des Verbs **werden**, sind die Entsprechungen im Spanischen ebenfalls besonders vielfältig.

Futur

El dinero que esperas **llegará** con toda seguridad.	Das Geld, das du erwartest, wird ganz sicher kommen.

→ 77

Passiv

El martes pasado **fue inaugurada** la Feria del libro.	Vergangenen Dienstag wurde die Buchmesse eröffnet.

→ 169

resultar + Partizip (veränderlich): Ergebnis eines Unfalls, einer Naturkatastrophe u.ä.

En un accidente de autobús **resultaron heridas** 5 personas. Durante el incendio **resultaron muertos** dos niños.	Bei einem Busunglück wurden fünf Personen verletzt. Bei dem Brand wurden 2 Kinder getötet / starben 2 Kinder.

hacerse (médico, abogado, ingeniero, pianista):   Berufswahl
hier auch **estudiar para** + Beruf
(comunista, sindicalista):   Gesinnungswandel
(rico, famoso, amigo):   persönliche Entwicklung
(tarde, de noche, de día):   Tageszeit

Abrió un restaurante y en pocos años **se hizo rica**.	Sie eröffnete ein Restaurant und in wenigen Jahren wurde sie reich.
Pocos meses después de haberse conocido ya **se habían hecho** grandes **amigos**.	Wenige Monate, nachdem sie sich kennengelernt hatten, wurden sie enge Freunde.
Sus padres querían que **se hiciera médico** / que **estudiara para médico**.	Seine Eltern wollten, dass er Arzt würde.
Aunque su familia es más bien conservadora, a los 18 años él **se hizo comunista**.	Obwohl seine Familie eher konservativ ist, wurde er mit 18 Jahren Kommunist.
¿Qué, ya **te has hecho buenecito**, Toñín?	Na, Toñín, bist du nun anständig geworden?
Salieron un par de veces juntos y en seguida **se hicieron novios**.	Sie gingen ein paarmal miteinander aus und schon wurden sie ein Paar.
Bueno, me voy, que **se me está haciendo tarde**.	Nun, ich gehe, es ist spät für mich geworden.
Ahora, en este tiempo, a las seis y media ya **se hace de día**.	Zu dieser Jahreszeit wird es um halb sieben hell.

llegar a ser (presidente, jefe, el mejor de la clase, un gran pianista, etc.):   Ämter / Rang
(amigos / enemigos / novios):   persönliche Entwicklung
(rico, famoso, importante, muy conocido):   mit Adjektiven

A los 45 años **llegó a ser Presidente** de la República.	Mit 45 Jahren wurde er Präsident der Republik.
Con mucho empeño **llegaron a ser ricos** en pocos años.	Mit großer Beharrlichkeit wurden sie in wenigen Jahren reich.
Ella esperaba **llegar a ser** una pianista de renombre.	Sie hoffte, eine namhafte Pianistin zu werden.
Los asistentes a la charla **no llegaron a ser tantos** como los organizadores esperaban.	Die Zuhörer des Vortrags waren nicht so zahlreich, wie die Veranstalter hofften.
Estados Unidos y Rusia, aliados durante la II Guerra Mundial, **llegaron a ser** grandes **enemigos** poco despúes.	Die Vereinigten Staaten und Russland, die während des 2. Weltkriegs Verbündete gewesen waren, wurden kurz darauf zu großen Feinden.

ponerse (rojo, amarillo, moreno, gordo, enfermo, triste, contento, feliz):

physische oder psychische Reaktion

¿Has visto qué **gordo se ha puesto** Paco desde que se casó?	Hast du gesehen, wie dick Paco geworden ist, seit er verheiratet ist?
Al oír la noticia de la muerte de su amigo, todos **se pusieron muy tristes.**	Als sie vom Tod ihres Freundes hörten, wurden alle sehr traurig.
Es muy tímida, en cuanto alguien le dirige la palabra **se pone roja** como un tomate.	Sie ist sehr schüchtern, sobald sie jemand anspricht, wird sie puterrot.
Si sigues fumando de esa manera, algún día **te pondrás muy enfermo.**	Wenn du so weiterrauchst, wirst du eines Tages sehr krank werden.
A los dos días de estar en la playa, ya **se había puesto bien morena.**	Nach zwei Tagen am Strand war sie schon ziemlich braun geworden.

volverse (loco, ateo, manso, formal, sedentario; in LA auch mit rico):

Veränderungen des Geisteszustands, der Gesinnung, des Charakters

Aquí con tanto ruido y tanto jaleo **se vuelve uno loco.**	Hier wird man verrückt bei all dem Lärm und Betrieb.
Se educó en un colegio religioso, pero a los 25 años **se volvió ateo.**	Er besuchte eine Klosterschule, aber mit 25 wurde er Atheist.
Era un caballo muy bravo, pero con el tiempo **se volvió muy manso.**	Es war ein sehr wildes Pferd, aber mit der Zeit wurde es sehr zahm.

convertirse en:

physische Verwandlung, geschichtliche oder persönliche Entwicklung

El agua **se convirtió en** vino.	Das Wasser wurde zu Wein.
La rana **se convirtió en** príncipe.	Der Frosch verwandelte sich in einen Prinzen.
Fue su gran adversario, pero con los años **se convirtió en** su mejor amigo.	Er war sein großer Gegner, aber im Lauf der Jahre wurde er sein bester Freund.
Esta ciudad **se convirtió en** los años 70 en un gran centro industrial.	Diese Stadt wurde in den 70er Jahren zu einem großen Zentrum der Industrie.

Beachte:
convertirse a: konvertieren, sich zu ... bekehren (Religion, Konfession)

Se **convirtió al** budismo.	Er / sie bekehrte sich zum Buddhismus.

quedarse (ciego, mudo, sordo, paralítico, huérfano, sin casa):

Ergebnis eines Verlustes (Körperteile, Verwandte, Haus, Fassung, usw.)

Sus padres murieron en un accidente y **se quedaron huérfanos.**	Ihre Eltern kamen bei einem Unfall ums Leben und sie wurden Waisen.
En aquellas horribles inundaciones muchas personas **se quedaron sin casa.**	Bei dieser schrecklichen Überschwemmung wurden viele Menschen obdachlos.
Enfermó y **se quedó paralítica** en menos de un año.	Sie wurde krank, und in weniger als einem Jahr war sie gelähmt.

Sonderfall: quedarse embarazada – schwanger werden

ser: Futur und Vergangenheit: Beruf (auch **querer ser**); (padre, madre, abuelo, amigos, ...)

¿Qué **quieres ser** cuando seas mayor?	Was willst du werden, wenn du groß bist?
Yo de mayor **seré** futbolista.	Wenn ich groß bin, werde ich Fußballer .
Estaba muy ilusionanda con la idea de **ser mamá**.	Sie freute sich darauf, Mutter zu werden.
Yo **fui padre** por primera vez a los 29 años.	Mit 29 Jahren wurde ich zum ersten Mal Vater.
Seguro que algún día **seréis** buenos **amigos**.	Eines Tages werdet ihr sicher gute Freunde werden.

Andere Verben:

In etlichen Fällen besitzt das Spanische ein **eigenes Verb**, um eine **Entwicklung** oder **Veränderung** auszudrücken, die im Deutschen durch das Verb *werden* wiedergegeben wird:

enfermar	krank werden
mejorar	besser werden, besser machen
empeorar	schlechter / schlimmer werden, schlechter / schlimmer machen
amanecer	Tag / hell werden
anochecer	Nacht / dunkel werden
oscurecer	dunkel werden
salir bien	gut werden, gelingen (Fotos, Gerichte, Arbeiten usw.)

De repente **enfermó** y tuvo que dejar de trabajar.	Plötzlich wurde er / sie krank und musste aufhören zu arbeiten.
Estamos en marzo y ya **amanece** más temprano.	Jetzt haben wir März und es wird schon früher hell.
Vamos antes de que **anochezca**, no me gusta conducir de noche.	Gehen wir, bevor es dunkel wird, ich fahre nicht gern bei Nacht.
En Alemania, en noviembre **oscurece** ya a media tarde.	In Deutschland wird es im November bereits am späten Nachmittag dunkel.
¿Qué tal te **salió** la tortilla?	Wie ist die Tortilla geworden? / Wie ist dir die Tortilla gelungen?
Las fotos **han salido** bastante **bien**.	Die Fotos sind sehr gut / schön geworden.

Beachte:

Viele der hier aufgezählten Ausdrücke und Strukturen können auch anderen deutschen Ausdrücken entsprechen, z.B.:

quedarse huérfano	Waise werden, die Eltern verlieren
salir bien / mal	gut / schlecht werden, gelingen / misslingen
ser madre	Mutter werden, ein Kind bekommen
quedar bonito	schön werden (El piso les ha quedado muy bonito.)...

7 Infinite Formen und Verbalperiphrasen

7.1 Der Infinitiv

Formen

Substantivierung

Infinitivkonstruktionen mit Präposition

Infinitiv als Subjekt / Objekt

Infinitiv als Ergänzung des Substantivs

Ausdrücke und Redewendungen

7.2 Das Gerundio

Formen

Die Verlaufsform

Wichtige Verbalperiphrasen

Gerundio als Ersatz für adverbialen Ausdruck
      anstelle eines Hauptsatzes / eines Nebensatzes
      Deutsches Partizip Präsens ≠ Gerundio

Redewendungen

7.3 Das Partizip

Bildung

Substantivierung

Partizip als Ersatz für einen Nebensatz

7.4 Verbalperiphrasen

Strukturen

Ausdrücke

Übersichtstabelle

7.1 Der Infinitiv El infinitivo

Der Infinitiv kann im Spanischen viele Funktionen übernehmen. Entsprechend häufig wird er verwendet.

189 Formen

Neben dem einfachen Infinitiv, dem sog. **Infinitiv Aktiv** (llegar, comer, abrir) werden im Spanischen auch der **Infinitiv Perfekt** (haber trabajado, haber leído, haber escrito), sowie der **Infinitiv Passiv** (ser tratado, ser leído, ser abierto) und der **Infinitiv Passiv Perfekt** (haber sido pintado, haber sido traído, haber sido escrito) gebraucht.

In einigen Fällen stimmt der Gebrauch des Infinitivs weitgehend mit dem des Deutschen überein, z.B. bei der Substantivierung oder nach unpersönlichen Ausdrücken; andere Verwendungsweisen wie der Ersatz eines Nebensatzes durch eine Infinitivkonstruktion sind im Deutschen in geringem Maße vorhanden.

190 Substantivierung des Infinitivs

Los gauchos eran parcos en **el hablar.**	Die Gauchos waren wortkarg.

♦ Wie im Deutschen kann der **Infinitiv als Substantiv** gebraucht werden. Wird er mit Artikel gebraucht, so ist es der maskuline Artikel **el**.

tener plenos **poderes**	Vollmacht haben
los poderes del presidente del Gobierno	die Befugnisse des Regierungschefs
un ser humano	ein menschliches Wesen

♦ Infinitive, die als Substantive geläufig sind, können in den Plural gesetzt, mit Adjektiven oder durch einen Genitiv ergänzt werden, Subjekt oder Objekt des Satzes sein.

Infinitivkonstruktionen mit Präposition

191

Der Infinitiv kann zusammen mit bestimmten Präpositionen die **Funktion eines Nebensatzes** übernehmen. Die entsprechenden Konstruktionen unterliegen jedoch Einschränkungen im Gebrauch und sollten auch aus stilistischen Gründen nicht zu häufig verwendet werden. → 192 – 197

Ist die Handlung der Infinitivkonstruktion **vorzeitig** im Verhältnis zum Hauptsatz, so steht der Infinitiv Perfekt, z.B.: por no **haber pagado** (weil er nicht bezahlt hatte).

192 al + Infinitiv

Al llegar a la estación, se puso en la cola.	Als er am Bahnhof ankam, stellte er sich in die Warteschlange.
Al volver a cruzar el patio, escuché voces.	Als ich nochmals über den Hof ging, hörte ich Stimmen.

♦ Die Konstruktion **al + Infinitiv** kann für einen **temporalen Nebensatz** stehen. Die durch sie ausgedrückte **Handlung** ist sehr **kurz** und **punktuell**. Es wird eine **unmittelbare Abfolge** oder **Gleichzeitigkeit der Handlungen** ausgedrückt.

Anmerkung:
Wenn aber im **Hauptsatz Angaben** wie **Uhrzeit, Alter** oder **Eigenschaften** wie **Farbe, Größe, Form, Qualität** usw. stehen, so ist die Infinitiv-Konstruktion nicht zu empfehlen, es sollte stattdessen ein **temporaler Nebensatz** gebraucht werden:

Cuando él la conoció, ella tenía 22 años.	Als er sie kennenlernte, war sie 22 Jahre alt.
Cuando llegaron, eran las dos de la noche.	Als sie ankamen, war es zwei Uhr nachts.

Al no tener coche, tienen que ir en autobús.	Da sie kein Auto haben, müssen sie mit dem Bus fahren.
Al vivir fuera de casa, se ve obligado a cocinar él mismo.	Da er nicht zu Hause wohnt, sieht er sich gezwungen, selbst zu kochen.

♦ Die Struktur kann auch **kausale Bedeutung** haben.

Al salir Txiki de casa, su madre le dio un beso.	Als Txiki ging, gab ihm seine Mutter einen Kuss.

♦ Die Konstruktion ist auch möglich, wenn Haupt- und Nebensatz nicht dasselbe Subjekt haben.

193 de + Infinitiv

De saberlo, no hubiera venido.	Wenn ich das gewusst hätte, wäre ich nicht gekommen.
De haber llegado dos minutos antes, habrías podido entrar.	Wenn du zwei Minuten früher gekommen wärst, wärst du noch hineingekommen.

♦ Die Struktur **de + Infinitiv** kann als Ersatz für einen Bedingungssatz gebraucht werden. Sie entspricht dem Pluscuamperfecto de subjuntivo.

194 con + Infinitiv

Con tener tanto tiempo, no da golpe.	Obwohl er / sie so viel Zeit hat, tut er / sie absolut nichts.
Con pagárselo mañana, vale, ¿no crees?	Es genügt, wenn wir es ihm / ihr morgen bezahlen, findest du nicht?

♦ Die Struktur **con + Infinitiv** kann als **Ersatz für einen Konzessivsatz** (*obwohl*) bzw. für einen Bedingungssatz gebraucht werden. Ihr **Anwendungsbereich** ist jedoch sehr **begrenzt**, weshalb von der Verwendung abzuraten ist.

195 para + Infinitiv

Necesitamos un armario **para guardar** la ropa.	Wir brauchen einen Schrank, um die Kleider aufzuhängen.
Para tener lo que tienen, viven como unos indigentes.	Verglichen mit dem, was sie besitzen, / Obwohl sie so viel besitzen, leben sie wie Bettler.
Para saber tantos idiomas, ocupa un puesto muy de 2ª categoría.	Obwohl er / sie so viele Sprachen kann, hat er / sie keine besonders gute Stelle.

♦ Der Infinitiv kann in Verbindung mit **para** sowohl **finale** (*um zu*) als auch **konzessive** (*obwohl*) **Bedeutung** haben.

196 por + Infinitiv

Gracias **por darme** un poco de conversación.	Danke (dafür), dass du mich ein wenig unterhalten hast.
Por llegar tarde, tuvieron que quedarse de pie.	Weil sie zu spät kamen, mussten sie stehen.
Por no **haber pagado** la multa, le embargaron el coche.	Weil er die Strafe nicht bezahlt hatte, wurde sein Auto beschlagnahmt.

♦ Die Konstruktion **por + Infinitiv** ersetzt einen **kausalen Nebensatz** (*da, weil*).

Lo peor estaba **por venir.**	Das Schlimmste sollte noch kommen.
Las camas están **por hacer.**	Die Betten müssen noch gemacht werden.

♦ Der Infinitiv mit **por** drückt auch aus, dass etwas **erwartet oder befürchtet** wird, oder dass etwas **noch zu tun** ist.

No por mucho **madrugar**, amanece más temprano.	Selbst wenn man noch so früh aufsteht, wird es nicht früher hell. (Sprichwort)

♦ In der **verneinten Form** erhält die Struktur die Bedeutung *auch wenn*, *selbst wenn*.

197 sin + Infinitiv

Se fue **sin decir** nada.	Er / Sie ging, ohne etwas zu sagen.
Los españoles se fueron de Chile **sin haber podido doblegar** a los mapuches.	Die Spanier verließen Chile, ohne dass sie die Mapuche-Indianer hatten unterwerfen können.

♦ In der Kombination mit **sin** entspricht der Infinitiv meist dem deutschen Infinitiv mit *zu*.

198 Der Infinitiv als Subjekt

Ahora me gustaría **salir de vacaciones**.	Ich würde jetzt gerne in Urlaub fahren.
Es conveniente **comunicárselo**.	Es ist ratsam, es ihm / ihr mitzuteilen.
Con este tiempo no es aconsejable **ir en bicicleta**.	Bei diesem Wetter ist es nicht ratsam, mit dem Fahrrad zu fahren.

♦ Der **Infinitiv** kann im Satz die **Funktion des Subjekts** übernehmen, insbesondere **nach unpersönlichen Ausdrücken**. Er kann dabei auch durch ein Objekt oder adverbiale Wendungen ergänzt werden.

199 Der Infinitiv als Objekt

Hoy prefiero **comer pescado**.	Heute esse ich lieber Fisch.
Lo he visto **tocar el piano**.	Ich habe ihn Klavier spielen sehen.
No puedo **comprender su actitud**.	Ich kann seine Haltung nicht verstehen.

♦ Der Infinitiv kann **Objekt eines transitiven Verbs** oder **eines Modalverbs** sein.

200 Der Infinitiv als Ergänzung eines Substantivs

la hora **de comer / cenar**	Mittag- / Abendessenszeit
una prenda **de vestir**	Kleidungsstück
la caña **de pescar**	Angelrute
la tendencia **a mantener** la vigilancia	die Tendenz, die Wachsamkeit aufrechtzuerhalten

♦ Wird ein Infinitiv zur **näheren Bestimmung** an ein Substantiv angeschlossen, so geschieht dies meist mit der Präposition **de,** aber auch andere Präpositionen kommen gelegentlich vor.

201 Ausdrücke und Redewendungen

¿Ya tienes las fotos de la boda?	Hast du die Hochzeitsfotos schon?
¡**A ver,** enséñamelas!	Zeig, mal her! / Lass mal sehen!
A ver quién sabe cómo se dice esto en inglés.	Mal sehen ob / Ob wohl jemand weiß, wie man das auf Englisch nennt?
¡**A ver,** vosotros, fuera de aquí!	Los, ihr da, raus hier!
A mi modo de ver ...	Meiner Meinung nach ...
A ver si lo sabes.	Vielleicht weißt du das ja.
A ver si os calláis de una vez.	Wollt ihr / Könnt ihr wohl mal still sein! / Seid doch endlich mal still!

nada más + Infinitiv   kaum, dass ...

Nada más llegar, encendió la tele.	Kaum war er / sie angekommen, schaltete er / sie den Fernseher ein.

Siehe auch:

Infinitiv nach antes de / después de → 96 , 99
Infinitiv in Verbalperiphrasen → 215 – 219, 221
Infinitiv als Imperativ → 159
Infinitiv für *sollen* bei Fragen an sich selbst → 187

7.2 Das Gerundio El gerundio

202 Die Formen

Verben auf -ar	Verben auf -er	Verben auf -ir
habl**ando**	com**iendo**	escrib**iendo**

♦ Die **Endungen** des **Gerundio** sind **-ando** bei den Verben auf **-ar,** **-iendo** bei den Verben auf **-er** und **-ir.**
♦ Das **Gerundio** bleibt als Verbform **unverändert**.
♦ Das Gerundio kann **substantiviert** werden; es ist dann **veränderlich**: el doctorando – der Doktorand, la doctoranda – die Doktorandin.
♦ Zusammengesetztes Gerundio: **habiendo + Partizip**: habiendo trabajado, habiendo leído, habiendo escrito.

Verben mit unregelmäßigem Gerundio:

decir – diciendo	→ 145	
pedir – pidiendo	→ 117	
venir – viniendo	→ 155	
sentir – sintiendo	→ 118	

dormir – durmiendo	→ 119
morir – muriendo	→ 119
poder – pudiendo	→ 149

Verben mit Veränderung der Schreibweise -iendo > -yendo → 112

203 Die Verlaufsform La forma continua

La chica **está hablando** por teléfono.	Das Mädchen telefoniert gerade.
Carlos **está comiendo.**	Carlos ist gerade beim Essen.
Montse **está abriendo** el buzón.	Montse öffnet gerade den Briefkasten.
Silvia **está estudiando** medicina.	Silvia studiert zur Zeit Medizin.

estar + Gerundio = Verlaufsform

♦ Die Verlaufsform drückt aus, dass eine Handlung / ein Vorgang gerade abläuft.
Im Deutschen wird dieser Aspekt meist durch adverbiale Ausdrücke wie *gerade, eben, zur Zeit,*
im Augenblick, usw. wiedergegeben.

204 Weitere wichtige Verbalperiphrasen mit Gerundio

seguir		etwas weiter tun, etwas nach wie vor (immer noch) tun	→ 220
ir	**+ Gerundio**	etwas nach und nach tun	→ 221
venir		etwas schon seit längerer Zeit tun	→ 221
acabar		etwas schließlich tun	→ 221

205 Das Gerundio als Ersatz für einen adverbialen Ausdruck

Fue **viniendo** para Guadix donde tuvieron el accidente.	Der Unfall passierte **auf dem Weg hierher** nach Guadix.
El inglés lo aprendió **estando** en los Estados Unidos.	**Während seines Aufenthalts** in den Vereinigten Staaten lernte er Englisch.
Gesticulando con pies y manos consiguió hacerse entender.	**Durch heftiges Gestikulieren** schaffte er es, sich verständlich zu machen.

♦ Das **Gerundio** kann die Funktion eines **adverbialen Ausdrucks** der Zeit, der Umstände usw. haben.
♦ Ausdrücke, die im Deutschen mit einem Verb der Bewegung und einem Richtungsadverb
zusammengesetzt sind, werden im Spanischen häufig durch ein Verb, das die Richtung anzeigt,
und dem Gerundio des Bewegungsverbs wiedergegeben:

salir corriendo	hinauslaufen	**venir andando**	zu Fuß kommen
subir corriendo	hinauflaufen	**irse pitando**	davonsausen
bajar corriendo	hinunterlaufen		

206 Das Gerundio in kopulativer Funktion

Cayó por un terraplén **dando** vueltas.	Er stürzte eine Böschung hinab **und überschlug sich dabei**.
La niña estaba sentada en el sofá **mirando** las fotos del álbum familiar.	Das Mädchen saß auf dem Sofa **und schaute** die Fotos im Familienalbum **an**.

♦ Das **Gerundio** kann anstelle eines **zweiten Hauptsatzes** stehen, der im Deutschen mit *und* angeschlossen wird. Es drückt die **Gleichzeitigkeit** oder die **Art und Weise** der Handlung aus.

207 Gerundio anstelle eines Nebensatzes

Pensando las cosas antes, se cometen menos errores.	**Wenn man** früher **nachdenkt,** begeht man weniger Fehler.
Su despacho se encuentra **subiendo**, a la derecha.	Sein / Ihr Arbeitszimmer befindet sich, **wenn man hinaufgeht**, rechts.
Hay dos millones de personas **buscando** trabajo.	Es gibt zwei Millionen Menschen, **die** Arbeit **suchen.**
Aun siendo amigo personal del jefe, le costó conseguir ese empleo.	**Obwohl er** ein persönlicher Freund des Chefs **ist,** war es schwierig für ihn, die Stelle zu bekommen
Caminando por la calle, oí una explosión.	**Während ich** die Straße **entlang ging** / schlenderte, hörte ich eine Explosion.

♦ Das **Gerundio** kann einen **Nebensatz** (Bedingungs-, Modal-, Kausal-, Temporal- oder Konzessivsatz) **ersetzen.** Die genaue Funktion oder Bedeutung kann dabei nur aus dem Zusammenhang erschlossen werden.
♦ Das **Gerundio** darf nur für eine Handlung verwendet werden, die **vor** der Haupthandlung oder **gleichzeitig** mit ihr stattfindet.

208 Deutsches Partizip Präsens ≠ Gerundio

con el motor **en marcha**	mit **laufendem** Motor
con voz **quebrada**	mit **zitternder** Stimme

♦ Das **Gerundio** entspricht in der Regel **nicht dem deutschen Partizip Präsens** in adjektivischer Funktion. Daher sollte vermieden werden, in diesem Fall Gerundio zu gebrauchen.

Anmerkung:
Wenn man Personen wahrnimmt oder antrifft, die gerade etwas tun, kann Gerundio benutzt werden:

Me contó lo del accidente **llorando.**	Sie erzählte mir **weinend** von dem Unfall.
Había unos chicos **pidiendo** en la calle.	Auf der Straße waren ein paar **bettelnde** Kinder.

209 Redewendungen mit Gerundio

¿Qué tal? – (Voy / Vamos) tirando.	Es geht so. *(In Lateinamerika ungebräuchlich, vulgär!)*
Ya va siendo hora.	Es wird langsam Zeit.
ir andando	zu Fuß gehen

Lexikalisierte Wendungen

Construyeron la casa **pegando al monte**.	Sie bauten das Haus am Berghang.
Alquiló una habitación con un balcón **dando al parque**.	Er / sie mietete ein Zimmer mit Balkon, der zum Park ging.
El edificio estaba **mirando al lago**.	Das Gebäude war zum See gewandt.

7.3 Das Partizip El participio

210 Die Bildung des Partizips

Verben auf -ar	Verben auf -er	Verben auf -ir
habl**ado**	com**ido**	decid**ido**

♦ Das Partizip wird mit den Endungen
-ado bei den Verben auf **-ar** und
-ido bei den Verben auf **-er** und **-ir** gebildet.

Unregelmäßige Formen des Partizips → 124
Verben mit 2 Partizipien → 125

♦ Das **Partizip** dient in Verbindung mit dem Hilfverb **haber** zur Bildung der **zusammengesetzten Zeiten der Vergangenheit** (Perfekt, Plusquamperfekt).
♦ In den **zusammengesetzten Zeiten** mit **haber** bleibt das **Partizip unverändert**;
in allen anderen Fällen ist es **veränderlich**.
♦ Das **Partizip** bildet zusammen
– mit **ser** als Hilfsverb das **Passiv** → 169
– mit **estar** das sog. **Zustandspassiv** → 172

211 Substantivierung

lo visto	das, was man gesehen hat, das Gesehene
lo escrito	das Geschriebene
lo dicho	abgemacht / wir verbleiben so *(Redewendung)* / das Gesagte

♦ Mit dem neutralen Artikel **lo** können **Partizipien als Substantive** verwendet werden.

212 Das Partizip als Ersatz für einen temporalen Nebensatz

Hecho esto, / **Una vez hecho esto**, se fue.	Nachdem dies getan / erledigt war, ging er.
Terminada la reunión, retiraron las sillas de la sala.	Als / Nachdem die Versammlung zu Ende war, räumten sie die Stühle aus dem Saal.

♦ Das **Partizip kann** einen **temporalen Nebensatz ersetzen**. Das Subjekt steht dabei nach dem Partizip.

213 **Das Partizip als Ersatz für einen Relativsatz**

En el organismo internacional, **presidido** por Enrique Iglesias, se sientan representantes de los 26 países latinoamericanos.	In dieser internationalen Organisation, **deren Vorsitz** Enrique Iglesias **führt**, sitzen Vertreter der 26 lateinamerikanischen Länder.
... según recoge el informe anual del Banco Interamericano de Desarrollo (BID), **hecho público** ayer, ...	...wie der Bericht der Interamerikanischen Entwicklungsbank ausweist, **der** gestern **veröffentlicht wurde**, ...

♦ Das **Partizip** kann **als Apposition zu einem Substantiv** gebraucht werden. Die Konstruktion **ersetzt** dann einen **Relativsatz**.

7.4 Verbalperiphrasen (Funktionsverbgefüge)
Las perífrasis verbales

Das Spanische verwendet in vielen Fällen zum Ausdruck der Art und Weise, wie eine **Handlung beginnt**, **abläuft** oder **endet**, einen aus zwei Verben bestehenden Ausdruck. Auch **Aspekte wie Verpflichtung, Häufigkeit, besondere Intensität** u. Ä. können durch ein solches **Verbgefüge** ausgedrückt werden.
Im Spanischen werden diese Verbgefüge **perífrasis verbales** genannt, dt. **Verbalperiphrasen** oder **Funktionsverbgefüge**.
Im Deutschen werden die entsprechenden Aspekte und Modalitäten der Handlung meist durch ein **Adverb** oder einen **adverbialen Ausdruck** (*schon, eben, immer noch, wieder, plötzlich, ...*) wiedergegeben.

214 **Die Strukturen**

Tenemos que reunirnos esta tarde.	Wir **müssen** uns heute nachmittag treffen.
Acaba de llegar.	Er / sie ist **eben** angekommen.
¿Sigues trabajando en la misma empresa?	Arbeitest du **(immer) noch** in derselben Firma?
Llevo escritos veinte folios.	Ich habe **schon** 20 Seiten geschrieben / fertig.

♦ Bei den Verbalperiphrasen geht dem Hauptverb, das die Bedeutung trägt, ein zweites Verb voraus. Dieses zweite Verb, das **Funktionsverb**, funktioniert in diesen Strukturen **wie ein Hilfsverb**, d.h. es wird **konjugiert**, während das **Hauptverb** in einer der **infiniten Formen** (Infinitiv, Gerundio oder Partizip) steht.
♦ Vielfach sind die beiden Verbformen mit einer **Präposition** verbunden. Sie werden also nach folgendem Schema gebildet:

konjugiertes Funktionsverb (+ Präposition) + Hauptverb (Bedeutungsträger) im
Infinitiv / Gerundio / Partizip

♦ Die Funktionsverben sind Vollverben, deren Grundbedeutung jedoch in den Verbalperiphrasen in den Hintergrund tritt oder ganz verschwindet.

215 **Ausdrücke für** *müssen*

Tenemos que hablar de este asunto.	Wir müssen über diese Angelegenheit sprechen.
Tuve que hacer trasbordo en Maguncia.	Ich musste in Mainz umsteigen.
Habrás tenido que esperar.	Du hast wahrscheinlich warten müssen.
Tendrías que consultar a un médico.	Du müsstest zum Arzt gehen.

♦ **tener que + Infinitiv** kann in alle Zeiten und Modi gesetzt werden.
Es handelt sich hier um eine der am häufigsten verwendeten Verbalperiphrasen.

Hay que reconocer que tenías razón.	Man muss zugeben, dass du Recht hattest.

Die unpersönliche Form **hay que** (*man muss*) entspricht auch häufig dem deutschen Passiv:
etwas muss getan werden.

Debemos hacerlo.	Wir müssen das tun.

♦ **deber + Infinitiv** drückt eine eher **moralische Verpflichtung**, die man sich evtl. selbst auferlegt.

Anmerkung:
Steht die Struktur mit **deber** in einer der **perfektiven Zeiten** (zusammengesetzte Zeiten und Indefinido), so
bedeutet dies, dass die Verpflichtung nicht eingehalten wurde:

Debí decírselo.	Ich hätte es ihm sagen sollen.
(Mit gleicher Bedeutung: Debería / Debía / Debiera habérselo dicho.)	

Cuando vuelvas, **has de enseñarnos** las fotos.	Wenn du zurückkommst, musst du uns die Fotos zeigen.
Has de saber que aquí rigen otras condiciones.	Du musst dir bewusst sein, dass hier andere Bedingungen herrschen.

♦ **haber de + Infinitiv** wird in **literarischer Sprache** und in **bestimmten Regionen** verwendet.

216 **ir a + Infinitiv** – (bald) etwas tun werden / wollen

Diese Struktur wird sehr **häufig gebraucht**, insbesondere in der **Umgangssprache**.

Voy a trabajar 4 días a la semana.	Ich werde vier Tage in der Woche arbeiten.
Montse **va a hablar** con el director.	Montse wird / will mit dem Chef sprechen.
Vamos a ver.	Mal sehen / Wir werden sehen. (Redewendung)

♦ **ir a + Infinitiv** bedeutet in vielen Fällen nicht nur nahe Zukunft, sondern **Zukunft** schlechthin.
Diese Verbalperiphrase steht hauptsächlich im **Präsens** oder im **Imperfekt**.

Iba a salir de casa cuando oyó sonar el teléfono.	Er / Sie wollte gerade aus dem Haus gehen, als er / sie das Telefon läuten hörte.
¿Qué te **iba a decir**?	Was wollte ich dir noch sagen?

♦ Das Gefüge **ir a + Infinitiv** bedeutet zuweilen auch eine **Absicht** (*wollen*), insbesondere wenn es im **Imperfekt** steht.

Ella dice que no **va a presentarse** a las oposiciones.	Sie sagt, sie werde die Einstellungsprüfung nicht ablegen.
Ella dijo que no **iba a presentarse** a las oposiciones.	Sie sagte, sie würde (dt. auch *werde*) die Einstellungsprüfung nicht ablegen.

♦ In der **indirekten Rede** entspricht das **Präsens** dieser Struktur dem **Futur,** das **Imperfekt** hat die Funktion eines **Konditionals.**

¿Qué otra cosa se **me iba a ocurrir**?	Was sollte mir sonst einfallen?
¿Cómo **ibas a saberlo** tú?	Wie solltest du das wissen?
¡Qué le **vamos a hacer**!	Was soll man da machen?

♦ Gelegentlich entspricht die Struktur auch dem deutschen *sollen*, besonders in Fragen und Ausrufen.

¡Vamos a terminar este asunto de una vez!	Machen wir endlich Schluss mit dieser Sache!

♦ In der **1. Person Plural** drückt das Gefüge eine **Aufforderung** aus.

217 acabar de + Infinitiv – etwas gerade getan haben

Acaba de leer el periódico.	Er / sie hat gerade die Zeitung gelesen.
Acabamos de comer.	Wir haben gerade gegessen.
Acabábamos de llegar, cuando usted llamó.	Wir waren gerade angekommen, als Sie anriefen.

♦ Die Periphrase drückt **unmittelbare Vergangenheit** oder **Vorvergangenheit** aus (*gerade, soeben, ...*). Sie steht entweder im **Präsens** (Ersatz für Perfekt) oder im **Imperfekt** (Ersatz für Plusquamperfekt).

No acabo de entenderlo.	Ich begreife das einfach nicht.

Beachte: **no acabar de + Infinitiv**: etwas (absolut) nicht können / schaffen.

218 soler + Infinitiv – etwas zu tun pflegen, gewöhnlich etwas tun

Suelo levantarme a las seis y media.	Ich stehe gewöhnlich um halb sieben auf.
Antes, los niños **solían jugar** en la calle.	Früher spielten die Kinder meistens auf der Straße.

♦ Die Struktur wird nur im **Präsens** und im **Imperfekt** verwendet. Sie drückt eine **Gewohnheit** aus (*etwas zu tun pflegen, gewöhnlich etwas tun, ...*).

219 **volver a + Infinitiv** – etwas wieder / noch einmal tun

¿Cuándo **volveremos a vernos**?	Wann werden wir uns wiedersehen?
¡No **vuelvas a decir** eso!	Sag das nicht wieder!
Han vuelto a salir juntos.	Sie sind wieder / noch einmal zusammen ausgegangen.

♦ **volver a + Infinitiv** drückt eine **Wiederholung der Handlung** aus (alle Zeiten und Modi). Verneint tritt es oft in **Verboten** auf.

220 **seguir + Gerundio** – etwas nach wie vor tun / weiter tun / immer noch tun

No ha oído el despertador y **sigue durmiendo**.	Er hat den Wecker nicht gehört und schläft weiter.
Se detuvo un momento a mirar un escaparate, y **siguió andando**.	Er / sie blieb einen Moment stehen, um sich ein Schaufenster anzusehen, und ging dann weiter.
El consumo de drogas **sigue siendo** un problema a nivel mundial.	Der Drogenkonsum ist nach wie vor ein weltweites Problem.

♦ **seguir + Gerundio** steht zum Ausdruck der **Fortsetzung einer Handlung** ohne Unterbrechung (Imperfekt) bzw. nach einer Unterbrechung (Indefinido).

221 **Weitere Beispiele für Verbalperiphrasen nach ihrer Bedeutung**

Aspekt	Periphrase	Bemerkungen	Beispiele
Anfang (plötzlich) anfangen, in ... ausbrechen, los-(laufen, rennen, ...)	**ponerse a** + Inf.	alle Zeiten	En seguida **se puso a** preparar la cena. Er / Sie **fing** sofort **an**, das Abendessen zu machen.
	romper a + Inf.	fast ausschließlich mit **andar, llorar, reír, llover** Indefinido	De pronto **rompió a** llover. Plötzlich **fing es an** zu regnen. Sin que nadie lo esperara, el niño **rompió a** hablar. Ohne dass jemand damit rechnete, **fing** das Kind plötzlich zu sprechen **an**.
	echar a + Inf.	insbes. mit **andar, correr** alle Zeiten	Al ver a la policía, **echaron a** correr. Als sie die Polizei bemerkten, **liefen sie davon**.
	echarse a + Inf.	insbes. mit **llorar, reír, volar** alle Zeiten	Todos **se echaron a reír** cuando lo vieron entrar con aquella ropa. Alle **brachen in Lachen aus / lachten laut auf**, als sie ihn mit dieser Kleidung hereinkommen sahen. El pájaro **se echó a volar**. Der Vogel **flog** (plötzlich) **weg**.
	darle a uno por + Inf.	überwiegend Perfekt / Indefinido / Plusquamperfekt	Le **ha dado por** andar descalza. Sie ist **plötzlich auf die Idee gekommen**, barfuß zu gehen.

Aspekt	Periphrase	Bemerkungen	Beispiele
Ende aufhören, schließlich tun, gerade getan haben, fertig haben	**dejar de + Inf.**	aufhören **alle Zeiten**	¿Cuándo piensas **dejar de fumar?** Wann willst du **aufhören zu rauchen?**
	llegar a + Inf.	auch: zu weit gehen, sogar noch **alle Zeiten**	**Llegó a trabajar** unas 12 horas diarias. Er / Sie **arbeitete schließlich** bis zu 12 Stunden täglich. **Llegaron a echar** a sus padres de casa. **Schließlich warfen sie** ihre Eltern sogar noch **hinaus.**
	acabar + Gerundio	schließlich etwas tun **alle Zeiten**	Si no lo practicas a diario, **acabarás olvidando** lo que sabes. Wenn du es nicht täglich übst, wirst du **schließlich** auch das **vergessen,** was du kannst. Tanto se lo pedimos, que **acabó cediendo.** Wir baten ihn so sehr darum, so dass er **schließlich / am Ende nachgab.**
	acabar por + Inf.	etwas nach anfängl. Widerstand doch schaffen **meist Indefinido oder Futur**	Después de mucho dudarlo, **acabó por concederme** el crédito que le pedí. Nach langer Überlegung **gab er** mir **schließlich** doch den Kredit, um den ich ihn gebeten hatte.
	dejar + Partizip	etwas fertig haben **Partizip veränderlich**	Cuando salieron a tomar el vermú, ya habían **dejado hecha** la comida. Als sie einen Aperitif trinken gingen, hatten sie das Essen **bereits fertig gemacht.**
	tener + Partizip llevar + Partizip	fertig sein **meist Präs. / Imperf. Partizip veränderlich**	**Tengo escrita** la carta. Ich habe den Brief **bereits geschrieben.** **Llevaban recorridos** 200 km, cuando se les averió el motor. Sie hatten **bereits** 200 km **zurückgelegt,** als ihr Motor streikte.
Dauer schon (seit), immer wei- ter, immer mehr, nach und nach etw. tun	**andar + Gerundio**	dynamischer als estar + Gerundio **Präsens / Imperf.**	Los chicos **andaban buscando** un piso grande y barato. Die jungen Leute **suchten schon seit einiger Zeit** eine große und günstige Wohnung.
	venir + Gerundio	auch für Gewohnheit, sich seit langem mit etw. beschäftigen **Präs. / Imperf.**	Te lo **vengo diciendo** desde que nos conocimos. Ich **sage** dir das **schon, seit** wir uns kennen. **Vengo pensando** ir a hacer un curso de inglés en los Estados Unidos. **Schon seit** längerem habe ich vor, einen Englischkurs in den Vereinigten Staaten zu machen.

Aspekt	Periphrase	Bemerkungen	Beispiele
	llevar + Gerundio	dt. seit Präs. / Imperf.	**Llevaban** meses **buscando** piso. Sie **suchten schon seit** Monaten eine Wohnung.
	ir + Gerundio	alle Zeiten	La presión **iba aumentando**. Der Druck **stieg immer weiter / wurde immer stärker**. Ya lo **voy comprendiendo**. **Langsam** begreife ich es.
Häufigkeit weiter(hin), (immer) noch, nach wie vor etw. tun	no dejar de + Inf.	im Imperativ Aufforderung alle Zeiten	**No deja de ir** a la piscina a pesar de su edad. Er **geht** trotz seines Alters **weiter** ins Schwimmbad. Cuando estéis en Madrid, **no dejéis de pasar** por mi casa. **Kommt auf jeden Fall** bei mir **vorbei**, wenn ihr in Madrid seid.
	seguir + Gerundio	etw. immer noch, nach wie vor, weiter tun alle Zeiten	Cecilia me **sigue escribiendo**. Cecilia **schreibt** mir **immer noch**. No **sigas hablando**. Rede nicht weiter.
Häufung/ Übertrei- bung/ Intensivie- rung so oft, so viel, immer wieder, tausendmal	hartarse a[1] + Infinitiv	positiv, auch übertreibend alle Zeiten	**Me harté a comer** gambas. Ich habe **mächtig / wahnsinnig** viele Garnelen **gegessen**.
	hartarse de[1] + Infinitiv	eher negativ, Überdruss, auch Übertreibung alle Zeiten	**Me harté de decírselo**, pero él no me hizo caso. Ich habe es ihm **so oft / immer wieder gesagt**, aber er hat nicht auf mich gehört.
Ungenauig- keit/ Vermutung/ Schätzung ungefähr, etwa, müssen	venir a + Inf.	meist Präs. / Futur / Imperf.	Las reformas del piso **vendrán a costarnos** unos 5.000 euros. Die Renovierung der Wohnung **wird uns ungefähr** 5000 Euro **kosten**.
	deber de[2] + Inf.	meist Präs. / Imperf. / Indef.	Eso **debe de costar** por lo menos un millón de dólares. Das **muss mindestens** eine Million Dollar **kosten**. Aquel coche **debía de tener** por lo menos ocho años. Das Auto **war sicherlich** mindestens 8 Jahre alt.

[1] **hartarse a** und **hartarse de** werden in der Umgangssprache oft verwechselt.
[2] **deber** + Inf. und **deber de** + Inf. werden ebenfalls oft verwechselt.

deber → 215

8 Die Determinanten
Los determinantes

8.1 Der bestimmte Artikel

8.2 Der unbestimmte Artikel

8.3 Die Demonstrativbegleiter / Demonstrativpronomen

8.4 Die Possessivbegleiter / Possessivpronomen

Fragewörter / Ausrufe → 15

8.1 Der bestimmte Artikel
El artículo determinado

222 Die Formen

	Singular	Plural
maskulin	**el** coche	**los** coches
feminin	**la** revista	**las** revistas
neutral	**lo** malo es ...	

der unbestimmte Artikel → 240

223 El vor femininen Substantiven

el <u>a</u>gua fría	das kalte Wasser	**las** aguas turbias	die trüben Gewässer
el <u>a</u>la derecha	der rechte Flügel	**las** alas	die Flügel
el <u>ha</u>da madrina	die gute Fee	**las** hadas	die Feen
el <u>a</u>ula	der Unterrichtsraum, der Hörsaal	**las** aulas	die Unterrichtsräume
el <u>ha</u>bla inglesa	die englische Sprache		
el <u>ha</u>mbre canina	Wolfshunger		

♦ **Feminine Substantive,** die mit **betontem a-** oder **ha-** beginnen, werden zur besseren Aussprache im **Singular** mit dem Artikel **el** versehen. Im **Plural** steht der feminine Artikel **las.** der unbestimmte Artikel → 240

la a<u>be</u>ja	die Biene	**la** afi<u>ción</u>	die Liebhaberei, das Hobby, die Zuneigung
la al<u>men</u>dra	die Mandel	**la** acti<u>tud</u>	die Haltung, geistige Einstellung

♦ **Feminine Substantive,** die mit **a / ha** beginnen, jedoch **nicht auf der ersten Silbe betont** sind, haben den femininen Artikel **la.**

otra agua	ein anderes Wasser, noch ein Glas Wasser
esta aula	dieses Klassenzimmer
mucha hambre	großer Hunger

♦ Andere **Begleiter** dieser Substantive stehen in der femininen Form.

la Ana que yo conozco	die Anna, die ich kenne
la a, **la** hache	das A, das H
la cristalina **agua**	das kristallklare Wasser
el árabe	der Araber
la árabe	die Araberin

♦ Bei **Eigennamen,** bei den Buchstaben **a** und **hache,** und wenn das Substantiv nicht unmittelbar auf den Artikel folgt, steht der feminine Artikel **la.** Er bleibt auch erhalten, wenn er **zur Unterscheidung des Geschlechts** bei Personen benötigt wird.

224 Der bestimmte Artikel bei Personen

–¿Es usted **el** señor López?	Sind Sie Herr Lopez?
–No, soy **el** doctor Blasco.	– Nein, ich bin Dr. Blasco.
la señora Gutiérrez	Frau G.
la profesora Moreno	Frau Professor M.

♦ Die Personenbezeichnungen **señor, señora,** sowie Titel wie **doctor, profesor** usw. stehen mit dem **bestimmten Artikel,** wenn **von** ihnen gesprochen wird. Der Artikel steht ebenfalls in identifzierenden Sätzen mit **ser.**

Buenos días, **señora** Blasco.	Guten Tag, Frau Blasco.
Pasen por aquí, **señores.**	Gehen sie hier durch / vorbei, meine (Damen und) Herren.
Oiga, **señora,** ¿sabe usted dónde está la plaza de Sevilla?	Entschuldigen Sie, meine Dame, wissen Sie, wo der Sevilla-Platz ist?
Atención, **señoras** y **señores,** ...	Achtung, meine Damen und Herren, ...

♦ Wird eine **Person direkt angesprochen,** so werden die entsprechenden Bezeichnungen bzw. Titel wie im Deutschen ohne Artikel gebraucht.

225 Amtsbezeichnungen

el Canciller	der Kanzler
el canciller A.	Kanzler A.
la ministra de Educación	die Erziehungsministerin
la ministra de Educación C.	Erziehungsministerin C.
el Rey	der König
el rey Juan Carlos	König Juan Carlos
la Reina	die Königin
la reina doña Sofía	Königin Sofía

♦ **Amtsbezeichnungen** stehen **mit** dem **bestimmten Artikel** unabhängig davon, ob sie allein oder zusammen mit dem Eigennamen gebraucht werden.

226 Zahlen und Datumsangaben

El 33% de los españoles ...	33% der Spanier ...

♦ **Genaue** Prozentangaben stehen in der Regel mit dem bestimmten Artikel.

ungefähre Zahlenangaben → 241

El día 12 de este mes ...	Am 12. dieses Monats ...
El / En el año 2002 ...	Im Jahre 2002 ...
El mes de junio ...	Im Monat Juni ...
Llegó **el** lunes.	Er / Sie kam am Montag an.

♦ **Datumsangaben** stehen mit dem bestimmten Artikel. Auch **Wochentage** stehen **als Zeitangabe mit** dem **bestimmten Artikel** (und ohne Präposition!). → 393

227 Uhrzeit

Son **las** tres y media.	Es ist halb vier.
Es **la** una y cuarto.	Es ist Viertel nach eins.
El autobús llegará **a las** cinco menos diez.	Der Bus wird um zehn vor fünf ankommen.

♦ Die **Uhrzeit** steht **mit** dem (femininen) **bestimmten Artikel.** → 394

228 Zurückgelegte Strecken und abgelaufene Zeit

A **los** 10 kilómetros llegamos a una gasolinera.	Nach 10 Kilometern kamen wir an eine Tankstelle.
A **las** tres horas me cansé de arreglar la habitación.	Nach drei Stunden hatte ich keine Lust mehr, mein Zimmer aufzuräumen.

El pueblo está **a cinco kilómetros** de la costa.	Der Ort liegt 5 km von der Küste entfernt.
A diez kilómetros de aquí hay una gasolinera.	10 Kilometer von hier ist eine Tankstelle.

Beachte: Die reine Entfernungsangabe steht ohne Artikel.

229 Artikel bei todo / toda / todos / todas

todo **el** día	den ganzen Tag
todos **los** días	jeden Tag
toda **la** tarde	den ganzen Nachmittag
todas **las** tardes	jeden Nachmittag

♦ **todo / toda / todos / todas** werden, wenn sie **vor** einem **Substantiv** stehen, in der Regel **mit** dem entsprechenden **bestimmten Artikel** gebraucht.

230 Ortsnamen und geographische Bezeichnungen

El Salvador, **los** Países Bajos, **el** Vaticano, **el** Congo
La Mancha, **La** Rioja, **La** Alcarria, **El** Maestrazgo, **Las** Alpujarras,
El Bierzo, **Las** Palmas, **El** Escorial,
La Palma, **La** Maragatería, **La** Albufera

♦ Bestimmte **Ländernamen** sowie **Regionen** und **Orte** in Spanien werden mit dem bestimmten Artikel gebraucht.

(los) Estados Unidos, **(el)** Perú, **(la)** Argentina, **(el)** Paraguay, **(el)** Brasil, **(el)** Japón, **(la)** China, **(el)** Irán, **(el)** Irak, **(el)** Ecuador, **(la)** Arabia Saudíta, **(la)** India, **(el)** Canadá, ...

♦ Diese **Ländernamen** können **mit oder ohne bestimmten Artikel** stehen.

El Ferrol, **La** / A Coruña[1], **Los** Ángeles, **La** Habana, **La** Haya, **La** Bañeza
Los Alpes, **El** Cáucaso, **El** Himalaya, **Los** Andes

[1] A Coruña: galicische Form

♦ Einige **Städtenamen** sowie Namen von **Bergen** und **Gebirgen** werden mit dem bestimmten Artikel gebraucht. **Beachte: Suiza** – ~~die~~ Schweiz, **Turquía** – die Türkei.

el Barcelona, **el** Coruña, **el** Valencia

♦ Mit **el + Städtenamen** werden die **Fußballclubs** der betreffenden Städte bezeichnet.

El Madrid de los Austrias era aún una ciudad con muchas deficiencias.	Das Madrid der Habsburger war noch eine Stadt, in der vieles fehlte.
La Alta Baviera es una región predominantemente rural y turística.	Oberbayern ist eine vorwiegend ländliche Region mit viel Fremdenverkehr.
la España de los años 90	das Spanien der neunziger Jahre
la Barcelona decimonónica	das Barcelona des 19. Jahrhunderts
el Alto Palatinado	die Oberpfalz
la Baja Sajonia	Niedersachsen

♦ Ist der **Name** eines Landes, einer Region oder einer Stadt durch eine nähere Bestimmung **ergänzt**, so steht er **mit Artikel.** Das gilt auch, wenn ein Adjektiv Bestandteil des Namens ist.

231 Allgemeine und abstrakte Begriffe

La madera se usa para la producción de muchas cosas.	Holz wird zur Herstellung vieler Dinge verwendet.
La unión hace la fuerza.	Einigkeit macht stark.
Las Matemáticas me interesan.	Mathematik interessiert mich.
No me gustan **los** exámenes.	Prüfungen mag ich nicht.
Las flores son el símbolo de la primavera.	Blumen sind das Zeichen des Frühlings.

♦ Werden **allgemeine Aussagen** über **Gattungen, Stoffe, abstrakte Begriffe, Lern-** oder **Studienfächer** gemacht, so stehen diese **mit** dem **bestimmten Artikel.**

232 Gruppenbezeichnungen in der 1. / 2. Person Plural

Nosotros los estudiantes solemos tener poco dinero. / **Los estudiantes** solemos tener poco dinero.	Wir Studenten haben gewöhnlich wenig Geld.
(Vosotras) las enfermeras tenéis una profesión muy dura.	Ihr Krankenschwestern habt einen schweren Beruf.
Ustedes los alemanes son bastante metódicos.	Sie, die Deutschen, sind ziemlich systematisch.

♦ Wird von einer **Personengruppe im Plural** gesprochen, so steht die Bezeichnung der Gruppe **mit** dem **bestimmten Artikel** (in der 1. und 2. Person kann das **Personalpronomen** fehlen).

233 Körperteile

Andrés tiene **el** pelo rubio.	Andres hat blondes Haar.
Lisa tiene **las** piernas muy largas.	Lisa hat sehr lange Beine.
Pilar tiene **un** brazo roto.	Pilar hat einen gebrochenen Arm.

♦ Nach dem Verb **tener** stehen **Körperteile** meist **mit** dem **Artikel.**

234 Artikel statt Possessiv

Perdí **el** pañuelo.	Ich habe mein Taschentuch verloren.
No traje **el** móvil.	Ich habe mein Handy nicht dabei.

♦ Gegenstände, bei denen **Besitz** oder **Zugehörigkeit** klar sind, d.h. die sich auf die Person beziehen, von der gerade die Rede ist, werden im Spanischen meist mit dem **bestimmten Artikel** verbunden.

Me manché **la** camisa.	Ich habe mein Hemd / mir das Hemd bekleckert.
Se me rompió **el** pantalón.	Meine Hose ist zerrissen.
Le han robado **el** coche.	Sein Auto wurde gestohlen.

♦ Wenn der **Besitz** / die **Zugehörigkeit** durch ein Pronomen ausgedrückt ist, wird in der Regel **statt des Possessivums** der **bestimmte Artikel** verwendet.

235 Artikel zusammen mit weiteren Determinanten

La revista **esta** es cada vez menos interesante.	Diese Zeitschrift <u>da</u> ist immer weniger interessant.
El coche **mío** no gasta tanto.	<u>Mein</u> Auto verbraucht nicht so viel.

♦ Der **bestimmte Artikel** kann im Spanischen zusammen mit dem **nachgestellten Demonstrativadjektiv** oder dem **betonten Possessivadjektiv** auftreten.

→ 243 , 252

236 Idiomatische Wendungen

bacalao **a la** vizcaína	Kabeljau auf biskayer Art (**a la** + **Adjektiv** = auf ... Art)
Se hicieron **los** tontos.	Sie stellten sich dumm.
Se armó **la** de San Quintín.	Es gab einen Riesenstreit.
Tomaron **las** de Villadiego.	Sie sind davongelaufen.
Fernando no **las** tiene todas consigo.	Fernando ist misstrauisch.
Va a tener que vérse**las** conmigo.	Er wird es mit mir zu tun bekommen.
Este problema se **las** trae.	Dieses Problem hat es in sich.
La hemos liado.	Wir haben es vermasselt.
Se **las** vio y se **las** deseó para salir del agua.	Er / Sie hatte große Mühe, aus dem Wasser zu kommen / Nur mit knapper Not kam er / sie...
En el examen **las** pasó moradas.	In der Prüfung tat er / sie sich sehr schwer.

♦ In **umgangssprachlichen** und **sprichwörtlichen Wendungen** taucht oftmals der **bestimmte Artikel** – meist **la / las** – ohne Bezugswort auf.

La (cantidad) **de** coches que había allí.	Dort standen jede Menge Autos.

♦ Ist in der **Umgangssprache** von einer **größeren Menge** die Rede, so wird zuweilen der Ausdruck **la de** (elliptisch für: **la cantidad de**) gebraucht.

237 Der neutrale Artikel lo

Lo bueno, **lo** bonito y **lo** barato.	Das Gute, Schöne und Billige.

♦ Mit dem **neutralen Artikel** können **Adjektive substantiviert** werden. Er darf jedoch bei normalen Substantiven nicht verwendet werden.

Lo de tu padre me parece fenomenal.	Das / Die Sache mit deinem Vater finde ich toll.
Lo suyo son los animales.	Tiere sind seine / ihre Sache.
Tenemos que hablar de **lo nuestro.**	Wir müssen über unsere Beziehung / unsere Angelegenheit reden.

♦ In Verbindung mit **de** bezieht sich **lo** auf einen **Sachverhalt** / eine **Aussage,** nicht auf ein Substantiv. Ähnliche Bedeutung hat auch die Kombination **lo + betontes Possessivpronomen.**

Lo que me dijiste ayer, ...	(Das) was du mir gestern sagtest, ...
Lo que no sabes es que se van a casar.	Was du nicht weißt ist, dass sie heiraten werden.

♦ Relativsätze, die sich ebenfalls auf eine Aussage (nicht auf ein Substantiv) beziehen, werden mit **lo que** eingeleitet. Relativpronomen → 352

238 lo + Adjektiv / Adverb

No sabía **lo difícil** que era esto.	Ich wusste nicht, wie schwierig das war.
¡Hay que ver **lo lista** que es esta chica!	Unglaublich, wie klug dieses Mädchen ist!
¡**Lo espaciosas** que son estas habitaciones!	Wie geräumig diese Zimmer sind!
¡Es increíble **lo bien** que hablas!	Unglaublich, wie gut du sprichst.

♦ In **Verbindung mit Adjektiven** entspricht **lo** dem deutschen *wie (sehr)*, d.h. es drückt eine gewisse **Bewunderung** aus.
♦ Beachte, dass dabei das **Adjektiv** in Geschlecht und Zahl **mit** seinem **Bezugswort übereinstimmt, lo** jedoch **unverändert** bleibt.

239 Adverbiale Ausdrücke mit lo

a lo lejos	in der Ferne
a lo largo y ancho	weit und breit
a lo mejor	vielleicht
es lo de menos	das ist das wenigste
a lo tonto	ohne Verstand
a lo loco	wie verrückt
a lo bestia	flegelhaft
ir a lo suyo	auf seinen eigenen Vorteil bedacht sein

8.2 Der unbestimmte Artikel
El artículo indeterminado

240 **Formen**

	Singular		Plural	
maskulin	**un** chico	ein Junge	**unos** chicos	(einige) Jungen
feminin	**una** chica	ein Mädchen	**unas** chicas	(einige) Mädchen

der bestimmte Artikel → 222

♦ Die **Pluralformen unos / unas** entsprechen dem deutschen *einige / ein paar,* aber auch dem **unbestimmten Plural ohne Artikel** (Jungen, Mädchen, Häuser, ...).
♦ Vor **femininen Substantiven,** die mit **betontem a- / ha-** beginnen, steht **un: un hada.** → 223
♦ Die maskuline Form **un** ist immer **Begleiter** des Substantivs; **in pronominaler Funktion** (alleinstehend): **uno.**

241 **Ungefähre Zahlenangaben**

Un 5 % de los habitantes ...	Etwa 5% der Einwohner ...
Unas 20.000 personas ...	Etwa 20 000 Personen ...

♦ Bei **Zahlen** und **Mengenangaben** drückt der **unbestimmte Artikel** aus, dass es sich um **ungefähre Angaben** handelt.

242 **Wegfall des unbestimmten Artikels**

En las vacaciones hay que adaptarse a **otra** cosa, a **otra** ropa, a **otro** lugar, a **otro** supermercado, a **otra** agua, a **otra** cafetera eléctrica.	In den Ferien muss man sich an etwas anderes gewöhnen, an (eine) andere Kleidung, einen anderen Ort, einen anderen Supermarkt, ein anderes Wasser, eine andere Kaffeemaschine.
Camarero, tráigame **otra** cerveza.	Herr Ober, bringen Sie mir noch ein Bier.
Hemos esperado **media** hora.	Wir haben eine halbe Stunde gewartet.
¿Quién ha tenido **tal** idea?	Wer ist (denn) auf eine solche Idee gekommen?
En **cierto** modo, ella tiene razón.	In einem gewissen Sinn hat sie Recht.
Le corresponde **parte del** dinero.	Ihm / ihr steht ein Teil des Geldes zu.
Hemos visto **cantidad de** monumentos.	Wir haben eine Menge Denkmäler gesehen.

♦ Im Unterschied zum Deutschen steht vor **otro** und **medio kein unbestimmter Artikel.**
(Der bestimmte Artikel kann stehen: ¿Es éste tu vaso? – No, el otro.)
Beachte: otro / otra / otros / otras haben auch die Bedeutung *noch ein/e, weitere.*
♦ Auch die Begleiter **tal, cierto/a/os/as** sowie **parte de** und **cantidad de** haben normalerweise keinen unbestimmten Artikel vor sich.
Jedoch: por **una** parte – por otra parte (*einerseits – andererseits*).

No sé, esperaríamos como mucho **una** media hora.	Nun ja, wir dürften so etwa eine halbe Stunde gewartet haben.

♦ Bei **ungefähren Angaben** steht **medio / media** gelegentlich mit dem **unbestimmten Artikel.**

Fernando tiene **móvil**.	F. hat <u>ein</u> Handy.		
Sandra tiene **novio**.	Sandra hat <u>einen</u> Freund.		
¿Por qué te has puesto **corbata,** Diego?	Warum trägst du (heute) <u>eine</u> Krawatte, Diego?		
Vendemos **casa**.	Wir verkaufen <u>ein</u> Haus. / Haus zu verkaufen.		
Buscamos **gerente**.	Wir suchen <u>einen</u> Geschäftsführer. / Geschäftsführer gesucht.		

♦ Das **Objekt** steht im Spanischen meist **ohne den unbestimmten Artikel**, wenn die **Einzahl vorausgesetzt** oder als **selbstverständlich angenommen** wird.
Ist das **Objekt** jedoch **näher bestimmt,** so steht der **unbestimmte Artikel**:

Fernando tiene **un** móvil supermoderno.	Fernando hat ein supermodernes Handy.
Sandra tiene **un** novio irlandés.	Sandra hat einen Freund aus Irland.

8.3 Die Demonstrativbegleiter / -pronomen
Los demostrativos

243 Formen und Bezeichnung

maskulin	este / estos	ese / esos	aquel / aquellos
feminin	esta / estas	esa / esas	aquella / aquellas
neutral	esto	eso	aquello

♦ Diese Formen können als **Demonstrativbegleiter** beim Substantiv stehen:
este libro, **esta chica**.
Sie können aber auch als **Demonstrativpronomen** allein stehen und das Substantiv vertreten.
Als Pronomen werden sie meist **mit Akzent** geschrieben: **Mi libro es éste**. → **16**
♦ Die Formen **esto / eso / aquello** haben keinen Plural. Sie stehen nie beim Substantiv, d.h. sie haben **immer pronominale Funktion**.
Beachte: Die **neutralen Formen** tragen **keinen Akzent!**

244 Orientierung in Raum

beim Sprecher **aquí** hier	beim Gesprächspartner **ahí** da, dort	irgendwo im Raum **allí** dort
este / esta / estos / estas diese/r hier	**ese / esa / esos / esas** diese/r da, diese/r dort	**aquel / aquella / aquellos / aquellas** jene/r dort
esto das hier	**eso** das da / dort	**aquello** jenes (dort)

♦ Die Verwendung der Demonstrativbegleiter und -pronomen entspricht in etwa den Ortsadverbien **aquí, ahí** und **allí.** Die Übergänge sind allerdings fließend.

245 Verweise in der Dialogsituation

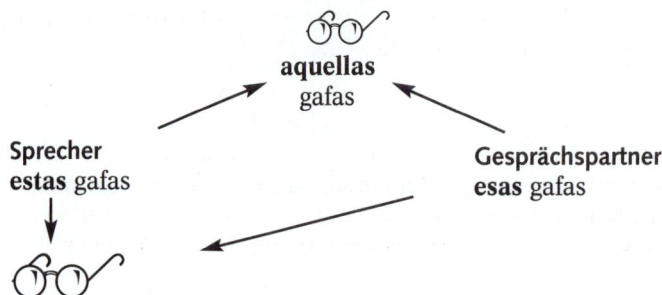

♦ Mit **este / esta / estos / estas / esto** wird auf Personen oder Dinge hingewiesen, die sich in **unmittelbarer Nähe des Sprechers** befinden.
♦ Mit **ese / esa / esos / esas / eso** wird auf Personen oder Dinge verwiesen, die sich näher beim **Gesprächs-** oder **Korrespondenzpartner** befinden. Diese Formen werden überwiegend in einer mündlichen oder schriftlichen **Dialogsituation** verwendet.
♦ In **Briefen** – insbesondere Geschäftsbriefen und offiziellen Schreiben – beziehen sich **este / esta / estos / estas** auf den **Absender** und sein Umfeld,
ese / esa / esos / esas verweisen auf den **Empfänger** und das, was zu ihm gehört.
♦ Mit **aquel / aquella / aquellos / aquellas / aquello** verweist man auf Personen oder Dinge, die sich in einer **gewissen Entfernung vom Sprecher** und **vom Gesprächs-** oder **Korrespondenzpartner** befinden.

246 Verweise in der Monologsituation und in Texten

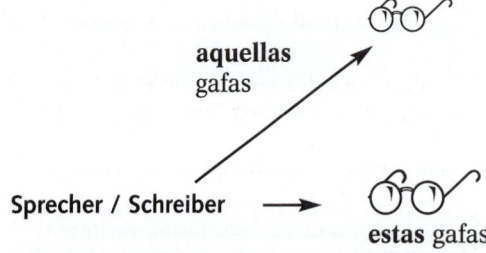

♦ Ist kein Gesprächspartner vorhanden (Monologsituation, Text), so stehen sich meist **este / esta / estos / estas / esto** zur **Bezeichnung der Nähe** und **aquel / aquella / aquellos / aquellas / aquello** zum **Verweis auf größere Entfernung** gegenüber.
♦ In **Texten** dienen die Demonstrativbegleiter und Demonstrativpronomen dazu, den **Bezug zu vorher genannten Personen oder Gegenständen** oder **zu früheren Aussagen** herzustellen.
Die Formen **este / esta / estos / estas / esto** verweisen auf eine **eben erwähnte Person, Sache** oder **Aussage.**
Bei etwas **distanzierterer Betrachtung** können auch die Formen **ese / esa / esos / esas / eso** gebraucht werden.
♦ Mit **aquel / aquella / aquellos / aquellas / aquello** wird auf Gegenstände, Personen oder Aussagen verwiesen, die **nicht unmittelbar** vorher genannt wurden.
♦ Die Formen **aquel / aquella / aquellos / aquellas / aquello** werden auch benutzt, wenn noch **genauere Erläuterungen** folgen. Sie verweisen daher nicht nur **zurück** in die Vergangenheit oder auf frühere Textteile (Aussagen), sondern auch **voraus** auf etwas, was erst noch näher bezeichnet oder erläutert wird.

♦ Die Demonstrativbegleiter und Demonstrativpronomen drücken auch eine **graduelle Abstufung** der geistigen Distanzierung aus.
♦ In Texten kann zum Verweis auf unmittelbar vorher Genanntes auch **dicho / dicha / dichos / dichas** (besagte/r/s) statt **este / esta / estos / estas** gebraucht werden.

Textbeispiel:

En la novela, el teniente Francis Bacon, físico educado en Princeton, reclutado por los servicios de información, detiene a Heisenberg al término de la Segunda Guerra Mundial. ...	Im Roman verhaftet Leutnant Francis Bacon, ein in Princeton ausgebildeter Physiker, der vom Nachrichtendienst angeworben worden war, Heisenberg am Ende des 2. Weltkriegs.
Los principales investigadores alemanes relacionados con el proyecto nuclear fueron internados en Farm Hall, una casa de campo en el Reino Unido. ...	Die wichtigsten deutschen Forscher, die an der Planung der Atombombe beteiligt gewesen waren, wurden in Farm Hall, einem Landsitz im Vereinigten Königreich, unter Hausarrest gestellt.
En **dicho** confinamiento estaban el 6 de agosto de 1945, cuando se enteraron por la BBC del bombardeo de Hiroshima. ... En **aquel** momento no hubo entre ellos compasión por los muertos de **aquella** guerra ya perdida.	In <u>dieser</u> / <u>besagter</u> Verbannung befanden sie sich am 6. August 1945, als sie durch die BBC vom Abwurf der Bombe auf Hiroshima erfuhren. In <u>jenem</u> Augenblick hatten sie kein Mitleid mit den Toten <u>jenes</u> bereits verlorenen Krieges.
(aus einer Roman-Besprechung, *SaberLeer* Nr. 132)	

247 Zeitliche Verweise

Cuando Juan salió al campo, **aquella** mañana tranquila, la montaña ya no estaba. (Max Aub)	Als Juan an jenem stillen Morgen auf das Feld ging, war der Berg nicht mehr da.
Estos días ando algo preocupado por lo del crédito.	In den letzten Tagen bin ich etwas besorgt wegen dieser Kreditgeschichte.
estos tiempos / **estos** días **aquellos** tiempos / **aquel** año **aquella** época	diese Zeiten / diese Tage (Gegenwart) jene Zeiten / in jenem Jahr (Vergangenheit) jene Zeit

♦ Analog zur örtlichen Bedeutung können die Demonstrativbegleiter auch **im zeitlichen Sinn** gebraucht werden.

248 Affektive Funktion

El tío **ese** me pone nervioso. ¿Qué modales son **esos**?	Dieser Kerl da geht mir auf die Nerven. Was sind denn das für Sitten? / Was ist denn das für ein Benehmen?
¡El mocoso **ese** va y me levanta la mano!	Da droht mir doch dieser Grünschnabel da!

♦ Bei Nachstellung erhalten **ese / esa / esos / esas** meist eine mehr oder weniger starke **abwertende Bedeutung** (bei Beschimpfungen usw.).

249 **Das ist …**

Este es mi hermano.	Das ist mein Bruder.
Esta es mi casa.	Das ist mein Haus / meine Wohnung.
Estos son mis amigos.	Das sind meine Freunde.

◆ Ist von **bekannten Personen** oder **konkreten Dingen** die Rede, so werden im Spanischen die maskulinen oder femininen Formen verwendet, im Gegensatz zum neutralen *das* im Deutschen.

250 **Ausdrücke mit eso**

eso es	so ist es, genau
por **eso**	deshalb, daher
¿y **eso**?	wie das?
a **eso** de las … (+ Uhrzeit)	etwa um … Uhr
en **eso / esto**	in diesem Augenblick
en **eso** estamos	wir sind gerade dabei
¡**Eso,** tú encima apóyalo!	Na toll, du gibst ihm auch noch Recht!

8.4 Die Possessivbegleiter / -pronomen
Los posesivos

Um ein **Besitz- oder Zugehörigkeitsverhältnis** auszudrücken, stehen im Spanischen insbesondere
– die **Possessivbegleiter** und
– die **Possessivpronomen** zur Verfügung.

251 **Die voranstehenden (unbetonten) Formen**

Singular

maskulin[1]	feminin[1]				
mi		mi padre	mi madre	mein	meine
tu		tu padre	tu madre	dein	deine
su		su padre	su madre	**sein / ihr Vater**	**seine / ihre Mutter**
nuestro	nuestra	nuestro padre	nuestra madre	unser	unsere
vuestro	vuestra	vuestro padre	vuestra madre	euer	eure
su		su padre	su madre	ihr	ihre

Plural

maskulin[1]	feminin[1]			
mis		mis amigos	mis amigas	meine
tus		tus amigos	tus amigas	deine
sus		sus amigos	sus amigas	seine / ihre Freunde / Freundinnen
nuestros	nuestras	nuestros amigos	nuestras amigas	unsere
vuestros	vuestras	vuestros amigos	vuestras amigas	eure
sus		sus amigos	sus amigas	ihre

[1] nachfolgendes Substantiv (Besitz)

♦ Die **Possessivbegleiter** stehen immer **zusammen mit** – und **vor** – einem **Substantiv** (Nomen). Sie ersetzen den bestimmten Artikel.

♦ Im Gegensatz zum Deutschen richten sich diese Possessivbegleiter **nicht nach dem Geschlecht des Besitzers: su** = sein(e) / ihr(e).

♦ Nur die **1. und 2. Person Plural** weisen je nach dem Geschlecht oder dem Genus des nachfolgenden Substantivs eine **maskuline** und eine **feminine Form** auf.

♦ Die **unbetonten Possessivbegleiter** können mit folgenden anderen Begleitern kombiniert werden:

a) mit **todo / toda / todos / todas:**

Todas **sus** obras están agotadas.	Alle seine Werke sind vergriffen.

b) mit Zahlen:

Lo he visto pasear con **sus** dos perros.	Ich habe ihn mit seinen zwei Hunden spazieren gehen sehen.

252 Die nachstehenden (betonten) Formen

Singular		Plural			
maskulin[1]	feminin[1]	maskulin[1]	feminin[1]		
mío	**mía**	**míos**	**mías**	hijo mío	hijos míos
tuyo	**tuya**	**tuyos**	**tuyas**	un asunto tuyo	fotos tuyas
suyo	**suya**	**suyos**	**suyas**	una tía suya	parientes suyos
nuestro	**nuestra**	**nuestros**	**nuestras**	un buen amigo nuestro	amigas nuestras
vuestro	**vuestra**	**vuestros**	**vuestras**	un asunto vuestro	varias llamadas vuestras
suyo	**suya**	**suyos**	**suyas**	un problema suyo	decisiones suyas

[1] nachfolgendes Substantiv

♦ Diese Formen stehen als **Begleiter nach dem Substantiv.** Sie richten sich in Geschlecht und Zahl nach diesem. Vor dem Substantiv können der – meist unbestimmte – Artikel und / oder andere Begleiter, z.B. ein Adjektiv oder eine Mengenangabe stehen:

He recibido **una** carta **suya.**	Ich habe einen Brief von ihm / ihr bekommen.
Esta tarde han llamado **dos** amigos **míos.**	Heute nachmittag haben zwei meiner Freunde angerufen.
Esas amigas **tuyas** parecen muy simpáticas, ¿no?	Diese Freundinnen von dir scheinen sehr nett zu sein, nicht wahr?

253 Die betonten Formen als Pronomen

Tus padres son muy tolerantes. **Los míos** no me dejan salir tanto.	Deine Eltern sind sehr tolerant. Meine lassen mich nicht so oft weggehen.
Gracias por su tarjeta. Aquí tiene usted **la mía**.	Danke für Ihre Visitenkarte. Hier ist (die) meine.

♦ Zusammen **mit dem bestimmten Artikel** werden **die betonten Formen** auch **als Pronomen,** d.h. stellvertretend für das Substantiv, verwendet.

254 Die betonten Formen mit ser

¿De quién es este paraguas? ¿Es **suyo**? – No, no es **mío. El mío** es negro.	Wem gehört dieser Regenschirm? Gehört er Ihnen? – Nein, er gehört mir nicht. Meiner ist schwarz.

♦ **In Verbindung mit** dem Verb **ser** (es mío/a, es tuyo/a, ... son suyos/as, son vuestros/as, ...) drücken die **betonten Formen** das **Besitzverhältnis** aus *(das gehört mir / dir / ihm / ihr ...)*.
♦ Werden sie **mit Artikel** gebraucht, so geht es eher um die **Auswahl** und **Identifikation** eines Gegenstands oder einer Person aus einer Gruppe von mehreren *(das ist meiner / deiner / ihrer / ...)*.

¿Este monedero es **el tuyo**? – Sí, es **el mío.**	Ist dieser Geldbeutel deiner? – Ja, das ist meiner.

9 Das Substantiv
El sustantivo

9.1 Das Substantiv im Satz

9.2 Die Pluralbildung
Änderungen der Schreibweise
Familiennamen
Substantive, die nur im Plural verwendet werden
Vom Deutschen abweichende Verwendung von Singular und Plural

9.3 Das Genus
Natürliches Geschlecht
Maskuline Substantive
Feminine Substantive
Berufsbezeichnungen
Substantive mit zwei Genera
Sonderfälle
Länder- und Städtenamen

9.4 Komposita

9.1 Das Substantiv im Satz
El sustantivo en la frase

255 Die Formen des Substantivs im Satz

Ha llamado un **cliente**.	Ein **Kunde** hat angerufen.
Tengo el teléfono **del cliente**.	Ich habe die Telefonnummer **des Kunden.**
Le mandaré nuestros catálogos **al cliente**.	Ich werde **dem Kunden** unsere Kataloge schicken.
Informaremos **al cliente** sobre nuestros productos.	Wir werden **den Kunden** über unsere Produkte informieren.
Las cartas están en el cajón.	**Die Briefe** liegen in der Schublade.
No conozco los remitentes **de las cartas**.	Ich kenne die Absender **der Briefe** nicht.
Añadimos un párrafo **a las cartas**.	Wir haben **den Briefen** einen Absatz hinzugefügt.
Me entregaron **las cartas** ayer.	Sie gaben mir **die Briefe** gestern.

◆ Im Unterschied zum Deutschen werden die **Substantive** im Spanischen **nicht dekliniert.** Es gibt jeweils nur **eine Form für den Singular** und **eine Form für den Plural.** Diese Formen bleiben in allen Funktionen im Satz (Subjekt, direktes Objekt, indirektes Objekt, Genitivattribut) unverändert.

Satzteile → 33
Präpositionen → 358 – 360

9.2 Die Pluralbildung
El plural de los sustantivos

256 Pluralbildung

Substantiv	Pluralendung
cuadro	s
revista	s
hombre	s
hotel	es
ciudad	es
ley	es
jabalí	es
hindú	es

◆ **Substantive,** die auf **Vokal enden,** bilden den Plural durch angehängtes **-s.**

◆ Substantive, die auf **Konsonant, -í, ú** oder **-y** enden, bilden den Plural durch angehängtes **-es.**

257 Änderungen der Schreibweise bei der Pluralbildung

alemán – alemanes; inglés – ingleses; balcón – balcones; canción – canciones

◆ Substantive, die auf **-án, -és** oder **-ón** enden **verlieren** im Plural den **Akzent.**

lápiz – lápices; luz – luces

◆ Substantive, die auf **-z** enden, bilden den **Plural** auf **-ces.**

carácter – caract<u>e</u>res, <u>ré</u>gimen – re<u>gí</u>menes

♦ Bei diesen beiden Substantiven **verschiebt sich** im Plural die **Betonung.** Auch die
Bedeutung kann sich verändern.   → 13

comi**c**	– comi**c** / comi**cs**	álbum	– álbum**es**
complot	– complo**ts**	bloc	– blo**ques**
déficit	– défici**t** / défici**ts**	film	– film**s** / film**es**
robot	– robo**ts**	lord	– lor**es**
chalet / chalé	– chale**ts** / chalé**s**		

♦ Bei **Fremdwörtern** schwankt die Pluralbildung etwas (einige Substantive wie **cómic** und **déficit**
haben laut *Real Academia* keinen Plural, die Formen mit **-s** sind jedoch durchaus geläufig).

258 ## Pluralbildung bei Familiennamen

Los Gómez están de vacaciones en Francia.   Familie Gomez ist in Frankreich im Urlaub.

♦ Ist von den **Mitgliedern einer Familie** die Rede, so bleibt der **Familienname im Singular.**
♦ Handelt es sich um die **Werke** (insbesondere Gemälde) eines Künstlers, so steht dessen Name im
Plural und wird klein geschrieben: **dos picassos, tres goyas**.

259 ## Substantive, die nur im Plural verwendet werden

los bártulos	die (Sieben)sachen
los enseres personales	die persönlichen Dinge
los comestibles / los víveres	die Lebensmittel
los comicios	die Wahl(en)

♦ Ähnlich wie im Deutschen werden auch im Spanischen gewisse Substantive **nur im Plural**
verwendet.

260 ## Vom Deutschen abweichende Verwendung von Singular und Plural

las afueras	der Stadtrand	**los modales**	das Benehmen
los alrededores	die Umgebung	**las pinzas**	die Pinzette
los alicates	die Flachzange	**las tenazas**	die Kneifzange
las gafas	die Brille	**las tijeras**	die Schere

♦ Eine Reihe von Substantiven wird im Spanischen **im Plural** gebraucht.

Sacó un pañuelo y se sonó **la nariz.**	Er / sie zog ein Taschentuch heraus und putzte sich die Nase.
Me dieron con la puerta **en las narices.**	Sie schlugen mir die Tür vor der Nase zu.
No metas **las narices** en mis asuntos.	Steck die Nase nicht in meine Angelegenheiten.
¡Por fin llegó **la paz**!	Endlich gab es Frieden!
¡Déjame **en paz**!	Lass mich in Frieden!
Se pelearon esta mañana, pero ya han hecho **las paces.**	Sie haben sich heute morgen gestritten, aber sie haben bereits wieder Frieden geschlossen.

♦ Einige Substantive können im **Singular** oder im **Plural** verwendet werden, ohne dass sich dadurch
die Bedeutung ändert.

buenos días	guten Morgen / Tag
buenas tardes	guten Tag / Abend
buenas noches	guten Abend / gute Nacht
a principios de ...	(am) Anfang (des Jahres, des Monats, der Woche, usw.)
a mediados de ...	Mitte (des Jahres, des Monats, der Woche, usw.)
a finales de ...	Ende (des Jahres, des Monats, der Woche, usw.)

♦ Der **Plural** wird insbesondere **in festen Ausdrücken** und **Redewendungen** gebraucht.

Con este tiempo, **la gente** no quiere salir.	Bei diesem Wetter wollen **die Leute** nicht hinausgehen.
España y sus **gentes.**	Spanien und seine **Menschen.**

♦ In der Bedeutung *die Leute* wird **la gente** im Singular gebraucht. Neuerdings jedoch auch häufiger **las gentes** (die Menschen, Einwohner).
Auch: **tener don de gentes** – gut mit Menschen umgehen können
    el derecho de gentes – das Völkerrecht

9.3 Das Genus El género

Die spanischen Substantive sind **maskulin** oder **feminin.** Es gibt nur diese beiden grammatikalischen Geschlechter.

`261` **Natürliches Geschlecht bei Menschen und Tieren**

el chico	der Junge	**la** chica	das Mädchen
el tío	der Onkel	**la** tía	die Tante
el jefe	der Chef	**la** jefa	die Chefin
el hombre	der Mann	**la mujer**	die Frau
el yerno	der Schwiegersohn	**la nuera**	die Schwiegertochter

♦ Substantive, die sich auf **Personen** beziehen, haben das Genus, das dem **natürlichen Geschlecht** entspricht.
♦ Sehr viele Bezeichnungen für männliche und weibliche Personen haben denselben Wortstamm; in anderen Fällen sind die Bezeichnungen unterschiedlich.

el perro	Hund, Rüde	**la** perra	Hündin
el gato	Katze allg., Kater	**la** gata	Katze
el burro	Esel	**la** burra	Eselin
el pato	Ente *(allg.)*, Erpel	**la** pata	Ente
el león	Löwe	**la** leona	Löwin
el caballo	Pferd, Hengst	**la** yegua	Stute
el buey	Ochse	**la vaca**	Kuh
el toro	Stier		
el carnero	Schafbock	**la oveja**	Schaf
el gallo	der Hahn	**la gallina**	Henne

♦ Für einige **Tiere** gibt es ebenfalls männliche und weibliche Bezeichnungen.
Sie werden jedoch nur unterschieden, wenn das Geschlecht wirklich von Bedeutung ist,
so z.B. bei weiblichen Nutztieren: la vaca, la gallina, la oveja.
♦ Die üblichen Bezeichnungen der Tiere sind je nach **Tierart maskulin oder feminin,** sofern das Geschlecht keine Rolle spielt. Es überwiegen jedoch die maskulinen Bezeichnungen:
el perro, el gato, el burro, el pato, aber: la oveja.

el pájaro	der Vogel	la ballena	der Wal
el mosquito	die Mücke	la mosca	die Fliege
el jabalí	das Wildschwein	la tortuga	die Schildkröte
el cerdo / puerco / cochino / chancho (LA)	das Schwein	la cigüeña	der Storch

♦ Viele Tierarten haben keine eigene Bezeichnung für das männliche oder das weibliche Tier.

el canario **hembra**	das Kanarienweibchen
el gorrión **hembra**	das Spatzenweibchen
la golondrina **macho**	das Schwalbenmännchen
la cigüeña **macho**	das Storchenmännchen

♦ Die Unterscheidung der Geschlechter geschieht bei den femininen Tiernamen durch den Zusatz **macho** (Männchen), bei den maskulinen Bezeichnungen durch **hembra** (Weibchen).
Sonderfall: el macho cabrío – der Ziegenbock / la cabra – die Ziege.

262 Maskuline Substantive Sustantivos masculinos

el libro	das Buch	el pueblo	die Ortschaft, das Volk
el piso	die Wohnung	el cuadro	das Gemälde

♦ **Maskulin** sind die allermeisten Substantive, die auf **-o** enden.
Ausnahmen: la man**o**, **la** fot**o**(grafía), **la** mot**o**(cicleta), **la** radi**o**(fonía), **la** dinam**o**.

el garaje	die Garage	el plan	der Plan	el comedor	der Speisesaal
el perdón	die Verzeihung	el huracán	der Hurrican		
el camión	der Lastwagen			el motor	der Motor

♦ Substantive auf **-aje, -an (án), -or** und **-ón** (außer -ción und -sión), sind meistens **maskulin**.
Ausnahmen: la flor, **la** coliflor.

el Danubio	die Donau	el Tajo	der Tajo
el Elba	die Elbe	el Guadiana	der Guadiana
el Mulhacén	der Mulhacen		

♦ **Flüsse** und **Berge** sind **maskulin.**

el naranjo	der Orangenbaum	el peral	der Birnbaum
el cerezo	der Kirschbaum	el manzano	der Apfelbaum
el pino	die Pinie		

♦ **Maskulin** sind auch die meisten Bezeichnungen für **Bäume.**
Ausnahmen: la higuera – der Feigenbaum, **la palmera** – die Palme, **la platanera** – die Bananenstaude.

el Norte	der Norden	el Este	der Osten
el Sur	der Süden	el Oeste	der Westen

el lago Titicaca	der Titicaca-See	el Pacífico	der Pazifik
el (Mar) Báltico	die Ostsee	el Atlántico	der atlantische Ozean

♦ **Himmelsrichtungen, Seen** und **Meere** sind maskulin.

el rojo	das Rot	el dos	die Zwei
el azul	das Blau	el cinco	die Fünf
el gris	das Grau	el ocho	die Acht

♦ **Farben** und **Zahlen** sind – wenn sie substantiviert werden – maskulin.

el lunes	der Montag, am Montag	los lunes	montags
el martes	der Dienstag, am Dienstag	los martes	dienstags
el miércoles	der Mittwoch, am Mittwoch	los miércoles	mittwochs

♦ Die **Wochentage** sind ebenfalls maskulin. Der Plural entspricht den deutschen Adverbien *montags, dienstags* usw.

abril lluvios**o**	der regnerische April	agosto caluros**o**	der heiße August
mayo ventos**o**	der windige Mai		

♦ Ebenfalls maskulin sind die **Monatsnamen.** Sie stehen **ohne Artikel.**

Inés se ha comprado **un** (coche) Seat.	Ines hat sich einen Seat gekauft.
¿Qué tal tu **nueva** (cámara) Pentax?	Wie ist deine neue Pentax?

♦ **Markennamen** werden normalerweise mit dem Artikel versehen, der der Gattungsbezeichnung für das entsprechende Gerät entspricht.

el cobre	das Kupfer	el hierro	das Eisen	el oro	das Gold
el estaño	das Zinn	el acero	der Stahl	el mercurio	das Quecksilber

♦ Die **Metalle** sind maskulin. **Ausnahme: la** plata.

263 Feminine Substantive Sustantivos femeninos

la puerta	die Tür	**la** semana	die Woche	**la** lana	die Wolle
la silla	der Stuhl	**la** mesa	der Tisch	**la** fama	der Ruhm

♦ **Feminin** sind die meisten Substantive, die auf **-a** enden.
Ausnahmen u. a.:

el día	der Tag	el mapa	die Landkarte
el clima	das Klima	el idioma	die Sprache
el problema[1]	das Problem	el esquema	das Schema
el sistema	das System	el programa	das Programm
el tema	das Thema	el poeta	der Dichter

[1] Die Substantive auf **-ema / -ama** stammen in der Regel aus dem Griechischen.

la felici**dad**	das Glück	**la** leal**tad**	die Treue
la ciu**dad**	die Stadt	**la** rela**ción**	die Beziehung
la traduc**ción**	die Übersetzung	**la** construc**ción**	der Bau
la multi**tud**	die Menge	**la** cost**umbre**	die Gewohnheit
la barbar**ie**	die Barbarei	**la** ten**sión**	die Spannung

♦ Substantive, die auf **-dad, -tad, -ción, -sión, -tud, -umbre** oder **-ie** enden, sind **feminin.**

♦ Die **Buchstabenbezeichnungen** sind ebenfalls **feminin: la** be, **la** eme, **la** erre, **la** te, ...

264 **Männliche und weibliche Berufsbezeichnungen**

el profesor	der Lehrer	**la** profesora	die Lehrerin
el maestro	der (Grundschul)lehrer	**la** maestra	die (Grundschullehrerin)
el director	der Direktor / Leiter	**la** directora	die Direktorin / Leiterin
el escritor	der Schriftsteller	**la** escritora	die Schriftstellerin
el alcalde	der Bürgermeister	**la** alca**desa**	die Bürgermeisterin
el duque	der Herzog	**la** duq**uesa**	die Herzogin
el conde	der Graf	**la** cond**esa**	die Gräfin
el príncipe	der Fürst / Prinz	**la** prin**cesa**	die Prinzessin

♦ Zahlreiche **Berufs- und Amtsbezeichnungen** und **Adelstitel** haben eine **männliche** und eine **weibliche** Form.
♦ Die **weibliche Form** wird durch die Endungen **-a, -esa** gebildet. Sie lautet bei
– maskulinen Substantive auf **-o / -or**: **-a,**
– maskulinen Substantiven auf **-e** meist: **-esa.**

Beachte: Wenige Fälle auf **-isa:**

el poeta	der Dichter	**la** poet**isa**	die Dichterin
el sacerdote	der Priester	**la** sacerdot**isa**	die Priesterin

Sonderfälle:

el rey	der König	**la** reina	die Königin
el heroé	der Held	**la** heroína	die Heldin
el emperador	der Kaiser	**la** empera**triz**	die Kaiserin
el actor	der Schauspieler	**la** ac**triz**	die Schauspielerin

Las ingenie**ras** tienen dificultades para ascender.	Ingenieurinnen haben es schwer, beruflich aufzusteigen.

el médico	der Arzt	**la** médica	die Ärztin
el juez	der Richter	**la** jueza	die Richterin
el ministro	der Minister	**la** ministra	die Ministerin

♦ Zunehmend erhalten Berufe, die früher (fast) ausschließlich von Männern ausgeübt wurden, eine **feminine Form.** Sie wird meist durch die Endung **-a** gebildet.
♦ Gelegentlich schwankt der Gebrauch noch etwas: So findet man **la juez** neben **la jueza,** **la médico** neben **la médica** (jedoch: **la fiscal** – die Staatsanwältin).

el / la artista	der Künstler / die Künstlerin
el / la periodista	der Journalist / die Journalistin
el / la taxista	der Taxifahrer / die Taxifahrerin
el / la pianista	der Pianist / die Pianistin
el / la turista	der Tourist / die Touristin
el / la socialista	der Sozialist / die Sozialistin
el / la idealista	der Idealist / die Idealistin
el / la optimista	der Optimist / die Optimistin

♦ Berufs- und Tätigkeitsbezeichnungen und Bezeichnungen für Gesinnungen auf **-ista** gelten für Männer und Frauen gleichermaßen.

265 Substantive mit zwei Genera

el batería	der Schlagzeuger		la batería	die Batterie, das Schlagzeug
el capital	das Kapital		la capital	die Hauptstadt
el cólera	die Cholera		la cólera	die Wut, der Zorn
el cometa	der Komet		la cometa	der (Flug-)Drachen
el clave	das Cembalo		la clave	der Notenschlüssel, der Lösungsschlüssel
el corte	der Schnitt		la corte	der (Königs-)Hof
el cura	der Pfarrer		la cura	die Kur
el frente	die Front		la frente	die Stirn
el guía	der (Fremden-)Führer		la guía	der Führer (*Buch*)
el orden	die Ordnung		la orden	der Befehl, der religiöse Orden
el parte	der Bericht		la parte	der Teil
el policía	der Polizist		la policía	die Polizei
el pendiente	der Ohrring		la pendiente	der Hang, die Steigung
el trompeta	der Trompeter		la trompeta	die Trompete

♦ Einige spanische Substantive **wechseln** mit der **Bedeutung** auch das Genus.

266 Sonderfälle

el mar	das Meer
la mar	die See (*poetisch und bei Fischern und Seeleuten*)
en alta mar	auf hoher See

♦ Einige Substantive können sowohl maskulinen als auch femininen Artikel haben.
Ähnlich: el calor / la calor (poet.) die Hitze; **el color/** la color (poet.) die Farbe.

la lente	die (optische) Linse	**los lentes**	die Brille (neben: las gafas)
		las lentes	die (optischen) Linsen
el arte (románico, gótico, ...)	die (romanische, gotische, ...) Kunst	**las artes** (plásticas)	die bildende Kunst
la corte	der Königshof	**Las Cortes**	das spanische Parlament
la letra	der Buchstabe	**Las Letras**	die Geisteswissenschaften
la esposa	die Gattin	**las esposas**	die Handschellen

♦ Bei manchen Substantiven hat der **Plural** eine **andere Bedeutung** als der Singular.

267 Länder- und Städtenamen

La Roma antigua.	Das antike Rom.
La España actual.	Das heutige Spanien.
El Madrid del siglo XVIII.	Das Madrid des 18. Jahrhunderts.

♦ Auf **-a** endende **Orts- und Ländernamen** sind **feminin,** die übrigen in der Regel maskulin.

Länder mit Artikel → 230

9.4 Komposita Sustantivos compuestos

268 **Komposita mit de**

el televisor **de** color	der Farbfernseher
la silla **de** ruedas	der Rollstuhl
el osito **de** goma	das Gummibärchen
el seguro **de** enfermedades	die Krankenversicherung
la máquina **de** escribir	die Schreibmaschine

♦ Komposita bildet das Spanische meist mit Hilfe der Kopula **de.**
Die Präposition **de** kann dabei verschiedene Beziehungen zwischen den beiden Substantiven
ausdrücken *(Fernseher in Farbe, Stuhl aus Holz, Versicherung gegen Krankheit).*

269 **Komposita mit anderen Präpositionen**

la televisión **por** cable	das Kabelfernsehen
la novela **por** entregas	der Fortsetzungsroman
el seguro **a** todo riesgo	die Vollkaskoversicherung
la máquina **a** vapor	die Dampfmaschine
el vino **a** granel	Wein, der offen verkauft wird
el pago **a** plazos	die Ratenzahlung
la pintura **al** óleo	das Ölgemälde, die Ölmalerei
el dinero **en** efectivo	das Bargeld
el pago **en** metálico	die Barzahlung

♦ Gelegentlich treten andere Präpositionen – z.B. **a, en, por** – als Kopula auf.

270 **Fügungen ohne Kopula**

el coche bomba	die Autobombe
la visita relámpago	der Blitzbesuch
la funda multitaladro	die Prospekthülle
la fecha tope	der letzte Termin
el puesto clave	die Schlüsselstellung
el estado miembro	der Mitgliedsstaat
la hora punta	die Hauptverkehrszeit
el coche patrulla	der Streifenwagen

♦ Im aktuellen Spanisch, insbesondere in der Sprache des Journalismus, treten vermehrt
Bildungen ohne Kopula auf. Das Geschlecht richtet sich dabei nach dem Grundwort.

las horas punta, **los** coches patrulla

♦ Im **Plural** bleibt das zweite Element meist im Singular.
Ausnahmen: los puestos claves, **los** estados miembros.

271 Komposita mit Verb

el / los abre**latas**	der / die Dosenöffner
el / los espanta**pájaros**	die / die Vogelscheuche/n
el / los guarda**barros**	das / die Schutzblech/e
el / los rompe**cabezas**	das / die Puzzle/s
el / los afila**lápices**	der / die Bleistiftspitzer
el / los saca**corchos**	der / die Korkenzieher
el / los monda**dientes**	der / die Zahnstocher
el / los limpia**parabrisas**	der / die Scheibenwischer
el / los corta**plumas**	das / die Federmesser

♦ Sehr zahlreich sind Komposita, bei denen das erste Element ein **Verb** (3. Person Sing.),
das zweite Element der **Plural eines Substantivs** ist.
Bei diesen Komposita sind Singular und Plural gleich: **el / los** sacacorchos, **el / los** abrelatas.

el picaporte / **los** picaporte**s**	der / die Türklopfer
el girasol / **los** girasol**es**	die Sonnenblume/n

♦ Steht das substantivische Element ursprünglich im Singular, wird im Plural **-s / -es** angehängt.

el / los hazmerreír	die komische Figur, der Hanswurst
el / los correveidile	das Klatschmaul

♦ Einige wenige **zusammengesetzte Substantive** bestehen nur aus **Verbformen.** Sie haben keine
eigene Pluralform.

272 Komposita aus Substantiv und Adjektiv

el altiplano	die Hochebene
la hierbabuena	die Minze
la Nochebuena	Heilig Abend
la Nochevieja	Silvester
el tiovivo / los tiovivos	das Karussell / die Karusselle
el altavoz / los altavoces	der / die Lautsprecher
el mediodía / (los mediodías)	der Mittag
el cortometraje / los cortometrajes	der Kurzfilm / die Kurzfilme
el largometraje / los largometrajes	der Spielfilm / die Spielfilme

♦ Eine Reihe von Komposita bestehen aus **Substantiv und** (vor- oder nachstehendem) **Adjektiv.**
Die **Pluralbildung** geschieht durch angehängtes **–s,** allerdings wird Plural selten gebraucht.

273 Komposita aus zwei Substantiven

la boca**calle**	die Straßeneinmündung
la boca**manga**	das Ärmelloch, der Ärmelaufschlag
la boca**mina**	die Schachteinfahrt (Bergwerk)

♦ Relativ selten sind im Spanischen Komposita aus zwei Substantiven, die zusammengeschrieben
werden.

Substantivierung von Verben → 190
Substantivierung von Adjektiven → 280

10 Das Adjektiv
El adjetivo

10.1 Veränderlichkeit des Adjektivs
Attributives und prädikativisches Adjektiv
Adjektive auf -o
Adjektive auf -a, -e, -í, -ú oder Konsonant
Mehrere Substantive
Parallele Ausdrücke
Mehrere Adjektive
Substantivierung
Verkürzte Adjektive

10.2 Stellung des Adjektivs
Nachgestelltes Adjektiv
Adjektiv in Voranstellung
Bedeutungsänderung des Adjektivs
Vergleich mit dem Deutschen

10.3 Besondere Funktionen des Adjektivs

10.1 Die Veränderlichkeit des Adjektivs
La concordancia del adjetivo

274 Attributives und prädikatives Adjektiv

una chica **rubia**	ein <u>blondes</u> Mädchen	**attributivisch**
La chica es **rubia.**	Das Mädchen ist <u>blond</u>.	**prädikativisch**

Les hemos facilitado cuantas informaciones han sido **necesarias.**	Wir haben ihnen alle Informationen geliefert, die notwendig waren.
Todos los chicos de esta clase son **menores** de 15 años.	Alle Jungen in dieser Klasse sind jünger als 15 Jahre.
Las chicas estaban **preocupadas** por la tardanza de sus padres.	Die Mädchen waren besorgt wegen der Verspätung ihrer Eltern.

♦ Das **Adjektiv** richtet sich in **Geschlecht** und **Zahl** nach dem **Substantiv**, auf das es sich bezieht.
♦ Im Gegensatz zum Deutschen wird das spanische Adjektiv **immer** an sein Bezugswort **angeglichen,** unabhängig davon, ob es attributivisch oder prädikativisch gebraucht wird.

275 Adjektive auf -o

Singular	maskulin	un chic**o** simpátic**o**	ein netter Junge
	feminin	una chic**a** simpátic**a**	ein nettes Mädchen
Plural	maskulin	chic**os** moren**os**	dunkelhaarige Jungen
	feminin	chic**as** moren**as**	dunkelhaarige Mädchen

♦ Adjektive, deren **maskuline Form** auf **-o** endet, bilden die **feminine Form** auf **-a.**
Die **Pluralformen** enden auf **-os / -as.**

276 Adjektive auf -a, -e, -í, -ú oder Konsonant

un escritor belg**a**	ein belgischer Schriftsteller
una escritora belg**a**	eine belgische Schriftstellerin
un chico inteligent**e**	ein intelligenter Junge
una chica inteligent**e**	ein intelligentes Mädchen
un periódico marroqu**í**	eine marokkanische Zeitung
una revista marroqu**í**	eine marokkanische Zeitschrift
un templo hind**ú**	ein hinduistischer Tempel
una región hind**ú**	eine hinduistische Region
un músico geni**al**	ein genialer Musiker
una compositora geni**al**	eine geniale Komponistin

un traje gris	ein grauer Anzug
una falda gris	ein grauer Rock
un jefe joven	ein junger Chef
una jefa joven	eine junge Chefin
un padre feliz	ein glücklicher Vater
una madre feliz	eine glückliche Mutter

♦ Bei **Adjektiven**, die auf **-a, -e, -í, -ú** oder **Konsonant** enden, ist in der Regel die **feminine Form gleich der maskulinen.**

escritores belgas	belgische Schriftsteller
escritoras belgas	belgische Schriftstellerinnen
alumnos inteligentes	intelligente Schüler
alumnas inteligentes	intelligente Schülerinnen
científicos geniales	geniale Wissenschaftler
científicas geniales	geniale Wissenschaftlerinnen
ciudadanos marroquíes	marokkanische Staatsbürger
mujeres marroquíes	marokkanische Frauen
templos hindúes	hinduistische Tempel
mujeres hindúes	hinduistische Frauen

♦ Diese Adjektive bilden den **Plural** mit **-s**, wenn sie auf **-a** oder **-e** enden;
enden sie auf **Konsonant, -í** oder **-ú**, so wird im **Plural -es** angehängt.

Beachte: Die Endung **-z** wird im **Plural** zu **-ces**: feliz – felices, andaluz – andaluces.

inglés, inglesa	englisch
francés, francesa	französisch
barcelonés, barcelonesa	aus Barcelona
alemán, alemana	deutsch
catalán, catalana	katalanisch
andaluz, andaluza	andalusisch
holgazán, holgazana	träge, faul
parlanchín, parlanchina	geschwätzig
comilón, comilona	gefräßig
trabajador, trabajadora	arbeitsam, fleißig

♦ Ausgenommen von der obigen Regel sind **endbetonte Adjektive,**
die sich auf **Städte, Länder, Regionen** usw. beziehen,
sowie Adjektive, die auf **-án, -ín, -ón** und **-or** enden.
Sie haben eine **feminine Form** mit der Endung **-a** (ohne Akzent).

los cambios socioeconómicos	die gesellschaftlichen und wirtschaftlichen Veränderungen
las relaciones franco-españolas	die französisch-spanischen Beziehungen

♦ Bei **Doppeladjektiven** (zusammengeschrieben oder mit Bindestrich) wird jeweils nur das zweite Adjektiv verändert.

277 **Bezug auf mehrere Substantive**

una camisa **roja** y una corbata **roja**

una camisa y una corbata **rojas**   ein rotes Hemd und eine rote Krawatte

una falda **blanca** y una blusa **blanca**

una falda y una blusa **blancas**   ein weißer Rock und eine weiße Bluse

♦ Bezieht sich ein Adjektiv auf zwei oder **mehrere feminine Substantive**, so steht es in der **femininen Pluralform**.

una camisa **negra** y un pantalón **negro**

una camisa y un pantalón **negros**   ein schwarzes Hemd und eine schwarze Hose

♦ Bei zwei oder **mehreren maskulinen Substantiven** und bei **Substantiven unterschiedlichen Geschlechts** steht das Adjektiv im **Plural maskulin.** Das maskuline Substantiv (die maskulinen Substantive) sollten dabei dem Adjektiv am nächsten stehen.

278 **Parallele Ausdrücke mit identischem Substantiv**

la **lengua** inglesa, la **lengua** francesa y la **lengua** alemana

las **lenguas** inglesa, francesa y alemana   die englische, französische und
                                                     deutsche Sprache

♦ Mehrere parallele, jeweils aus Substantiv und Adjektiv bestehende Aussagen über (verschiedene) Gegenstände oder Personen können **zusammengefasst** werden, wenn das Substantiv identisch ist. Bezieht sich jedes Adjektiv auf je ein Exemplar, so steht das **Substantiv im Plural**, die **Adjektive** jeweils **im Singular.**

dificultades económicas y **dificultades** sociales

dificultades económicas **y** sociales   wirtschaftliche und soziale Schwierigkeiten

♦ Beziehen sich die Adjektive jeweils auf eine **Gruppe von Gegenständen oder Personen**, so stehen **Substantiv und Adjektive im Plural.**

279 Zwei oder mehrere Adjektive

una chica **alta y morena**	ein großes und dunkelhaariges Mädchen
(= la chica es alta y morena)	
una obra **interesante e innovativa**	ein interessantes und bahnbrechendes Werk

♦ Wenn zwei oder mehrere Adjektive ein **Substantiv** (Person oder Gegenstand) **charakterisieren**, werden sie durch **y (e)** miteinander verbunden und stehen i.d. Regel **nach** dem Substantiv.

una labor **didáctica inútil**	eine unnütze didaktische Arbeit
(= la <u>labor didáctica</u> es inútil)	
una desgravación **fiscal especial**	eine besondere Steuererleichterung

♦ Bildet das erste Adjektiv eine **Einheit mit dem Substantiv**, die durch das zweite Adjektiv charaktierisiert wird, so folgen die Adjektive unmittelbar (ohne Kopula) aufeinander.
Das erste Adjektiv entspricht dabei häufig dem Bestimmungswort in einem deutschen Kompositum (zusammengesetztes Substantiv).

280 Die Substantivierung des Adjektivs

el francés	**la** francesa	der Franzose, die Französin
los franceses	**las** francesas	die Franzosen, die Französinnen
el dormilón	**la** dormilona	der Langschläfer, die Langschläferin
los dormilones	**las** dormilonas	die Langschläfer, die Langschläferinnen

♦ Viele Adjektive können auch **substantiviert** werden. Beziehen sie sich auf Personen, so stehen sie mit dem entsprechenden maskulinen oder femininen Artikel.

Lo normal es que nos entendamos.	Das Normale / Der Normalfall ist, dass wir uns verstehen.
Lo absurdo sería que nos peleáramos.	Es wäre absurd / verrückt, wenn wir uns streiten würden.

♦ Werden die Adjektive **abstrakt** oder **verallgemeinernd** gebraucht, erhalten sie den neutralen Artikel **lo.**

281 Adjektive mit verkürzter Form Adjetivos apocopados

un **buen** vino	ein guter Wein
un **mal** momento	ein schlechter Augenblick
en **algún** sitio	an irgendeiner Stelle, irgendwo
por **ningún** lado	nirgendwo
el **primer** piso	der erste Stock
el **tercer** piso	der dritte Stock

♦ Die Adjektive **bueno** und **malo**, **alguno** und **ninguno**, sowie die Ordnungszahlen **primero** und **tercero** verlieren das **-o**, wenn sie vor dem (männlichen) Substantiv stehen. Beachte die **Akzentsetzung** bei **algún** und **ningún**!
→ 284
♦ Die **feminine Form** bleibt **unverkürzt.**

| un gran problema / una gran fiesta | ein großes Problem / ein großes Fest |

♦ Das Adjektiv **grande**[1] wird im Singular sowohl in der **maskulinen** wie in der **femininen** Form zu **gran** verkürzt.

[1]**Ähnlich:** Das Adjektiv **reciente** (maskulin und feminin) wird zu **recién** verkürzt, wenn es in adverbialer Funktion ein Partizip begleitet:

| una comida **recién hecha** | ein frisch gekochtes Essen |
| muebles **recién pintados** | frisch gestrichene Möbel |

Sonderfall San / Santo:
Vor Namen, die mit **To-** bzw. **Do-** beginnen, steht **Santo**; sonst **San**:
San**to** Domingo, San**to** To**más**, San**to** To**ribio**,
San Andrés, **San** Fernando, **San** Pedro, **San** Pablo, **San** Bernardo.

Die **feminine Form** bleibt **immer unverkürzt**: **Santa** Teresa, **Santa** Rita, **Santa** Eulalia.

10.2 Die Stellung des Adjektivs
La colocación del adjetivo

Adjektive können im Spanischen **vor** oder **nach** dem **Substantiv** stehen, jedoch **ändert sich** mit der Stellung meist auch ihre **Funktion** oder **Bedeutung.**
In bestimmten Wendungen haben sie eine feste Position.
Allerdings ist die **Stellung des Adjektivs** in vielen Fällen eine **Stilfrage** und eine Frage der **Satzmelodie**, die sich nicht in starre Regeln fassen lässt.

282 Nachgestelltes Adjektiv (Substantiv – Adjektiv)

un chico **simpático**	ein netter Junge
una estudiante **rubia**	eine blonde Studentin
una profesora **exigente**	eine anspruchsvolle Lehrerin
personas **expertas**	fachkundige Personen

♦ Die Adjektive stehen nach dem Substantiv, wenn sie **unterscheidende** Funktion (adjetivo especificativo) haben, d.h. jemanden oder einen Gegenstand charakterisieren und von anderen unterscheiden sollen. In dieser Stellung haben die Adjektive ihre **Grundbedeutung.**

So stehen **immer nach dem Substantiv**:

a) Adjektive, die sich auf die **Nationalität** oder die **Herkunft** aus einer Region oder Stadt beziehen:

un representante **francés**	ein französischer Vertreter
una directora **argentina**	eine Direktorin aus Argentinien
dos barrios **madrileños**	zwei Madrider Stadtviertel
máquinas **andaluzas**	andalusische Maschinen
vino **catalán**	katalanischer Wein

b) Adjektive, die sich auf **körperliche** oder **geistige Merkmale** beziehen:

una chica **alta**	ein großes Mädchen.
un señor **bajito**	ein kleiner Mann
una chica **avispada**	ein aufgewecktes / schlaues Mädchen

c) Adjektive, die **Farbe**, **Form** oder **Größe** angeben:

una falda **roja**	ein roter Rock
un traje **negro, gris, ...**	ein schwarzer, grauer, ... Anzug
un señor **gordo**	ein dicker Herr
una mesa **redonda**	ein runder Tisch
un edificio **gigantesco**	ein riesiges Gebäude

d) Adjektive, die sich auf **Religion**, **Ideologie** oder **politische Überzeugung** beziehen:

una iglesia **protestante**	eine evangelische Kirche
un partido **liberal**	eine liberale Partei
el gobierno **socialista**	die sozialistische Regierung

e) Adjektive, die sich auf **Institutionen**, **Behörden**, **Wissenschaften** und **Studienfächer** beziehen:

la política **fiscal**	die Steuerpolitik
una decisión **gubernamental**	ein Regierungsbeschluss
el desarrollo **industrial**	die industrielle Entwicklung
los resultados **científicos**	die wissenschaftlichen Ergebnisse
las organizaciones **empresariales**	die Unternehmerverbände

f) Adjektive, die von **geographischen Bezeichnungen** abgeleitet sind oder mit **klimatischen** oder **astronomischen Erscheinungen** zu tun haben:

cálido[1]	warm	**seco**	trocken
caluroso[1]	heiß	**marítimo**	Meeres-, See-
frío[1]	kalt	**solar**	Sonnen-
húmedo	feucht	**lunar**	Mond-
lluvioso	regnerisch	**terrestre**	Erd-, Land-

[1] Im übertragenen Sinn (poetisch) werden diese Adjektive auch vorangestellt:

una **fría** acogida	ein frostiger Empfang
una **cálida** tarde de otoño	ein warmer Herbsttag

g) Adjektive, die sich auf **Gesteine, Metalle, Lebewesen, Pflanzen- und Tierarten** beziehen oder davon abgeleitet sind:

un ser **humano**	ein menschliches Wesen
una nariz **aguileña**	eine Adlernase
productos **férreos**	Erzeugnisse aus Eisen
comida **vegetal**	pflanzliche Nahrung
una silla **metálica**	ein Metallstuhl

h) **Partizipien** in adjektischer Funktion:

un caballo **ensillado**	ein gesatteltes Pferd
un documento **firmado**	ein unterschriebenes Dokument
un coche **aparcado**	ein geparktes Auto

i) Adjektive, die **erweitert** oder **näher bestimmt** werden sowie **Doppeladjektive**:

un chico **extraordinariamente simpático**	ein außerordentlich sypathischer Junge
una joven **sumamente dotada**	eine äußerst begabte junge Frau
una persona **alegre como unas castañuelas**	eine quietschvergnügte Person
las relaciones **franco-alemanas**	die französisch-deutschen Beziehungen
reformas **político-administrativas**	Reformen in Politik und Verwaltung

j) **Relationsadjektive**, d.h. Adjektive, die dem Bestimmungswort in einem deutschen Kompositum (zusammengesetztem Substantiv) entsprechen: → 286

la campaña **electoral**	der Wahlkampf
la explosión **demográfica**	die Bevölkerungsexplosion
el periodismo **deportivo**	die Sportberichterstattung

283 Adjektiv in Voranstellung (Adjektiv – Substantiv)

Adjektive stehen **vor dem Substantiv**,

a) wenn sie keine unterscheidende, sondern eher **beschreibende** oder **erläuternde Funktion** haben (adjetivo explicativo). Sie beziehen sich häufig auf eine **Eigenschaft**, die sowieso **bekannt** ist.

la **verde** hierba	das gründe Gras / Kraut
el **negro** carbón	die schwarze Kohle
la **blanca** nieve	der weiße Schnee
la **oscura** noche	die dunkle Nacht
el **amargo** rencor	der bittere Groll
la **irresistible** pasión	die unwiderstehliche Leidenschaft
los **principales** argumentos son	die Hauptargumente sind: ...
amaneció un **claro** día	es brach ein wolkenloser Tag an
la **joven** pareja	das junge Paar
sus **ancianos** padres	seine betagten Eltern
su **única**[1] hermana	seine einzige Schwester

[1] **Jedoch:** hijo **único** / hija **única** – Einzelkind

b) wenn sie im **übertragenen, ironischen** oder **wertenden** Sinn (positiv oder negativ) gebraucht werden:

alta tensión	Hochspannung (hoch = groß)
este **dichoso** problema	dieses leidige Problem
los **malditos** exámenes	die verdammten Prüfungen
las **malas** condiciones	die schlechten Bedingungen
la **conocida** escritora	die bekannte Schriftstellerin
el **eminente** músico	der hervorragende Musiker
la **dura** realidad	die harte Wirklichkeit
la **eterna** canción	das immer gleiche Lied

c) wenn sie hauptsächlich zur **Hervorhebung** oder **Intensivierung** (Verstärkung) **eines Substantivs** gebraucht werden:

Ocurrió en **plena** calle.	Es geschah auf offener Straße.
Es un **verdadero** desastre.	Das ist ein echtes Unglück.
Es un **mero** trámite.	Es ist eine reine Formsache.
Es la **pura** verdad.	Das ist die reine Wahrheit.

d) bei den Steigerungsformen **mejor, peor, mayor, menor**:

Esto no tiene la **menor** importancia.	Das hat nicht die geringste Bedeutung.
la **peor** ocurrencia	der schlechteste Einfall
los **mayores** problemas	die größten Probleme
estar en su **mejor** momento	sich auf dem Höhepunkt einer Entwicklung befinden

e) wenn eine **Redewendung** durch ein Adjektiv ergänzt wird:

dar un **pequeño** salto	einen kleinen Sprung machen
echar una **rápida** ojeada	einen schnellen Blick werfen

f) wenn ein **Substantiv** durch einen attributivischen Ausdruck ergänzt ist:

un **interesante** tema de discusión	ein interessantes Diskussionsthema
una **extraordinaria** obra del Barroco	ein außerordentliches Barockwerk

Anmerkung:
Adjektive können nachstehen und dennoch eher deskriptive – nicht unterscheidende – Funktion haben, z.B. in **poetischen** Texten (emphatische Nachstellung).

Esa noche, noche atroz, el aire hervía de calor.	In jener Nacht, einer abscheulichen Nacht, brodelte die Luft vor Hitze.

284 Bedeutungsänderung durch Vor- oder Nachstellung

la **antigua** sede episcopal	der **ehemalige** Bischofssitz
un edificio **antiguo**	ein **altes** Gebäude
Dame una **simple** razón.	Nenne mir einen **einzigen** Grund.
un procedimiento **simple**	ein **einfaches** Verfahren
un **pobre** hombre	ein **bedauernswerter** (armer) Mann
un hombre **pobre**	ein (armer) **bedürftiger** Mann

♦ Etliche **Adjektive verändern ihre Bedeutung** je nachdem, ob sie vor oder nach dem Substantiv stehen.
In der **ursprünglichen Bedeutung** werden sie in der Regel **nachgestellt**;
bei **Voranstellung** haben sie **übertragene** (veränderte) **Bedeutung**.

Weitere Beispiele:

Adjektiv	Bedeutung	
	voranstehend	**nachstehend**
cierto	ein/e gewisse/er/es	wahr, sicher
nuevo	ein/e andere/er/es	neu (ungebraucht, fabrikneu)
propio	selbst	eigen
triste	unbedeutend, schlecht	traurig
mismo	gleich	selbst

Es un **buen** vino.	Das ist ein Wein, den ich mag.
Es un vino **bueno**.	Das ist ein (sehr) guter Wein.
un **buen** chico	ein netter Junge
un chico **bueno**	ein lieber / braver Junge
Eres un **mal** chico.	Du bist ein Schlingel. (eher scherzhaft)
Eres un chico **malo**.	Du bist ein schlimmer / böser Junge.

♦ Die Adjektive **bueno** und **malo** haben, wenn sie **vorangestellt** sind,
etwas **abgeschwächte** Bedeutung.
Nachgestellt, wird die **unterscheidende Bedeutung** (gut – schlecht) hervorgehoben.
Bei **Personen** drücken sie nachgestellt eine **Charaktereigenschaft** aus.
♦ In **festen Ausdrücken** jedoch stehen sie **vor** dem **Substantiv**:

un **buen** día	eines schönen Tages
llegar en **mal** momento	ungelegen kommen
levantarse con **mal** pie	mit dem falschen / linken Fuß aufstehen
estar en un **buen** momento	eine Glückssträhne haben
tener un **mal** día	einen schlechten Tag haben

285 Vergleich mit dem Deutschen

La he visto con su **pequeño** hijo.	Ich habe sie mit ihrem kleinen <u>Sohn</u> gesehen. (Sie hat (nur) einen Sohn, dieser ist noch klein.)
La he visto con su hijo **pequeño**.	Ich habe sie mit ihrem <u>kleinen</u> (jüngeren / jüngsten) Sohn gesehen. (Sie hat noch andere Kinder.)
Lo he visto con su **nueva** bicicleta.	Ich habe ihn mit seinem neuen <u>Fahrrad</u> gesehen. (Sein Fahrrad – er hat nur dieses – ist eben neu.)
Lo he visto con su bicicleta **nueva**.	Ich habe ihn mit seinem <u>neuen</u> Fahrrad gesehen. (Er hat auch ein älteres.)
Hemos tomado un **buen** vino.	Wir haben ein gutes <u>Glas Wein</u> getrunken.
Hemos tomado un vino **bueno**.	Wir haben <u>guten</u> Wein getrunken. (keinen mittelmäßigen oder schlechten.)

♦ In vielen Fällen kann die **Betonung im Deutschen** einen Anhaltspunkt für die Stellung des
Adjektivs im Spanischen liefern: **Adjektive** stehen **nach dem Substantiv**, wenn sie im Deutschen
betont sind; sie stehen **vor dem Substantiv**, wenn das **Substantiv betont** ist.

10.3 Besonderer Funktionen des Adjektivs
Otras funciones del adjetivo

286 Das Relationsadjektiv

el crecimiento **económico**	das Wirtschaftswachstum	
la fibra **óptica**	das Glasfaserkabel	
la técnica **pictórica**	die Maltechnik	≠ malerisch
el arte **renacentista**	die Renaissancekunst	
la energía **solar / eólica**	die Sonnenenergie / Windkraft	≠ sonnig
la campaña **electoral**	der Wahlkampf	
el estilo **pictórico** de Picasso	Picassos Malstil	≠ malerisch

♦ In vielen Fällen, in denen im Deutschen ein Kompositum (zusammengesetztes Substantiv) gebraucht wird, verwendet das Spanische ein **Substantiv mit Adjektiv**.
Vergleichbare Strukturen finden sich auch in anderen romanischen Sprachen, z.B. im Französischen. Man spricht vom **Relationsadjektiv** (adjetivo de relación).
♦ In vielen dieser Fälle ist im Deutschen ein entsprechendes Adjektiv nicht vorhanden oder es hat eine andere – meist übertragene – Bedeutung.
♦ Das Relationsadjektiv steht immer **nach dem Substantiv**.
♦ Relationsadjektive sind insbesondere in den **Fachsprachen** und **Fachterminologien** (Technik, Jura, Medizin, Wirtschaft usw.) anzutreffen.

287 Das satzwertige Adjektiv

una obra **coordinada por** Santiago S.	ein Werk, das von Santiago S. zusammengestellt (herausgegeben) wurde
En poco tiempo he sido víctima de dos casos **merecedores de figurar** en el libro Guiness.	Innerhalb kurzer Zeit bin ich Opfer zweier Fälle geworden, die es verdienen, ins Guiness-Buch der Rekorde aufgenommen zu werden.
productos **típicos del** desamor	Dinge, die typisch sind für die Lieblosigkeit
un amor **convertido en** recuerdo	eine Liebe, die zur Erinnerung geworden ist

♦ Bestimmte Adjektive können durch eine **Konstruktion mit Präposition** erweitert werden; sie entsprechen dann meist einem Relativsatz im Deutschen.

Steigerung des Adjektivs: **Kapitel 12**
Verbindung mit **ser** oder **estar**: **Kapitel 5** → 178

11 Das Adverb
El adverbio

11.1 Ursprüngliche Adverbien und adverbiale Ausdrücke
Einteilung
Adverbiale Ausdrücke

11.2 Besonderheiten des Gebrauchs bestimmter Adverbien
Verneinung
Ortsadverbien
Kontraste

11.3 Abgeleitete Adverbien auf -mente
Bildung
Gebrauch
Ersatzformen und -möglichkeiten

288 Allgemeines

♦ Adverbien geben Informationen über **Ort**, **Zeit**, **Art und Weise** und **Umstände** einer **Handlung**, eines **Zustands** oder einer **Eigenschaft**.

♦ Sie stehen bei **Verben**, **Adjektiven** oder **anderen Adverbien**.

♦ Wir können im Spanischen unterscheiden zwischen **ursprünglichen Adverbien**, d.h. Wörtern, die in der Regel adverbiale Funktion haben und sich in der Form nicht verändern, und **abgeleiteten Adverbien**, d.h. Adverbien, die von einem Adjektiv abgeleitet sind.

11.1 Ursprüngliche Adverbien und adverbiale Ausdrücke

289 Einteilung

Je nach ihrer Hauptbedeutung lassen sich die Adverbien einteilen in
– **Ortsadverbien** (adverbios de lugar),
– **Zeitadverbien** (adverbios de tiempo),
– Adverbien der **Art und Weise** (adverbios de modo),
– Adverbien der **Quantität** (adverbios de cantidad),
– Adverbien der **Bejahung und Verneinung** (adverbios de afirmación y de negación),
– Adverbien des **Zweifels** (adverbios de duda).

♦ Einer Reihe von Adverbien kann ein anderes Adverb zugeordnet werden, das **komplementäre Bedeutung** hat.

♦ Einige Adverbien können zu einer Dreiergruppe geordnet werden:

> **aquí – ahí – allí,**
> **ayer – hoy – mañana,**
> **primero – luego – después – (entonces).**

♦ Bestimmte Adverbien haben **je nach Kontext verschiedene Bedeutungen**;
die Einordnung in die folgende Tabelle ist daher nur als Orientierungshilfe zu verstehen:

Bedeutung	Adverb			Komplementäradverb		
Ort	**aquí**	hier	**ahí**	da	**allí**	dort
	acá	hier	**allá**	dort		
	arriba	oben	**abajo**	unten		
	adelante	vorwärts	**atrás**	rückwärts		
	delante (de)	vorn, vor …	**detrás (de)**	hinten, hinter		
	dentro (de)	innen	**fuera (de)**	außen		
	encima (de)	auf	**debajo (de)**	unter		
	adentro	hinein	**afuera**	hinaus		
	cerca	nahe	**lejos**	weit		
	enfrente (de)	gegenüber				
Zeit	**ayer**	gestern	**hoy**	heute	**mañana**	morgen
	anteayer	vorgestern	**pasado mañana**		übermorgen	
	entonces	dann, damals	**ahora**	jetzt	**pronto**	bald

Bedeutung	Adverb		Komplementäradverb	
Zeit	siempre	immer	nunca	nie
			jamás	nie
	temprano	früh	tarde	spät
	antes	vorher, davor	después	danach
	anoche	gestern abend		
	entre tanto	inzwischen		
Art und Weise	bien	gut	mal	schlecht
	mejor	besser	peor	schlechter
	deprisa	schnell	despacio	langsam
	rápido	schnell	lento	langsam
	tan	so (sehr / viel)		
	así	so (wie)		
	igual (+Verb)	gleich, womöglich		
Menge	mucho	viel	poco	wenig
	más	mehr	menos	weniger
	algo	etwas	nada	nichts
	muy	sehr	apenas	kaum
	bastante	ziemlich, genug	demasiado	zu viel / zu ...
	casi	fast		
	sólo	nur		
Bejahung Verneinung	sí	ja, doch	no	nein
	también	auch	tampoco	auch nicht
	incluso	sogar	ni siquiera	nicht einmal
	todavía	noch	ya no	nicht mehr
	ya	schon	todavía no / aún no	noch nicht
	aún	noch		
Zweifel	acaso	vielleicht		
	quizá(s)	vielleicht		
	tal vez	vielleicht		

290 Adverbiale Ausdrücke

Pepe juega **con frecuencia** al tenis.		Pepe spielt oft Tennis.	

♦ Neben den Adverbien werden eine Reihe von **adverbialen Ausdrücken** – meist Verbindungen eines Adverbs mit einer **Präposition** – verwendet. Wichtige Beispiele dieser Art sind:

a gusto	gerne, nach Belieben	con paciencia	geduldig
a la derecha (de)	rechts (von)	cuando más	höchstens
a la izquierda (de)	links (von)	cuando menos	wenigstens, mindestens
a lo mejor	vielleicht	de antemano	im voraus
a lo sumo	höchstens	de aquí en adelante	von jetzt an
a medias	halb	de continuo	ständig
a menudo	oft	de cuando en cuando	dann und wann
a tiempo	rechtzeitig	de día	tagsüber
a veces	manchmal	de hecho	tatsächlich
al lado de	neben	de lleno	völlig
al menos	wenigstens	de noche	bei Nacht
aun así	auch so noch	de pronto	plötzlich
con frecuencia	oft	de repente	plötzlich

de vez en cuando	ab und zu	más o menos	ungefähr
dentro de poco	in Kürze	no ... hasta	erst
desde entonces	seitdem	pasado mañana	übermorgen
desde luego	selbstverständlich	poco a poco	nach und nach
el otro día	neulich	por cierto	gewiss, übrigens
en general	im allgemeinen	por lo general	im Allgemeinen
en seguida	sofort	por completo	völlig
hace poco	vor kurzem	por poco	fast, beinahe
hasta pronto	bis bald	un tanto	ein wenig
más bien	eher, vielmehr		

291 Adverb + Adverb

casi nunca	fast nie	nunca jamás	niemals mehr
poco antes	wenig früher	no poco	nicht wenig
mucho después	viel später	de arriba abajo	von oben bis unten, völlig

♦ Vielfach wird ein Adverb durch ein zweites Adverb – insbesondere der **Quantität** oder der **Negation** – näher bestimmt.

292 Substantiv + Adverb

río arriba / río abajo	flussaufwärts / flussabwärts
calle arriba / calle abajo	die Straße hinauf / die Straße hinunter
cuesta arriba / cuesta abajo	den Abhang hinauf / den Abhang hinunter

♦ Die Adverbien **arriba** und **abajo** bilden mit Substantiven zusammen adverbiale Ausdrücke, die eine **Bewegung in eine Richtung** ausdrücken.

11.2 Besonderheiten des Gebrauchs bestimmter Adverbien

293 Adverbien der Verneinung

No he podido dormir en toda la noche.	Ich konnte die ganze Nacht nicht schlafen.
No lo he visto en toda la semana.	Ich habe ihn die ganze Woche nicht gesehen.

♦ Die Verneinungspartikel **no** steht normalerweise **unmittelbar vor dem Verb**.
Sie kann von dort nur durch ein verbundenes Objektspronomen (me, te, lo, la, le, nos, os, los, les, se) verdrängt werden.

No todos son tan amables como usted.	Nicht alle sind so freundlich wie Sie.
No un piso, sino una casa es lo que buscan.	Sie suchen keine Wohnung, sondern ein Haus.

♦ Gelegentlich kann auch das **Subjekt** (todos) oder ein **Objekt** (un piso) zwischen **no** und dem Verb stehen.

No hemos visto a **nadie**.	Wir haben niemanden gesehen.
Nunca hablan de su vida privada.	Nie sprechen sie über ihr Privatleben.

♦ Die **Verneinung** kann durch **nunca, jamás, nadie, nada, ninguno/a,** (gelegentlich auch **tampoco**) nach dem Verb **ergänzt** werden. Das **no** wird dadurch nicht ersetzt.

♦ Steht jedoch eines dieser Adverbien vor dem Verb, so entfällt **no**.   Verneinung → `42`, `43`

`294` Die Präposition de bei Ortsadverbien

No veo si tú estás **delante**.	Ich kann nichts sehen, wenn du davor stehst.
Nuestra vivienda es muy agradable; **delante** hay una plaza y **detrás** un pequeño parque.	Unser Wohnhaus ist sehr angenehm; davor ist ein Platz und dahinter ein kleiner Park.
—¿Hay una panadería cerca de tu casa?	Gibt es bei dir in der Nähe eine Bäckerei? – Ja,
—Sí, **al lado** hay una.	nebenan.
Estaban esperando **delante del** hotel.	Sie warteten vor dem Hotel.
Al lado de la gasolinera hay un supermercado.	Neben der Tankstelle ist ein Supermarkt.

delante	vorn / davor	**fuera**	(dr)außen / außerhalb von
detrás	hinten / dahinter	**dentro**	(dr)innen / innerhalb von
encima	oben / darauf	**al lado**	nebenan / daneben
debajo	unten / darunter		

♦ Die Ortsadverbien **delante, detrás, encima, debajo, fuera, dentro, al lado** können allein, d.h. **ohne Angabe eines Bezugspunktes**, stehen. Der Bezugspunkt ist dann in der Regel der Sprecher oder ein Gegenstand bzw. eine Person, die vorher genannt wurden.

♦ Wird im Anschluss an das Adverb der **Bezugspunkt genannt**, so werden beide durch die Präposition **de** verbunden.

Compro el pescado en la pescadería **de al lado**.	Ich kaufe den Fisch im Fischgeschäft nebenan.

♦ Als **nähere Bestimmung** können Adverbien auch mit der Präposition **de** an ein Substantiv angeschlossen werden.

`295` abajo – debajo, atrás – detrás

—¿Dónde está Laura? —Está **abajo**.	Wo ist Laura? – Sie ist unten.
Esto se explicará más **abajo**.	Das wird weiter unten erklärt.
Al poco rato, el pueblo quedó **atrás**.	Nach kurzer Zeit hatten wir den Ort hinter uns gelassen.
Tú vas **delante**, y yo iré **detrás**.	Du gehst voraus und ich gehe hinterher.
El techo aplastó a los que estaban **debajo**.	Die (einstürzende) Decke erdrückte diejenigen, die sich darunter befanden.

♦ Die Adverbien **atrás** und **abajo** beziehen sich in der Regel auf den **Standort des Sprechers**, ohne dass dieser eigens genannt werden muss.

♦ Wird ein **anderer Bezugspunkt** als der Standort des Sprechers genannt, so werden **debajo** und **detrás** verwendet.

El coche cayó por un terraplén **abajo**.	Das Auto stürzte eine Böschung hinunter.
Corrieron **hacia abajo / atrás**.	Sie liefen nach unten / hinten.
Ya te he visto **desde abajo**.	Ich habe dich schon von unten (aus) gesehen.

♦ Die Adverbien **abajo** und **atrás** können auch eine **Bewegung** oder eine **Richtung** ausdrücken. Sie können dann mit den Präpositionen **de, desde, hacia, hasta, para** und **por** verbunden werden.
♦ Dagegen haben **debajo** und **detrás** statische Bedeutung, d.h. sie drücken aus, dass sich das Bezugswort im Ruhezustand an einem Ort befindet.

296 encima de – por encima de / debajo de – por debajo de

El periódico está **encima de** la mesa.	Die Zeitung liegt auf dem Tisch.
No pongas los pies **encima de** la mesa.	Lege die Füße nicht auf den Tisch.
Pasan muchos aviones **por encima de** la ciudad.	Es fliegen viele Flugzeuge über die Stadt hinweg.
El crecimiento económico no subirá este ejercicio **por encima del** 2%.	Das Wirtschaftswachstum wird in diesem Geschäftsjahr 2% nicht übersteigen.
La tasa de inflación está actualmente **por encima del** 4 por ciento.	Die Inflationsrate liegt zur Zeit über 4 Prozent.
Para ello tendrán que pasar **por encima de** mi cadáver.	Dafür müssen sie über meine Leiche gehen.

El perro está **debajo de** la cama.	Der Hund liegt unter dem Bett.
El crecimiento económico se ha quedado claramente **por debajo de** lo esperado.	Das Wirtschaftswachstum ist deutlich hinter den Erwartungen zurückgeblieben.
La tasa de natalidad en España está **por debajo de** la media de la Unión Europea.	Die Geburtenrate liegt in Spanien unterhalb des EU-Durschschnitts.
Metió la carta **por debajo de** la puerta.	Er steckte den Brief unter der Tür hindurch.
En las últimas olimpiadas ha estado muy **por debajo de** sus posibilidades.	Bei der letzten Olympiade ist er weit hinter seinen Möglichkeiten zurückgeblieben.

♦ Die Adverbien **encima de / debajo de** drücken in der Regel aus, dass sich eine Person oder ein Gegenstand **statisch / in Ruhe** an einem Ort befindet. Der Bezugspunkt bzw. die Bezugsgröße wird genannt.
♦ Die Verbindung **por encima de / por debajo de** drückt **Bewegung** aus.
Auch bei Angaben über **Ranking, Statistik, Quoten, Prozent, Pegel** usw. wird diese Verbindung verwendet, ebenso in **übertragener Bedeutung** oder in **Ausdrücken** und **Redewendungen** und meist in Verbindung mit den Verben **estar / quedar / ponerse / colocarse / situarse.**

297 donde – adonde – a donde / dónde – a dónde

Donde estamos ahora, no hay mucho ruido.	Wo wir jetzt sind, ist nicht viel Lärm.
El bar **adonde** vamos, está en la Plaza Mayor.	Das Lokal, wohin / in das wir gehen, ist auf der Plaza Mayor.
Vamos **a donde** tú digas.	Wir gehen hin, wo du willst.

♦ Wie bei anderen Ortsadverbien geht es auch hier darum, ob sich Gegenstände oder Personen **an einem Ort** befinden (**donde**) oder sich **zu einem Ort** (Ziel) hin bewegen (**adonde**). Allerdings wird in der **Umgangssprache** häufig nur **donde** für beide Bedeutungen verwendet.
♦ Wenn der Zielort nicht genannt wird, wird **a donde** getrennt geschrieben.

¿**Dónde** está Roberto?	Wo ist Roberto?
—¿**A dónde** vais? —No sé **a dónde** vamos.	Wohin geht ihr? – Ich weiß nicht, wohin wir gehen.

♦ In der **Frage** – direkt oder indirekt – wird wie bei allen Fragewörtern **Akzent** gesetzt.

298 acaso – tal vez – quizá(s) – a lo mejor

Tal vez tienes razón, pero no sé, no me convence.	Du magst Recht haben, aber ich bin mir nicht ganz sicher.
Tal vez sea mejor dejarlo para otro día, ya estamos todos muy cansados.	Vielleicht ist es doch besser, es für ein andermal zu lassen, wir sind alle sehr müde.
Quizás han ido a otra discoteca y no nos lo han dicho.	Vielleicht sind sie in eine andere Disko gegangen und haben es uns nicht gesagt.
Quizás haya habido problemas, están todos algo preocupados.	Vielleicht gab es Probleme, sie sehen alle etwas besorgt aus.
A lo mejor nos toca este año la lotería y nos hacemos ricos.	Vielleicht gewinnen wir dieses Jahr im Lotto und werden reich.
¿Soy **acaso** yo el guardián de mi hermano?	Bin ich etwa der Hüter meines Bruders?
¿No es usted **acaso** el responsabe de este departamento?	Sind Sie etwa nicht der Leiter dieser Abteilung?
¿Tendrían ustedes **acaso** un adaptador para este enchufe?	Hätten Sie vielleicht einen Adapter für diesen Stecker?

♦ Nach **tal vez** und **quizá(s)** kann **Indikativ** oder **Subjuntivo** folgen, je nachdem, welchen Grad an Sicherheit der Sprecher vermitteln will. Im Sprachgebrauch ist die Tendenz zum Subjuntivo deutlich.
♦ Nach **a lo mejor** hingegen steht immer **Indikativ**.
♦ **Acaso** wird bei **emphatischen** und **rhetorischen Fragen** verwendet; in der Regel wird eine der Fragestellung entgegengesetzte Antwort erwartet (*etwa? – nein / etwa nicht? – doch*). Auch bei vorsichtigen Fragen, wo eher eine negative Antwort zu erwarten ist, wird **acaso** verwendet.

299 ya

—¿Sabes que Miguel está en Buenos Aires? —**Ya**.	Weißt du, dass Miguel in Buenos Aires ist? – Doch. / Schon.
Hoy no tengo que trabajar, **ya** lo tengo todo hecho.	Heute muss ich nicht arbeiten, ich habe alles bereits erledigt.
Sigue, sigue, un poquito más atrás … ¡**ya**!	Fahr weiter, weiter, noch etwas nach hinten, gut so! … Schluss! / Stopp!
Preparados, listos, **ya**.	Achtung, fertig, los.
—Cómpralo tú que eres rico. — **Ya**, rico, ¡qué más quisiera yo!	Kauf du es, du bist doch reich! – Ach ja, reich, das wäre ich gern!
—¿Por qué no vino usted ayer al trabajo? —Es que estuve enfermo. —¡**Ya**, enfermo!	Warum sind Sie nicht gestern zur Arbeit gekommen? – Ich war krank. – So, krank!
Ya duerma ocho horas, **ya** duerma diez, siempre está como cansado.	Ob er nun 8 oder 10 Stunden schläft, er sieht immer müde aus.
—¡Paco, venga, date prisa! —**Ya, ya** voy.	Komm, Paco, beeile dich. – Ja, ich komme schon.
Ya mismo voy.	Ich komme gleich!
Esta norma es válida **desde ya**.	Diese Vorschrift gilt ab sofort.

♦ Das Adverb **ya** hat nicht nur eine **Zeitkomponente**, es kann auch **Bereitschaft**, **Aufforderung**, **Zustimmung** und **Skepsis** ausdrücken.

♦ In der **Umgangssprache** wird **ya** häufig ohne weiteren Zusatz zur Bestätigung verwendet; es steht dann **elliptisch** für Ausdrücke wie **ya entiendo, ya lo sé**.

♦ In der Umgangssprache ziemlich häufig sind die Kombinationen **ya mismo** und **desde ya** (*jetzt gleich, ab sofort*).

♦ Die Struktur **ya**... **ya**... (*sei es, dass ... sei es, dass*) (tanto si ... tanto si ...) wird in gehobenem Stil verwendet.

300 entonces, dentro de

Entonces no había televisión.	Damals gab es kein Fernsehen.
Yo tenía **entonces** 12 años.	Ich war damals 12 Jahre alt.
Me quité las gafas y **entonces** fue cuando me reconocieron.	Ich nahm die Brille ab und dann erkannten sie mich.
Si no has comprado ni pan ni nada, **entonces** ¿qué vamos a comer?	Wenn du weder Brot noch sonst etwas gekauft hast, was sollen wir dann essen?
Entonces, ¿usted que piensa?	Also, was glauben Sie dann?

♦ Das Adverb **entonces** hat eine dreifache Funktion:
– es bezieht sich auf einen **vergangenen Zeitraum**: *damals*,
– es drückt eine **zeitliche Abfolge** aus, jedoch immer **bezogen auf Vergangenes**: *dann, danach*,
– es drückt eine **logische Folgerung** aus: *folglich, dann (also)*.

♦ Reicht die zeitliche Abfolge in die **Zukunft**, so wird **luego, después** verwendet.

Dentro de una semana tendré que ir otra vez al dentista.	Innerhalb einer Woche muss ich wieder zum Zahnarzt gehen.
Dentro de poco sabremos más.	In Kürze werden wir mehr wissen.

♦ In zeitlicher Bedeutung bezieht sich **dentro de** immer auf die **Zukunft**.

301 aún – aun; recién

Aún / Todavía no conozco a tus amigos.	Deine Freunde kenne ich **noch** nicht.
Es tan fácil que lo entienden **aun** los más tontos.	Das ist so leicht, dass es **selbst** die dümmsten verstehen.

♦ Die Adverbien **aún** (*noch*) und **aun** (*sogar, selbst*) unterscheiden sich grundlegend in der **Bedeutung**.

♦ Das temporale **aún** kann durch **todavía** ersetzt werden.

No les digas nada, **aun cuando** te lo pidan.	Sag ihnen nichts, selbst wenn sie dich darum bitten.

♦ Für das konzessive **aun** können **incluso** oder **hasta** stehen; in Verbindung mit **cuando** (**aun cuando**) entspricht es der Konjunktion **aunque**.

una silla **recién pintada**	ein frisch gestrichener Stuhl
unos **recién casados**	frisch Vermählte
un trabajo **recién hecho**	eine soeben fertig gestellte Arbeit

♦ Das Adverb **recién** (Adjektiv: reciente) tritt nur zusammen **mit Partizipien** auf.

La vi **recién** llegó.	Ich habe sie gesehen, kurz nachdem sie angekommen war.
Recién ahora lo encontré.	Gerade eben habe ich ihn /es gefunden.

♦ In **Lateinamerika** wird recién sehr häufig zusammen mit **Verben** oder anderen **Zeitadverbien** gebraucht. Bedeutung: *vor kurzem, kaum dass, erst.* → 415

302 muy, mucho, poco, tan, tanto

Elisa habla **muy** bien. Yo no hablo **tan** bien. Sonia lee **mucho**. Paco no lee **tanto**.	Elisa spricht sehr gut. Ich spreche nicht so gut. Sonia liest viel. Paco liest nicht so viel.

♦ Vor **Adjektiven** oder **Adverbien** steht **muy**; **Verben** werden durch **mucho** (nachgestellt) modifiziert. Analog bei Steigerung und Vergleich: **tan / tanto**.

—¿Es bonito el paisaje? —Sí, **mucho**.	Ist die Landschaft schön? – Ja, sehr.

♦ In **elliptischen** (verblosen) **Antworten** wird **mucho** gebraucht; **muy** kann nicht ohne das zugehörige Adjektiv stehen.

Esta regla es de **mucho menor** importancia.	Diese Regel ist viel weniger wichtig.
Ahora las posibilidades de curación son **mucho mayores**.	Jetzt sind die Heilungschancen viel größer.
Trabajáis con un entusiasmo **poco mayor** que antes.	Ihr arbeitet mit wenig mehr Begeisterung als vorher.
Cuanto mayor sea el número de turistas, **tanto menores** serán las pérdidas de los hoteleros.	Je größer die Zahl der Touristen ist, umso geringer werden die Verluste der Hoteliers sein.

♦ In Verbindung mit den Komparativformen **mayor/es** und **menor/es** bleiben die Adverbien **mucho, poco, tanto** unverändert.

Tienes que usar **mucha más** fuerza.	Du musst viel mehr Kraft aufwenden.
Cuantas menos alumnas suspendan, mejor.	Je weniger Schülerinnen nicht bestehen, desto besser.

♦ In Verbindung mit den Adverbien **más** und **menos** haben **mucho, poco, tanto** und **cuanto** die Funktion eines Adjektivs und werden daher in Geschlecht und Zahl an das Substantiv angepasst, auf das sie sich beziehen.

Tu dibujo **me gusta más** que el mío.	Deine Zeichnung gefällt mir besser als meine.

♦ Dem deutschen *gut gefallen* entspricht im Spanischen **gustar mucho.** Daher auch die Steigerung: **gustar más**.

11.3 Abgeleitete Adverbien auf -mente
Adverbios derivados

303 **Die Formen**

Fuimos **directamente** a la estación.	Wir gingen direkt zum Bahnhof.
Eva **normalmente** estudia por la tarde.	Eva lernt normalerweise nachmittags.
Lamentablemente no la vi.	Leider habe ich sie nicht gesehen.

Adjektiv	Adverb
tranquilo	tranquil**a**mente
rápido	rápid**a**mente
amable	amab**le**mente
fácil	fáci**l**mente

◆ Die Endung **-mente** wird an die **feminine Form** des Adjektivs angehängt.
◆ Beim Adverb auf **-mente** bleibt die **Akzentsetzung des Adjektivs erhalten**.
Die **Hauptbetonung** liegt allerdings auf der vorletzten Silbe –<u>men</u>te.

Häufig gebrauchte Adverbien sind u.a.:

anteriormente	eher, weiter oben	**locamente**	toll, verrückt
concretamente	konkret, bestimmt, genau	**parcialmente**	teilweise
doblemente	doppelt	**personalmente**	persönlich
eternamente	ewig	**posiblemente**	möglicherweise
exactamente	genau, richtig	**precisamente**	genau
extraordinariamente	außerordentlich	**probablemente**	wahrscheinlich
fácilmente	leicht, mühelos	**realmente**	wirklich
frecuentemente	häufig, oft	**seriamente**	ernsthaft
generalmente	in der Regel	**tranquilamente**	ruhig
igualmente	gleichfalls, auch	**últimamente**	neuerdings
literalmente	buchstäblich		

304 **Mehrere aufeinanderfolgende Adverbien**

Fue una decisión **económica, social** y **políticamente** necesaria.	Es war eine wirtschaftlich, sozial und politisch notwendige Entscheidung.

◆ Wird ein Wort durch zwei oder drei **aufeinanderfolgende Adverbien** auf **-mente** näher bestimmt, so wird nur das letzte mit der Adverbendung **-mente** versehen, die übrigen behalten die **feminine Form des Adjektivs** bei.

305 Adjektiv statt Adverb

Llega a casa **contenta**.	Er / Sie kommt zufrieden nach Hause.
Se sienta **impaciente**.	Er / Sie setzt sich ungeduldig (voller Ungeduld) hin.
Sale **alegre** del examen.	Er / Sie kommt fröhlich von der Prüfung.

♦ Soll ausgedrückt werden, in welcher **Gemütsverfassung / Stimmung** jemand etwas tut, so wird im Spanischen in der Regel das **Adjektiv** gebraucht.

Anmerkung:
Wenn solche Adverbien **in übertragener Bedeutung** gebraucht werden, erhalten sie die Endung **-mente**:

Todo terminó **felizmente**.	Alles endete gut.
No hay que hacer las cosas **alegremente**, hay que pensarlas.	Man sollte die Dinge nicht leichtfertig tun, man sollte vorher überlegen.
Todos se fueron **alegremente** y tuve que recoger todo yo solita.	Alle sind einfach gegangen, aufräumen musste ich dann ganz allein.

306 Verbalperiphrase statt Adverb

Sonia **acaba de** llamar.	Sonia hat **soeben** angerufen.
Te **vuelvo a** llamar esta tarde.	Ich rufe dich heute nachmittag **wieder** an.

♦ In vielen Fällen gebraucht das Spanische eine Kombination von zwei Verben, eine **Verbalperiphrase**, wo im Deutschen ein Adverb bzw. ein adverbialer Ausdruck verwendet wird.

Verbalperiphrase als Adverbersatz → 221

307 Ersatz durch de manera + Adjektiv / de modo + Adjektiv

Lo dijo **de manera discreta**.	Er / Sie sagte es mir unauffällig.
Los españoles son **de modo distinto** a lo que algunos se imaginan.	Die Spanier sind anders als einige sich das vorstellen.

♦ Als Ersatz für ein Adverb auf **-mente** können die Ausdrücke **de manera + Adjektiv** oder **de modo + Adjektiv** verwendet werden.

308 Steigerung der Adverbien

Aquí puedes leer **más tranquilamente**.	Hier kannst du ruhiger lesen.
Lo hicimos **rapidísimamente**.	Wir erledigten es in Windeseile.

♦ **Abgeleitete Adverbien** können in den **Komparativ** gesetzt werden.
♦ Auch der **absolute Superlativ** (Elativ) kann gebildet werden.

→ 324

Marisa habla **mejor** inglés que yo.	Marisa spricht besser Englisch als ich.
Juanito toca el violín **peor** que su hermano.	Juanito spielt schlechter Geige als sein Bruder.

♦ **Unregelmäßige Steigerungsformen:**

bien → mejor	mal → peor
mucho → más	poco → menos

→ 313

Hoy nos hemos levantado **más temprano** / antes que ayer.	Heute sind wir früher aufgestanden als gestern.
Mi casa está **cerquísima**.	Meine Wohnung liegt ganz nah.
Se levantaron **tempranísimo**.	Sie standen in aller Frühe auf.
Llegaron **tardísimo**.	Sie kamen viel zu spät.
El tren iba **despacísimo**.	Der Zug fuhr im Schneckentempo.

♦ Neben den abgeleiteten Adverbien **(más tranquilamente / traquilísimamente)** können auch folgende **ursprüngliche Adverbien** gesteigert werden:
Adverbien des Ortes: **cerca / lejos**,
Adverbien der Zeit: **temprano (más temprano, antes) / tarde / pronto (más pronto, antes)**,
Adverbien der Art und Weise: **bien (mejor) / mal (peor) / (más) despacio / (más) lento**,
Adverbien der Quantität: **poco (menos) / mucho (más)**.

Anmerkung:

Der **umgangssprachliche Superlativ** von **lejos** endet auf **-s**:	
lejísimos del centro	sehr weit vom Zentrum entfernt

309 Redewendungen mit **hablando**

geográficamente hablando	im geografischen Sinn
teóricamente hablando	im theoretischen Sinn
políticamente hablando	im politischen Sinn
concretamente hablando	konkret gesprochen

12 Steigerung und Vergleich
Grados de comparación

12.1 Gleichheit

12.2 Vergleich zweier Subjekte (höherer / geringerer Grad)
Der Komparativ der Adjektive und Adverbien
Handlungen
Aussagen
Mengen

12.3 Vergleich zwischen mehr als zwei Elementen
(höchster / geringster Grad)
Der relative Superlativ der Adjektive und Adverbien
Handlungen
Aussagen
Mengen
Rangfolgen

12.4 Der absolute Superlativ (Elativ)

310 Arten des Vergleichs

Durch einen **Vergleich** wird
– **Gleichheit** oder **große Ähnlichkeit** zwischen **Gegenständen**, **Personen** oder **Handlungen** festgestellt (*so lang / alt / ... wie*);
– eine **graduelle Abstufung** zwischen den Gegenständen, Personen oder Handlungen, vorgenommen.
Die Abstufung kann zwischen **zwei Vergleichsgliedern** erfolgen (*länger / älter / ... als, besser / schlechter / öfter ... als*); es wird ein höherer oder geringerer Grad festgestellt (Komparativ).
Bezieht sich der Vergleich auf **mehr als zwei Elemente** (Vergleichsglieder), so wird der **höchste / geringste Grad** konstatiert (Superlativ) oder eine **Rangfolge** festgelegt.

Vergleiche können sich auf **unterschiedliche Aspekte der Wirklichkeit** beziehen:
1. **Eigenschaften** von **Gegenständen** oder **Personen**: *so groß wie / größer als; so weit wie / weiter als*.
2. Vergleich der **Intensität** oder **Häufigkeit** von **Handlungen**: *A lernt so viel wie B / B lernt mehr als A / A lernt weniger als B*.
3. Vergleich von **Aussagen** mit anderen **Aussagen** oder mit Erwartungen über die Aussage: *A lernt mehr als nötig / A lernt mehr, als ich dachte*.
4. Die Bezugsgröße ist eine **Mengenangabe**, ein **Betrag**, eine **Maß-** oder **Gewichtsangabe**: *mehr als 500 Personen, länger als 6 m, leichter als 3 kg*.

12.1 Gleichheit Igualdad

Strukturen der Gleichheit:

		tan	+ Adjektiv / Adverb	
Eigenschaften	Verb +	tanto		+ como
Handlungen				
Mengen		tanto/a/os/as	+ Substantiv	

Hinweis: muy → tan   mucho → tanto

311 Eigenschaften, Handlungen, Mengen

Mi moto es **tan** buena **como** la tuya.	Mein Motorrad ist so gut wie deins.
No vivimos **tan** cerca de la estación **como** tú.	Wir wohnen nicht so nahe beim Bahnhof wie du.

♦ Gleiche **Eigenschaften** und **Zustände** von Personen und Gegenständen werden ausgedrückt durch **tan + Adjektiv / Adverb + como**.

Txiki **duerme tanto como** Iñaki.	Txiki schläft so viel wie Iñaki.
Inés **corre tanto como** yo.	Inés läuft so viel / schnell wie ich.

♦ Gleiche **Intensität** oder **Häufigkeit** von **Handlungen** wird ausgedrückt durch **Verb + tanto + como**.

| Hoy tenemos **tantas clases como** ayer. | Heute haben wir so viele (Unterrichts-)Stunden wie gestern. |
| Tengo **tanto trabajo como** tú. | Ich habe genauso viel Arbeit wie du. |

♦ Gleiche **Anzahl**, gleiche **Menge** oder gleicher **Betrag** wird angegeben durch:
tanto / tanta / tantos / tantas + Substantiv + como.
Beachte die **Veränderlichkeit** von tanto/a/os/as!

12.2 Vergleich zweier Subjekte
(höherer / geringerer Grad)
Superioridad / Inferioridad

312 Verneinung

| Txiki **no** duerme **tanto como** Iñaki. | Txiki schläft nicht so viel wie Iñaki. |
| Hoy **no** tenemos **tantas** clases **como** ayer. | Heute haben wir nicht so viele (Unterrichts-)Stunden wie gestern. |

♦ Die einfachste Ausdrucksweise der Abstufung ist die **Verneinung der Gleichheit**.

313 Eigenschaften und Handlungen

Der **einfache Vergleich** trifft eine **Feststellung über eine Eigenschaft**, die bei zwei Subjekten in unterschiedlicher Ausprägung vorhanden ist.

Grundstruktur:

A	Verb	más / menos	(+ Adjektiv)	que	B
		mejor / peor			

Este viaje ha sido **más caro que** el último.	Diese Reise war teurer als die letzte.
Merche es **menos nerviosa que** su amiga Raquel.	Merche ist weniger nervös als ihre Freundin Raquel.
El Museo del Prado está **más cerca** de aquí que el Reina Sofía.	Das Prado-Museum liegt näher als das Museum Reina-Sofia.

♦ Ein **gradueller Unterschied** bei **Eigenschaften** oder **Dimensionen** von Personen und Gegenständen wird durch den **Komparativ** eines Adjektivs oder Adverbs **+ que** ausgedrückt:
más / menos + Adjektiv / Adverb + que

♦ Die **Abstufung** kann im Spanischen jeweils gleichermaßen **nach oben** (**más**) wie **nach unten** (**menos**) vorgenommen werden.

Steigerung der Adjektive / Adverbien → 315 – 317

Paula **lee más que** Fernando.	Paula liest mehr als Fernando.
Fernando **lee menos que** Paula.	Fernando liest weniger als Paula.
Roberto **habla mejor que** Juan.	Roberto spricht besser als Juan.
Arantxa **juega peor** al tenis **que** Lupe.	Arantxa spielt schlechter Tennis als Lupe.

♦ Unterschiedliche **Intensität** oder **Häufigkeit** von **Handlungen** wird durch (nachgestelltes) **más / menos / mejor / peor** beim Verb ausgedrückt:
Verb + más / menos / mejor / peor + que

314 Andere Bezugsgrößen

Steht anstelle des zweiten Subjekts eine andere Vergleichsgröße, z. B. eine **Mengenangabe**, eine **Behauptung** oder eine **abstrakte Vorstellung**, so werden diese **nicht** durch **que** angeschlossen.

Subjekt	Verb 1	más / menos mejor / peor	de	Mengenangabe / Betrag
			de lo que	Verb 2
			de lo	abstrakt. Adjektiv / Partizip

| He estado esperando **más de** veinte minutos. | Ich habe mehr als 20 Minuten gewartet. |
| Ya han ahorrado **más de** la mitad de lo que necesitan. | Sie haben schon mehr als die Hälfte dessen gespart, was sie brauchen. |

♦ Bezieht sich der Vergleich auf **Beträge** und **Mengenangaben**, so steht **de** statt **que** als Bindeglied:
más / menos de + Mengenangabe / Zahl / Betrag / Größe / Gewicht / ...

| Iñaki siempre llega **más tarde de lo que dice**. | Iñaki kommt immer später, als er sagt. |
| Inés habla **mejor** inglés **de lo que** yo **pensaba**. | Inés spricht besser Englisch, als ich dachte. |

♦ Wird die Handlung an einer **Vorstellung** oder einer **Aussage** (Behauptung) gemessen, so wird diese mit **de lo que** an den Komparativ angeschlossen:
más / menos / mejor / peor / ... de lo que + Verb

| He pagado por esto **más de lo normal**. | Ich habe mehr als das Übliche dafür bezahlt. |
| Se llevaron **más de lo estipulado.** | Sie nahmen mehr mit als vereinbart war. |

♦ Wird mit einer **allgemeinen** oder **abstrakten Größe** (Eigenschaft) oder einer **vorausgegangenen Handlung** verglichen, so steht:
más / menos / mejor / peor / ... de lo + Adjektiv / Partizip

Anmerkung: Diese Struktur ist nur bei bestimmten Adjektiven wie z.B. **aconsejable, deseable, probable, posible, conveniente, corriente, prudente, habitual, usual, común, lógico** und Partizipien wie **apalabrado, convenido, permitido, previsto, etc.** möglich.

315 **Der Komparativ der Adjektive und Adverbien**

Mi bicicleta es **más vieja** que la tuya.	Mein Fahrrad ist älter als deins.
Tus padres son **más tolerantes** que los míos.	Deine Eltern sind toleranter als meine.
Mis padres son **menos tolerantes** que los tuyos.	Meine Eltern sind weniger tolerant als deine.

♦ Adjektive werden durch voranstehendes **más** oder **menos** gesteigert. Das Adjektiv richtet sich dabei wie üblich in **Geschlecht** und **Zahl** nach dem **Bezugswort**.
♦ Im Unterschied zum Deutschen, wo für den höheren Grad eine eigene Form vorhanden ist, werden **höherer** und **niedrigerer Grad** im Spanischen durch **analoge Strukturen** ausgedrückt: **más / menos + Adjektiv + que**

316 **Adjektive mit regelmäßiger und unregelmäßiger Form des Komparativs**

Adjektiv	Komparativ	Plural	regelmäßige Formen
alto/a	**superior/-**	**superiores/-**	**más alto/a/os/as**
bajo/a	**inferior/-**	**inferiores/-**	**más bajo/a/os/as**
bueno/a	**mejor[1]/-**	**mejores/-**	**más bueno/a/os/as**
malo/a	**peor[1]/-**	**peores/-**	**más malo/a/os/as**
grande/-	**mayor/-**	**mayores/-**	**más grande/es**
pequeño	**menor/-**	**menores/-**	**más pequeño/a/os/as**

[1] Gleiche Formen für die Adverbien **bien** und **mal**.

Este año la cantidad de lluvia ha sido **inferior** a la del año pasado.	Dieses Jahr war die Regenmenge geringer als letztes Jahr.
La producción ha sido **más baja** este trimestre.	Die Produktion war in diesem Quartal niedriger.
la planta **superior**	die obere Etage
Esta estudiante siempre ha sido **superior** en todo a las demás de su curso.	Diese Schülerin hat immer in allem die Mitschülerinnen ihres Jahrgangs übertroffen.
El viento ha sido de **menor** intensidad de lo que se esperaba.	Der Wind war weniger heftig, als man erwartet hatte.

♦ Die genannten Adjektive haben neben den regelmäßigen auch **unregelmäßige Komparativformen**.
♦ Die **unregelmäßigen Formen** sind im **Maskulinum** und im **Femininum gleich**. **Plural: -es**.

Hinweis:
Die ursprünglichen Komparativ-Formen **interior** (*innere/r/s*), **exterior** (*äußere/r/s*), **anterior** (*frühere/r/s, vorhergehende/r/s*), **posterior** (*spätere/r/s, folgende/r/s*) werden als normale Adjektive verwendet; sie können keinem ungesteigerten Adjektiv (*Positiv*) zugeordnet werden.

317 Bedeutungsunterschiede zwischen regelmäßigen und unregelmäßigen Formen

♦ Mit der Wahl der regelmäßigen oder unregelmäßigen Steigerungsformen ist häufig auch ein **Bedeutungsunterschied** verbunden. Allerdings hängt die Verwendung der entsprechenden Formen vielfach auch vom **Bezugswort** oder dem übrigen **Kontext** ab, so dass die folgenden Unterscheidungen nur als Orientierungshilfe zu verstehen sind.

mayor – más grande

Ahora, las dificultades son **mayores** que antes.	Zur Zeit sind die Schwierigkeiten größer als früher.
Los alumnos **mayores** tienen recreo a las diez y media.	Die älteren Schüler haben um halb elf Pause.
Han renovado el colegio y han hecho las aulas **más grandes.**	Die Schule wurde renoviert und die Klassenzimmer wurden größer gemacht.
Yo quiero una maleta **más grande** que la tuya.	Ich möchte einen größeren Koffer als deinen.

mayor/es	abstrakte, übertragene Bedeutung: *bedeutend, schwerwiegend* (voranstehend)
	bei Personen: *älter* (nachstehend)
más grande/s	konkrete Bedeutung (Abmessungen)

menor/es – más pequeño/a/os/as

Su nuevo trabajo es de **menor** responsabilidad.	Seine / ihre neue Arbeit ist weniger verantwortungsvoll.
Mi habitación es **más pequeña** que la tuya.	Mein Zimmer ist kleiner als deines.
Todos llaman „Benjamín" al hermano **más pequeño**.	Alle nennen den jüngsten Sohn „Benjamin".
Todavía son **menores** de edad.	Sie sind noch minderjährig.

menor/es	Qualität, Bedeutung, Intensität: *niedriger, geringer*
	Lebensalter: *minderjährig*
más pequeño/a/os/as	Abmessungen (konkret); Lebensalter: *jünger*

mejor/es – más bueno/a/os/as

Quiere un coche **mejor**.	Er / Sie will ein besseres Auto.
Tu hermano es **más bueno** que el pan.	Dein Bruder ist ein Engel.

mejor/es	Qualität
más bueno/a/os/as	Charaktereigenschaft (Personen)

peor/es – más malo/a/os/as

Esta vez me han dado una habitación **peor** que la última vez.	Dieses Mal habe ich ein schlechteres Zimmer bekommen als das letzte Mal.
Este pan **es más malo** que si fuera de serrín.	Dieses Brot ist schlechter, als wenn es aus Sägemehl wäre.
Este chico es **más malo** que Caín.	Dieser Junge ist sehr böse.

peor/es	Qualität
más malo/a/os/as	Qualität, stärker als peor;
	Charaktereigenschaft (Personen)

superior – más alto/a/os/as

las extremidades **superiores**	die oberen Gliedmaßen (Arme)
Tuvimos que subir a la planta **superior**.	Wir mussten einen Stock höher gehen.
Mi novia es **más alta** que yo.	Meine Freundin ist größer als ich.

superior/es	häufig in übertragener Bedeutung: *wichtig, bedeutend, hochstehend*
más alto/a/os/as	konkreter: Abmessungen

12.3 Vergleich zwischen mehr als zwei Elementen (höchster / geringster Grad)
Comparación entre más de dos elementos

Werden mehr als zwei Subjekte (Personen oder Gegenstände) miteinander verglichen, so wird entweder einem der Subjekte der **höchste** oder **niedrigste Grad** zuerkannt oder es wird eine **Reihenfolge** festgelegt.

318 **Der relative Superlativ der Adjektive und Adverbien**

Sonia es **la más inteligente** de mis amigas.	Sonia ist die intelligenteste meiner Freundinnen.

♦ Dem **relativen Superlativ** liegt ein Vergleich von mehr als zwei Gegenständen oder Personen zugrunde. Er stellt den höchsten (geringsten) Grad fest.

el más tonto	der Dümmste
la más simpática	die Netteste
los más rápidos	die Schnellsten
las más elegantes	die Elegantesten
el / la mejor	der / die Beste
los / las mejores	die Besten
los / las peores	die Schlechtesten

♦ Der Superlativ der Adjektive und Adverbien wird – sofern sie gesteigert werden können – mit dem **bestimmten Artikel + Komparativ** gebildet.

Superlativ: el / la / los / las + Komparativ

el puesto **mejor pagado**	die bestbezahlte Stelle
la exposición **más visitada**	die meistbesuchte Ausstellung
el laboratorio **mejor equipado**	das bestausgestattete Labor
el mejor resultado **posible**	das bestmögliche Ergebnis

♦ Wie im Deutschen wird in Verbindungen von **Adverb + Partizip** (*bestbezahlt, meistbesucht,
bestausgestattet, ...*) oder **Adverb + Adjektiv** (*bestmöglich*) jeweils das **Adverb** gesteigert.

319 Der höchste / niedrigste Grad im Vergleich

Sätze mit ser:

soy eres es	el / la mi / tu / su ...	**más** dormilón/-ona **mejor** jugador **peor** examen
somos sois son	los / las mis / tus/ ...	**menos** nerviosos **peor** equipados **mejores** cedés

Iñaki es **el más** dormilón de todos.	Iñaki ist der größte Langschläfer von allen.
Boris fue **el mejor** jugador de tenis.	Boris war der beste Tennisspieler.
Ésta es **la peor** solución.	Das ist die schlechteste Lösung.
Vosotros sois **mis mejores** amigos.	Ihr seid meine besten Freunde.
Es **la** película **más divertida** que jamás he visto.	Das ist der lustigste Film, den ich je gesehen habe.

♦ In Sätzen mit dem Verb **ser** wird der höchste bzw. geringste Grad bei **Eigenschaften** von Personen
und Gegenständen – der relative Superlativ – durch **ser + best. Artikel + Komparativ** gebildet. Statt
des bestimmten Artikels kann auch ein **Possessivadjektiv** stehen.

Sätze mit anderen Verben:

soy eres es	el / la que	**más** sabe **mejor** baila **peor** habla
somos sois son	los / las que	**mejor** cantan **más** duermen **menos** me gustan

Iñaki es **el que más duerme**.	Iñaki schläft am meisten.
Tu mochila es **la que menos pesa**.	Dein Rucksack wiegt am wenigsten.
Estas naranjas **son las que más** me gustan.	Diese Orangen schmecken mir am besten.
Son los que más entienden de ordenadores.	Sie verstehen am meisten von Computern.

♦ Bezieht sich der höchste Grad auf die **Intensität** oder **Häufigkeit** einer Handlung (eines Verbs), wird ebenfalls das Verb **ser** vorgeschaltet:

ser	el que la que los que las que	más / menos mejor / peor	Verb

bzw.:

ser	el que la que los que las que	Verb	Superlativ

Cocinar es **lo que menos** hago. El pescado es **lo que más** me gusta.	Kochen ist das, was ich am wenigsten tue. Fisch schmeckt mir am besten. (F. ist das, was mir am besten schmeckt.)
Las formas verbales son **lo que menos** domino.	Die Verbformen beherrsche ich am wenigsten. (Das, was ich am wenigsten beherrsche, sind die Verbformen.)
Para mí, esto es **lo peor**. Oír música antes de dormir es **lo mejor**.	Für mich ist dies das Schlimmste. Das Beste ist, vor dem Schlafen Musik zu hören.

♦ Wird beim Vergleich verallgemeinert, so wird die gleiche Struktur verwendet, jedoch mit dem neutralen Artikel **lo** bzw. dem Relativpronomen **lo que**.

... es / son	lo	+ Komparativ
	lo que	+ Komparativ + Verb

Jedoch:

Este pescado **es el que más** me gusta.	Dieser Fisch (= ein bestimmter) schmeckt mir am besten.

Textbeispiel:

M. le ofrece **la más extensa** enciclopedia multimedia realizada hasta hoy en lengua española.	M. bietet Ihnen die umfassendste Multimedia-Enzyklopädie, die bis heute in spanischer Sprache erstellt wurde.
Equivale a una enciclopedia de 90 volúmenes, con **más de 165.000** artículos. El saber universal tratado con rigor y profundidad por **los más prestigiosos** especialistas. Sólo M., **el mayor** editor de CD-ROM en español, dispone de información y tecnología para ofrecerle ... **La más completa** obra multimedia. Mucho **más que** una enciclopedia. (Aus einem Prospekt für eine Multimedia-Enzyklopädie)	Sie entspricht einer 90-bändigen Enzyklopädie mit mehr als 165.000 Artikeln. Das Weltwissen, sorgfältig und gründlich von den namhaftesten Fachleuten behandelt. Nur M., der größte CD-ROM-Herausgeber in spanischer Sprache, verfügt über Information und Technologie, um Ihnen .... zu bieten. Das vollständigste Multimedia-Werk. Viel mehr als eine Enzyklopädie.

320 Rangfolgen

| Es **la quinta** torre **más alta** del mundo. | Das ist der fünfthöchste Turm der Welt. |
| Es **el tercer** país **que más** petróleo **gasta.** | Es ist das Land mit dem dritthöchsten Erdölverbrauch. |

♦ **Rangfolgen** werden ausgedrückt durch:

ser	el / la los /las	Ordnungszahl + Substantiv	Komparativ	
			que más / menos (+ Substantiv)	Verb
			que más / menos /mejor / peor	

321 Vielfache

Este país es **dos veces más grande que** el otro.	Dieses Land ist zweimal so groß wie das andere.
Aquí se come **tres veces más** carne **que** en tu país.	Hier isst man dreimal so viel Fleisch wie in deinem Land.
México tiene **cuatro veces más** habitantes **que** ...	Mexiko hat viermal so viel Einwohner wie ...
Argentina es **ocho veces más grande que** Alemania.	Argentinien ist achtmal so groß wie Deutschland.

♦ **Vielfache** werden ausgedrückt durch:

Zahl + veces + Komparativ + que

Beachte: Deutsch: *... mal so ... wie*
Spanisch: **...** veces **+ más / menos ... que**

322 Proportionalität *(je ... desto)*

Necesito unos pantalones, **cuanto más baratos, mejor**.	Ich brauche eine Hose, je billiger, desto besser.
No sé qué haces con el dinero, **cuanto más** te doy, **más gastas.**	Ich weiß nicht, was du mit dem Geld machst, je mehr ich dir gebe, umso mehr gibst du aus.
Cuanto más me **explicas** tus ideas, **menos** te comprendo.	Je mehr du mir deine Vorstellungen erklärst, desto weniger verstehe ich dich.
Cuanto menos consuma un coche, mejor.	Je weniger ein Auto verbraucht, desto besser.

♦ Die proportionalen Steigerungen **je mehr / weniger / besser ... desto mehr / weniger / besser ...** werden durch folgende Struktur ausgedrückt:

cuanto / a / os / as	+ Komparativ (Adjektiv)	Komparativ / Komparativ (Adverb) + Verb
	+ más / menos / mejor / peor + Verb	

323 Graduelle Entwicklung (immer mehr / weniger / ...)

Cada vez nos casamos **menos**, nos divorciamos **más** y tenemos **menos** hijos. Fumamos **cada vez menos**.	Wir heiraten immer weniger, lassen uns öfter scheiden und haben weniger Kinder. Wir rauchen immer weniger.

♦ Der deutschen Steigerungsformel *immer mehr / weniger / ...* entspricht im Spanischen die Struktur **cada vez** + Komparativ bzw. **cada vez** + Verb + Komparativ.

Textbeipiel:

Así somos El retrato **más completo** de los españoles por comunidades autónomas: Los navarros son **los más altos** y **los más aficionados** a la prensa; los madrileños, (son) **los que más viajan** y (son los que) **más van** al cine. Los andaluces **son los que más simpáticos caen** y **los que más hijos traen** al mundo, y los catalanes, (son) **los que más** hortalizas **comen** y (los que) **menos van** a misa. Fumamos bastante, aunque **cada vez menos**. Dormimos algo **menos de** las ocho horas. (*EPS*, 01-03-98)	So sind wir Das vollständigste Bild der Spanier nach Regionen: Die Navarrer sind die größten und diejenigen, die am meisten Zeitung lesen; die Madrider (sind) diejenigen, die am meisten reisen und ins Kino gehen. Die Andalusier sind diejenigen, die man am sympathischsten findet und die die meisten Kinder haben, und die Katalanen sind diejenigen, die das meiste Gemüse essen und die am wenigsten in die Kirche gehen. Wir rauchen ziemlich viel, jedoch immer weniger. Wir schlafen etwas weniger als acht Stunden.

Redewendungen:

a la mayor brevedad posible	so rasch wie möglich
lo antes posible	sobald wie möglich
menos mal	zum Glück
cuanto antes, mejor	je eher, desto besser
más de lo necesario	mehr als nötig

12.4 Der absolute Superlativ (Elativ)
El superlativo absoluto

Bei Adjektiven und Adverbien drückt der **absolute Superlativ** oder Elativ einen sehr hohen Grad aus, er zieht jedoch keinen Vergleich. Allerdings lassen nicht alle Adjektive bzw. Adverbien die Graduierung zu.

324 Verwendung von Adverbien

Tu nueva blusa es **muy elegante**.	Deine neue Bluse ist sehr elegant.
Su jefe es **muy exigente**.	Sein / ihr Chef ist sehr anspruchsvoll.
Este trabajo ha sido **sumamente difícil**.	Diese Arbeit war äußerst schwierig.
Es **extraordinariamente importante** seguir las instrucciones.	Es ist außerordentlich wichtig, die Anweisungen zu beachten.
Fue una operación **extremadamente peligrosa**.	Es war eine äußerst gefährliche Operation.

♦ Der hohe Grad kann dadurch ausgedrückt werden, dass das Adjektiv oder Adverb durch Adverbien wie **muy, altamente, extraordinariamente, extremadamente, inmensamente, sumamente** u.ä. ergänzt wird.

325 Die Endung -ísimo/a/os/as

Tu nueva blusa es **elegantísima**.	Deine neue Bluse ist äußerst elegant.
Su cámara fue **carísima**.	Seine / Ihre Kamera war sündhaft teuer.
Estos bolígrafos son **baratísimos**	Diese Kugelschreiber sind spottbillig.
Esta carne está **buenísima**.	Dieses Fleisch schmeckt hervorragend.
En la conferencia había **poquísima** gente.	Beim Vortrag waren sehr wenige Leute.

♦ Eine weitere Möglichkeit, den **absoluten Superlativ** auszudrücken, ist die **Erweiterung des Adjektivs** durch die Endung **-ísimo / -ísima / - ísimos / -ísimas.** Die Superlativendung wird an den letzten Konsonanten angehängt.
Bei den Adjektiven, die auf **Vokal** (-o, -e) enden, **entfällt** dieser, auslautendes **-z** wird zu **-c.**
Beachte auch die **Schreibweise** der Adjektive, die auf **-co** und **-go** enden (z.B. blanco, largo):

actual → actual**ísimo**	höchst aktuell, brandaktuell
feliz → feli**císimo**	überglücklich
malo → mal**ísimo**	verdammt schlecht
blanco → blan**qu**ísimo	schneeweiß
largo → lar**gu**ísimo	ellenlang
frío → fri**ísimo**	eiskalt

♦ Die Form mit **-ísimo/a** ist stärker als die Form **muy + Adjektiv**:

muy rico = sehr reich	**riquísimo:** steinreich

agradable → agrada**bi**lísimo	höchst angenehm
amable → ama**bi**lísimo	äußerst liebenswürdig
horrible → horri**bi**lísimo	äußerst schrecklich
terrible → terri**bi**lísimo	äußerst schrecklich

♦ Adjektive, die auf **-ble** enden, bilden den Superlativ mit der Endung **-bilísimo**.

Llegó **correctísimamente** vestido.	Er kam äußerst korrekt gekleidet.

♦ Gelegentlich werden von der **femininen Form** des absoluten Superlativs auch Adverbien auf **-mente** abgeleitet.

El perro es un animal **fidelísimo**.	Der Hund ist ein sehr treues Tier.
El **celebérrimo** cuadro „Guernica" está en el Museo Reina Sofía.	Das weltberühmte Gemälde „Guernica" befindet sich im Museum Reina-Sofía.

♦ **Besondere Formen:** joven → jovencísimo (blutjung); fiel → fidelísimo (asolut treu); cruel → crudelísimo (äußerst grausam); celebre → celebérrimo (sehr berühmt); libre → libérrimo (äußerst frei).

Redewendungen:

/lo dijo **el mismísimo** jefe.	Der Chef höchstpersönlich hat es mir gesagt.
muchísimas gracias	ganz herzlichen Dank
estar hasta **los mismísimos**	etwas satt haben

326 Gelehrte Formen

Es de **máxima** urgencia.	Das ist von höchster Dringlichkeit.
Alfredo tiene un **pésimo** gusto.	Alfredo hat einen äußerst schlechten Geschmack.
No hay soluciones **óptimas**.	Es gibt keine optimalen Lösungen.
el Tribunal **Supremo**	das höchste Gericht
el **Supremo** Creador / Ser	der Allerhöchste (Gott)
calidad **suprema**	höchste Qualität
ínfima calidad	niedrigste Qualität
temperaturas **mínimas**	äußerst niedrige Temperaturen

Adjektiv	Superlativ	
mucho/a	**máximo/a**	– muchísimo/a
poco/a	**mínimo/a**	– poquísimo/a
alto/a	**supremo/a**	– altísimo/a
bajo/a	**ínfimo/a**	– bajísimo/a
bueno/a	**óptimo/a**	– buenísimo/a
malo/a	**pésimo/a**	– malísimo/a
pobre	**paupérrimo/a**	– pobrísimo/a

♦ Einige Adjektive haben – neben der Form auf **-ísimo** – Formen des Superlativs, die relativ selten – meist **in gehobenem Stil** – verwendet werden.
♦ Häufiger verwendet werden **máximo** und **mínimo**; sie können allerdings auch als relative Superlative gebraucht werden.

327 Superlativ durch Präfixe

archiconocido	allseits / bestens bekannt
extrafino	extrafein
hipersensible	überempfindlich
re(quete)bueno	bestens
sobreabundante	überreichlich
superbueno	äußerst gut

♦ Mit den Vorsilben **archi-, extra-, hiper-, re(quete)-, sobre- und super-** können ebenfalls Superlative gebildet werden. Sie werden jedoch nur **bestimmten Adjektiven** hinzugefügt.

328 Weitere Möglichkeiten, einen hohen Grad auszudrücken

¡Qué bien!	Wie schön / gut!
La fiesta fue **la mar de** divertida.	Die Party war überaus lustig.
Estaba borracho **como una cuba**.	Er war stockbesoffen.
ponerse rojo **como un tomate**	puterrot werden
¡Esta película es **más mala**!	Dieser Film ist so miserabel!

♦ Ausrufe wie **qué** + Adjektiv oder adverbiale Redewendungen wie **la mar de** drücken ebenfalls einen hohen Grad aus.
♦ Auch **bildhafte Vergleiche** können zur Formulierung eines hohen oder geringen Grades herangezogen werden.

Lo que quiero es **café café**.	Ich will aber richtigen Kaffee.
Somos **amigos amigos**.	Wir sind sehr gute Freunde.
Estoy leyendo una novela **buena buena**.	Ich lese eben einen wirklich guten Roman.

♦ In der **Umgangssprache** wird häufig ein sehr hoher Grad durch die **Wiederholung** von Adjektiven oder Substantiven ausgedrückt.

Somos **amiguísimos**.	Wir sind sehr enge Freunde.
generalísimo	der Generalissimus

♦ Gelegentlich werden auch **Substantive** durch die Endung **-ísimo/a** intensiviert.

¿Vas a ir a pie con **lo lejos que** está?	Wirst du zu Fuß gehen, wo es doch so weit ist?
¡No sabes **lo interesante que** es este libro!	Du kannst dir nicht vorstellen, wie interessant dieses Buch ist.
... **cuán** elegante y gracioso	wie elegant und anmutig
... **cuán** presto se va el placer	wie rasch die Freude schwindet

♦ Die Struktur **lo + Adjektiv / Adverb + que** entspricht dem deutschen *wie (sehr)* ... und drückt **Achtung**, **Bewunderung** angesichts eines hohen Grades aus.
♦ In literarischen Texten steht dafür auch die Form **cuán** (wie sehr).

13 Die Pronomen
Los pronombres

13.1 Die Personalpronomen

Übersicht

Die Subjektpronomen

    Besondere Formen in Lateinamerika

    Allgemeines

Die verbundenen Personalpronomen

    Formen

    Stellung im Satz

    Zwei aufeinanderfolgende Personalpronomen

    Zusätzliches Pronomen bei Voranstellung des Objektes

    Personalpronomen mit possessiver Bedeutung

Das Personalpronomen mit Präposition

Direktes < > indirektes Objekt

    Unterschiedliche Objekte im Deutschen und Spanischen

    Verben mit direktem und indirektem Objekt

Die Interrogativpronomen

Die Indefinitpronomen

13.2 Das Reflexivpronomen

13.3 Die Relativpronomen

Übersicht

13.1 Die Personalpronomen
Los pronombres personales

13.1.1 Übersicht

329

Subjekt	nach Präposition[5]	1* Reflexiv -pronomen	2* indirektes Objekt	3* direktes Objekt
yo	**mí**[1]	me		
tú / vos (LA)[4]	**ti**[1]	te		
él	⇒	**se / sí**[2]	**le** (se)	**lo** / (le)
ella	⇒ gleiche			**la**
usted	⇒ Formen			**lo** (LA/Sp)[4]
	wie			**le** (Sp)[4]
nosotros / nosotras	⇒ Subjekt	nos		
vosotros / vosotras	⇒	os		
ellos	⇒	**se / sí**[2]	**les** (se)[3]	**los** / (les)
ellas	⇒			**las**
ustedes	⇒			**los** (LA)[4]
				les (Sp)[4]
ello	bezieht sich nur auf **Satzinhalte**, nicht auf Personen / Gegenstände (vgl. esto)			

* Folgen zwei Pronomen aufeinander, so entspricht ihre Reihenfolge den Ziffern. → 335
[1] Sonderform nach Präposition **con: conmigo, contigo** → 339
[2] nach Präposition
[3] bei nachfolgendem Pronomen **lo / la / le / los / las / les** für direktes Objekt
[4] LA = Gebrauch in Lateinamerika; Sp = Gebrauch in Spanien
[5] mit der Präposition **a** → 340

Das Spanische kennt zwei Arten des Personalpronomens:

– Eine **betonte Form** (forma tónica), die in der Stellung freier ist und deswegen auch als **unverbundenes Pronomen** (pronombre no clítico) bezeichnet wird. Dazu gehören die **Subjektpronomen** und die Formen, die in Verbindung **mit Präpositionen** gebraucht werden (teils mit dem Subjektpronomen identisch).

– Eine **unbetonte Form** (forma átona), die immer **unmittelbar beim Verb** steht und daher auch **verbundenes Pronomen** (pronombre clítico) genannt wird. Dazu gehören die **Pronomen** für das **direkte** und **indirekte Objekt** (ohne Präposition) und die **Reflexivpronomen**.

13.1.2 Die Subjektpronomen

330

yo
tú
él / ella / usted
nosotros / nosotras
vosotros / vosotras
ellos / ellas / ustedes

Beachte die Unterscheidung maskulin / feminin in der 1. und 2. Person Plural.

331 **Besondere Formen in Lateinamerika**

Si **vos** no le dijiste a tu mamá que te puede traer comida, ...	Wenn du deiner Mama nicht gesagt hast, dass sie dir Essen bringen kann, ...

(Manuel Puig: *El beso de la mujer araña*)

♦ Das Subjektpronomen **tú** wird in einigen Ländern Lateinamerikas, insbesondere in Argentinien, durch **vos** ersetzt. Dieses Phänomen wird als **voseo** bezeichnet.

Bueno, niños, **ustedes** se van ahora a la cama.	Hallo, Kinder, ihr geht jetzt ins Bett.

♦ Das Subjektpronomen **vosotros / vosotras** wird in Lateinamerika nicht verwendet, auch die entsprechende Verbform nicht. Dafür wird jeweils die 3. Person Plural **ustedes** eingesetzt.

332 **Allgemeines**

♦ Im Unterschied zum Deutschen wird im Spanischen in allen drei Personen des Plurals zwischen männlichen und weiblichen Personen differenziert.
♦ Das Spanische unterscheidet auch bei der **höflichen Anrede** (Sie) zwischen Singular (**usted**) und Plural (**ustedes**).
♦ Die Formen **usted** und **ustedes** werden häufig abgekürzt geschrieben:

usted: Ud./Vd.   **ustedes: Uds./Vds.**

Anmerkung:
Die Abkürzungen Vd./Vds. gehen auf die Anredeformen *Vuestra Merced / Vuestras Mercedes* zurück, aus denen *usted* und *ustedes* entstanden sind.

Paco tiene mucho tiempo, **yo** no.	Paco hat viel Zeit, <u>ich</u> nicht.
Fuimos a la fiesta **ella** y **yo**.	<u>Sie</u> und <u>ich</u>, wir gingen zusammen zur Party.

♦ Das Personalpronomen für das Subjekt steht im Satz nur dann, wenn es besonders **hervorgehoben** werden soll, z.B. bei Gegenüberstellungen oder wenn es zur Verdeutlichung erforderlich ist. Dies gilt insbesondere, wenn zwei oder mehrere Subjekte voneinander **unterschieden** werden sollen / müssen.

Te lo digo **yo**.	Das ist <u>meine</u> Meinung
Tú y **yo** coincidimos en este aspecto.	In dieser Hinsicht stimme ich mit dir überein.
Yo creo que ...	Ich (für meinen Teil) glaube, dass ...

♦ Das Subjektpronomen wird insbesondere dann verwendet, wenn es sich um **Meinungsäußerungen** handelt.

Yo pedirle un favor, ¡nunca!	Ich soll ihn um einen Gefallen bitten, niemals!
¡**Yo** qué sé!	Was weiß ich!
Siempre tengo que ir **yo** de compras,	Immer muss ich einkaufen gehen, warum gehst
¿por qué no vas **tú** alguna vez?	du nicht auch einmal?

♦ Das Pronomen wird auch verwendet, wenn man eine **ablehnende Haltung** (auch als Frage) ausdrücken will.

Decídselo **vosotros**.	Sagt ihr es ihm / ihr.
Yo que tú, me quedaría en casa.	Ich an deiner Stelle würde zu Hause bleiben.
Anda, díselo **tú**.	Komm, sag du es ihnen.
¡Venga, **vosotros**, fuera de aquí!	Hallo, ihr, raus hier!

♦ Bei **Aufforderungen**, **Anregungen**, **Vorschlägen** wird das Pronomen ebenfalls häufig verwendet.

¡Dichoso/a **tú**!	Du Glückliche/r!
!**Vosotras** sí que tenéis suerte!	Ihr habt aber wirklich Glück!

♦ Bei **Ausrufen** steht das Pronomen ebenfalls.

Yo misma me encargo de esto.	Ich selbst übernehme das.
Tienes que **ir tú solo**.	Du musst allein dorthin gehen.
Se fueron y tuve que recoger todo **yo solita**.	Alle gingen und ich musste ganz allein aufräumen.

♦ Vor allem die **Pronomen des Singular** können verstärkt werden durch **mismo/a** (*selbst*) oder **solo/a** (*allein*).

Nos, Enrique, por la gracia de Dios	Wir, Heinrich, von Gottes Gnaden
Rey de Inglaterra …	König von England, …
Un servidor está aquí para ayudar	Unsereiner ist dafür da, zu helfen,
en lo que haga falta.	wo es nötig ist.
Uno ha pasado mucho en la vida.	Man hat im Leben so einiges durchgemacht.

♦ Das Subjektpronomen **yo** kann durch andere Formeln ersetzt werden wie z.B.:
Nos (*Pluralis Majestatis:* Ausdrucksweise von Päpsten, Kaisern, Königen),
un servidor + 3. Person Singular (*unsereiner*: Ausdruck der Bescheidenheit),
uno (*einer / man*: bei indirekter Anspielung auf sich selbst bzw. bei Verallgemeinerung).

Aquí hay mucho desorden, y **ello** es debido a la corrupción.	Hier herrscht ein ziemliches Chaos und dies aufgrund der Korruption.
La Cruz Roja envió ropa y alimentos; con **ello** se alivió considerablemente la situación.	Das Rote Kreuz schickte Kleidung und Nahrung; damit war das Schlimmste vorbei.

♦ Das Pronomen **ello** bezieht sich nie auf Personen oder Gegenstände – d.h. auf ein bestimmtes Substantiv – , sondern immer nur auf **Satzinhalte**. Es ist in der Regel durch **esto / lo cual** ersetzbar.

13.1.3 Die verbundenen Personalpronomen
Los pronombres átonos

333 **Die Formen**

Indirektes Objekt		Direktes Objekt	
me	mir	**me**	mich
te	dir	**te**	dich
le	ihm / ihr / Ihnen	**lo (le) / la**	ihn / sie / Sie
nos	uns	**nos**	uns
os	euch	**os**	euch
les	ihnen / Ihnen	**los (les) / las**	sie / Sie

♦ Bei den **unbetonten Pronomen** stimmt die 1. und 2. Person Singular und die 1. und 2. Person Plural des **indirekten Objekts** mit den entsprechenden Formen des **direkten Objekts** überein.

♦ In **Spanien** wird beim direkten Objekt in der 3. Person für das maskuline **lo / los** auch **le / les** verwendet, wenn es sich um Personen handelt;
in **Lateinamerika** ist dies **nicht** üblich.   laísmo / leísmo → **343**

Acabo de ver a Fernando y casi no **lo** (*Sp. auch:* **le**) reconozco. ¿Ya han llegado los chicos? Todavía no **los** (*Sp. auch:* **les**) he visto.	Gerade bin ich Fernando begegnet und fast hätte ich ihn nicht wiedererkannt. Sind die Jungs schon da? Ich habe sie noch nicht gesehen.

334 **Stellung des verbundenen Personalpronomens im Satz**

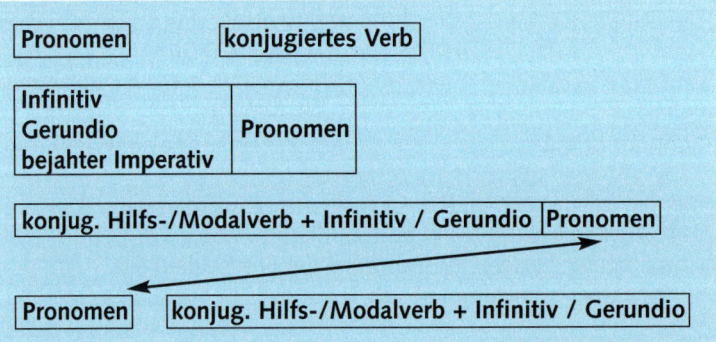

Te llamo esta tarde, ¿de acuerdo? Yo **les** he enviado un e-mail, espero que **lo** hayan leído. ¿Las palabras de la lección? Yo ya **las** he aprendido y **las** sé de memoria. ¿Por qué no **os** sentáis en el sofá? Es más cómodo.	Ich rufe dich heute nachmittag an, o.k.? Ich habe ihnen eine E-Mail geschickt, ich hoffe, sie haben sie gelesen. Die Vokabeln der Lektion? Ich habe sie alle schon gelernt und kann sie auswendig. Warum setzt ihr euch nicht auf das Sofa? Es ist bequemer.

♦ Die **unbetonten, verbundenen Formen** (auch die **reflexiven**) werden nur zusammen **mit** einem **Verb** und nie nach Präposition verwendet.
♦ Sie stehen immer **unmittelbar vor dem konjugierten Verb**, auch wenn eine **Verneinungspartikel** (no, tampoco, usw.) vorhanden ist.

Tienen que formular el contrato y todavía no saben cómo hacer**lo**.	Sie müssen den Vertrag formulieren, aber sie wissen noch nicht, wie.
He venido expresamente a invitar**os**, así que no digáis que no.	Ich bin extra gekommen, um euch einzuladen, also sagt bitte nicht nein.
Poniéndo**las** en un jarrón con agua fría, las flores aguantan más.	Wenn man die Blumen in eine Vase mit kaltem Wasser stellt, halten sie länger.

♦ Dem **Infinitiv** und dem **Gerundio** wird das unbetonte, verbundene Pronomen **angehängt**. Bei **Gerundio** wird **Akzent** gesetzt.

Tengo que decir**te** una cosa, ¿puedes esperar un momentito?	Ich muss dir noch etwas sagen, kannst du noch einen Augenblick warten?
Quieren ver**se** esta tarde, pero todavía no saben dónde.	Sie wollen sich heute abend treffen, aber sie wissen noch nicht wo.
Yo **os** puedo enseñar las fotos cuando queráis.	Ich kann euch jederzeit die Fotos zeigen.
Este libro parece interesante, **lo** voy a leer durante las vacaciones.	Dieses Buch scheint interessant zu sein, ich werde es in den Ferien lesen.

♦ Bei Strukturen, die aus einer **konjugierten Verbform + Infinitiv** bzw. aus einer **konjugierten Verbform + Gerundio** bestehen, kann das verbundene Pronomen **vor dem konjugierten Verb** stehen oder an den **Infinitiv** bzw. **Gerundio angehängt** werden. Es darf nicht zwischen beiden stehen!

Mira, estas zapatillas son buenas y están bien de precio, cómpra**las**.	Schau, diese Turnschuhe sind gut und nicht teuer, kaufe sie!
Anda, levánta**te** que ya es tarde.	Komm, steh auf, es ist schon spät!
A ver, senta**os** y guardad silencio.	Los, setzt euch und seid ruhig!
Escúchen**me** un momento, por favor.	Hören Sie mir einen Augenblick zu, bitte!
No **os** acostéis tarde, que mañana tenemos que madrugar.	Geht heute nicht zu spät ins Bett, wir müssen morgen früh aufstehen.
No **se** queden ustedes ahí, váyan**se** a otra parte.	Bleiben Sie nicht da stehen, gehen Sie bitte woanders hin!

♦ Beim **bejahten Imperativ** wird das verbundene Pronomen immer **angehängt** (Akzentsetzung beachten!). Beim **verneinten Imperativ** steht das verbundene Pronomen **vor** dem Verb.

335 Zwei aufeinanderfolgende Personalpronomen

Si te gustan estas zapatillas, yo **te las** compro.	Wenn dir die Turnschuhe gefallen, kaufe ich sie dir.
—¿Tienes ya las fotos de la boda? ¿**Nos las** enseñas? —Sí, luego **os las** enseño.	Hast du die Hochzeitsfotos schon? Zeigst du sie uns? – Ja, später zeige ich sie euch.
Si la niña quiere una muñeca, yo **se la** compro.	Wenn die Kleine eine Puppe will, kaufe ich sie ihr.
A los niños pequeños **se les** dice que los regalos los traen los Reyes.	Den Kindern sagt man, das Christkind bringe die Geschenke.
Si no saben dónde es la reunión, tenemos que decír**selo**.	Wenn sie nicht wissen, wo die Sitzung ist, müssen wir es ihnen sagen.
Estos papeles están todos mezclados, estoy poniéndo**telos** en orden.	Diese Papiere sind alle durcheinander, ich ordne sie dir gerade.

♦ Wenn zwei verbundene Pronomen aufeinander folgen, so steht **das indirekte vor dem direkten Objekt**, bzw. **Person vor Sache** (im Deutschen umgekehrt!!).

me	lo / la / los / las
te	lo / la / los / las
nos	lo / la / los / las
os	lo / la / los / las

~~le / les~~ se	lo / la / los / las

♦ Vor den Pronomen **lo / la / los / las** wird **le / les** durch **se** ersetzt: **se lo / se la / se los / se las**

♦ Das Pronomen **se** (*man / sich*, Ersatz für le / les), steht **immer an erster Stelle**, unabhängig von seiner Funktion.

336 Zusätzliches Pronomen bei Voranstellung des Objekts

Las flores **las** compro yo, no te preocupes.	Die Blumen kaufe ich, sei unbesorgt.
Los sillones **los** vamos a poner al lado de la ventana.	Die Sessel stellen wir hier neben das Fenster.
A todos **les** ha gustado mucho tu charla.	Allen hat dein Referat sehr gut gefallen.
A su novia **le** envía todos los días un e-mail.	Seiner Freundin schickt er jeden Tag eine E-Mail.

♦ Das **direkte** oder **indirekte Objekt** kann zur Hervorhebung **vor dem Verb** stehen (=Stelle, die sonst das Subjekt einnimmt). Dann muss unmittelbar vor dem Verb das dem Objekt entsprechende **Pronomen** hinzugesetzt werden.

Beachte:

Las flores se venden en ramos.	Die Blumen werden gebündelt verkauft.

Entspricht der Satz **einer passiven Ersatzkonstruktion** (pasiva refleja), so wird kein Pronomen hinzugesetzt, denn dabei handelt es sich nicht um das Objekt sondern um das Subjekt des Passivsatzes.

Ya (**le**) he dicho a tu hermano que hoy no puedo ir con él.	Ich habe deinem Bruder schon gesagt, dass ich heute nicht mit ihm gehen kann.
¿(**Les**) ha enviado usted los catálogos a todos los clientes?	Haben Sie allen Kunden die Kataloge geschickt?

♦ Steht das **indirekte Objekt nach dem Verb**, so ist die Wiederholung durch das verbundene Pronomen vor dem Verb nicht vorgeschrieben, es ist jedoch – vor allem in der **Umgangssprache** – üblich.

337 Personalpronomen mit possessiver Bedeutung

Se **le** ha pinchado la bicicleta.	Sein Fahrrad hat einen Platten.
Se **me** han roto las gafas.	Meine Brille ist kaputt gegangen.
¿Se **te** ha olvidado el pasaporte?	Hast du deinen Pass liegen lassen?
Me he manchado la camisa.	Ich habe mein Hemd bekleckert.
Se **les** ha muerto el gatito y están muy tristes.	Ihr Kätzchen ist gestorben und sie sind sehr traurig.

♦ Im Spanischen steht häufig das indirekte Objektspronomen, um ein **Zugehörigkeitsverhältnis** auszudrücken. Im Deutschen wird ein Possessivadjektiv verwendet.

338 Dativo de interés o dativo ético

¿Dónde están los bombones?	Wo sind die Pralinen? Hast du sie alle
¿**Te** los has comido tú todos?	aufgegessen?
Ahora mismo **me** bebería tres litros	Ich würde auf der Stelle 3 Liter Wasser trinken,
de agua, estoy muerto de sed.	so einen Durst habe ich!
No te **me** muevas, por lo que más quieras.	Bewege dich jetzt um Himmels willen nicht!

♦ Das zusätzliche **pronominale** (grammatisch nicht notwendige) **indirekte Objekt** wird gesetzt, um den besonderen Nutzen oder Genuss auszudrücken, den der Sprecher an dieser Handlung empfindet bzw. das Interesse, das er daran hat. Daher die Bezeichnung dativo ético bzw. dativo de interés.

13.1.4 Das Personalpronomen mit Präposition
(unverbundenes Pronomen) Pronombres tónicos

339

de		
desde	**él**	Este regalo es **para ella**.
contra	**ella**	Dieses Geschenk ist für sie.
en	**usted**	Hemos venido sólo **por usted**.
hasta	**nosotros/-as**	Wir sind nur Ihretwegen gekommen.
hacia	**vosotros/-as**	No piensan salir **sin nosotros**.
para	**ellos**	Sie haben nicht vor, ohne uns zu gehen.
por	**ellas**	Han estado todo el día **con él**.
sin	**ustedes**	Sie sind den ganzen Tag bei ihm gewesen.
sobre		

Piensa también en **mí**.	Denk auch an mich.
Mira, he traído un regalo para **ti**.	Schau, ich habe ein Geschenk für dich mitgebracht.

♦ Nach den **Präpositionen** werden – außer in der 1. und 2. Person Singular – die **Subjektpronomen** verwendet.
♦ Die Formen für die 1. und 2. Person Singular sind: **mí, ti**.

Lo hace para **sí** misma.	Sie tut es für sich selbst.
Sólo piensan en **sí** mismos.	Sie denken nur an sich selbst.

♦ Die reflexive Form lautet: **sí**

—¿Vas a ir mañana **conmigo** al cine?	Gehst du morgen mit mir ins Kino? –
—Pues claro que voy **contigo**.	Natürlich gehe ich mit dir.
Fíjate, está hablando **consigo** mismo.	Sieh mal, er spricht mit sich selbst.

♦ Sonderformen mit der Präposition **con: conmigo, contigo, consigo** (reflexiv).

Según tú, ¿qué deberíamos hacer?	Was sollten wir deiner Meinung nach tun?
Esto lo podemos hacer **entre tú y yo**.	Das können wir zu zweit (du und ich zusammen) erledigen.

♦ Mit den Präpositionen **entre** und **según** werden die regulären Subjektpronomen **yo** und **tú** gebraucht.

340 **Die Personalpronomen nach der Präposition a**

Subjekt	betonte (unverbundene) Form	unbetonte (verbundene) Form		
		indirektes Objekt	direktes Objekt	
			Spanien	Lateinam.
yo	a mí	me		
tú	a ti	te		
él	a él		lo / le	lo
ella	a ella	le	la	
usted	a usted		le	lo
nosotros / nosotras	a nosotros / a nosotras	nos		
vosotros / vosotras	a vosotros / a vosotras	os		
ellos	a ellos		los / les	los
ellas	a ellas	les	las	
ustedes	a ustedes		les	los

♦ Die Formen der 2. Person Singular und Plural **a mí me / a ti te / a nosotros nos / a vosotros os** sind als direktes wie als indirektes Objekt identisch.
♦ Bei der 3. Person Singular und Plural wird zwischen maskuliner und femininer Form unterschieden.

A mí no **me** gusta esperar.	Ich für meinen Teil mag nicht warten.
¿**A ti** qué **te** parece esta solución?	Was sagst du zu dieser Lösung?
A usted lo entiendo perfectamente. (LA)	Sie verstehe ich vollkommen.
A usted le entiendo perfectamente. (Sp.)	→ 406
A ustedes los están esperando en el salón. (LA.)	Sie werden in der Halle erwartet.
A ustedes les están esperando en el salón. (Sp.)	
A ustedes ya **les** he dicho que no abrimos hasta las tres.	Ihnen habe ich doch schon gesagt, dass wir erst um drei Uhr öffnen.

♦ Die betonten Formen mit der Präposition **a** dienen der Hervorhebung und dürfen im Satz **nur zusammen mit der verbundenen Form** stehen. Die verbundene Form selbst kann nicht betont werden.

—¿A quién piensas invitar a la fiesta?	Wen willst du zur Party einladen? – Dich, zum Beispiel.
—**A ti**, por ejemplo.	
—¿A quién se referían con eso? —**A mí**.	Wen meinten sie damit? – Mich.
—¿A quién no le gustan los tomates?	Wem schmecken die Tomaten nicht? – Uns.
—**A nosotros**.	

♦ Die betonten Formen mit der Präposition **a** dürfen nur dann **allein** stehen, d.h. ohne die verbundene Form, wenn **kein Verb** vorhanden ist (elliptische Sätze).

13.1.5 Direktes Objekt < > Indirektes Objekt

341 **Unterschiedliche Objekte im Deutschen und Spanischen**

Deutsch: Akkusativ	Spanisch: indirektes Objekt
fragen: wen frage ich?	**preguntar**: una señora, yo **le** pregunto ...
bitten: wen bitten wir?	**pedir**: una señora, yo **le** pido un favor.
kosten: wen kostet es etwas?	**costar**: una señora, **le** cuesta trabajo ...
interessieren: wen interessiert es?	**interesar**: una señora, **le** interesa ...
Deutsch: Dativ	Spanisch: direktes Objekt
helfen: wem hilfst du?	**ayudar**[1]: una señora, yo **la** ayudo
folgen: wem folgt er?	**seguir**[2]: una señora, yo **la** sigo
gehorchen / folgen: wem ...?	**obedecer**: a su mamá no **la** obedece

[1] in der Praxis oft mit Dativ: Un momento, señora, yo **le** ayudo.   [2] siehe auch → 33

♦ Häufig entspricht dem indirekten Objekt des Spanischen im Deutschen der Dativ, dem spanischen direkten Objekt der deutsche Akkusativ. Zu den Verben, bei denen die Rektion im Spanischen von der des Deutschen abweicht, gehören u.a. **ayudar, costar, interesar, pedir, preguntar, seguir**.

342 **Verben mit direktem und indirektem Objekt**

mit direktem Objekt	mit indirektem Objekt
molestar: jdn. stören	jdm. gegen den Strich gehen
Está estudiando, no **la** molestes.	Está estudiando, **le** molesta el ruido.
Sie lernt gerade, störe sie nicht.	Sie lernt gerade, der Lärm stört sie.
pegar: etwas (ein)kleben	jdn. hauen / schlagen
El niño pega las fotos en el álbum.	Laura llora porque Pepe **le** ha pegado.
Das Kind klebt die Fotos in das Album.	Laura weint, weil Pepe sie geschlagen hat.
importar: etw. einführen, importieren	jdm. etw. ausmachen
Esta fruta **la** importamos de Argentina.	A Susana no **le** importa esperar.
Dieses Obst importieren wir aus A.	Susanne macht das Warten nichts aus.
seguir: hinterher laufen	folgen (Reihe / Reihenfolge)
Su gato **la** sigue a todas partes.	A Elena, la mayor, **le** siguen dos chicos.
Ihre Katze folgt ihr überallhin.	Auf Elena, die Älteste, folgen zwei Buben.
Siga usted a esa señora, síga**la**.	A EE.UU. **les** siguen Francia y Japón.
Folgen Sie dieser Dame, folgen Sie ihr.	Den USA folgen Frankreich und Japan.

343 **laísmo y leísmo**

Rosa ha visto a Lola y ya **la** ha contado todo lo que pasó.	Rosa hat Lola gesehen und ihr alles erzählt.

♦ Unter **laísmo** versteht man die **unkorrekte Verwendung** von **la / las** als **indirektes Objekt** statt **le / les**, wenn es sich um ein Femininum handelt.

¡Qué coche tienes! ¿Dónde **le** has comprado?   Ist das ein Wagen! Wo hast du ihn gekauft?

♦ Unter **leísmo** versteht man allgemein den Gebrauch von **le / les** als **direktes Objekt,** statt **lo / los**. Als spachlicher Fehler gilt der **leísmo**, wenn sich das Pronomen nicht auf eine Person sondern auf einen Gegenstand bezieht.

13.1.6 Die Interrogativpronomen Los pronombres interrogativos

344

qué	quién	cuál	cuánto
	quiénes	cuáles	cuántos/as

¿**Qué** es eso? ¿**Qué** lees? ¿**De qué** habláis?	Was ist das? Was liest du? Wovon sprecht ihr?
¿**Quién** llamó? ¿**Quiénes** son los culpables?	Wer hat angerufen? Wer sind die Schuldigen?
¿**De quién** son estas llaves?	Wem gehören diese Schlüssel?
De las dos novelas, ¿**cuál** te gusta más?	Welcher von beiden Romanen gefällt dir besser?
¿**Cuáles** de estos países conoces?	Welche dieser Länder kennst du?
¿**Cuánto** es?	Was macht das?
¿**Cuántos** días / **Cuántas** horas trabajas?	Wie viele Tage / Stunden arbeitest du?

♦ Das Pronomen **qué** fragt nach dem **Subjekt,** nach dem (direkten und präpositionalen) **Objekt.**

Anmerkung:
Die Partikel **qué** kann auch als Interrogativbegleiter auftreten:

¿Qué libro lees actualmente?	Welches Buch liest du zur Zeit?

♦ Wenn erwartet wird, dass sich die Antwort auf **mehrere Personen** bezieht, wird die Pluralform **quiénes** verwendet.
♦ Mit **cuál / cuáles** wird eine Auswahl unter bereits **bekannten Personen** bzw. **Gegenständen** getroffen. Wird in der Antwort ein **Plural** erwartet, so benutzt man diesen auch in der Frage **(cuáles).**
♦ Mit **cuánto** fragen wir nach einer **Menge;** nach einer **Anzahl von Personen oder Gegenständen** wird mit **cuántos/as** (je nach Bezugswort) gefragt.

345 ## 13.1.7 Die Indefinitpronomen Los pronombres indefinidos

algo	etwas	**nada**	nichts
alguien	jemand	**nadie**	niemand
alguno/a/os/as	(irgend)eine/r	**ninguno/a/(os/as)**	keine/r
mucho/a/os/as	viel/e	**poco/a/os/as**	wenig/e
mismo/a/os/as	(der / die) selbe	**otro/a/os/as**	(ein/e) andere/r
todo/a/os/as	alle/s	**uno/a/os/as**	man, einige
demasiado/a/os/as	zu viel/e		
demás	(der / die) übrige		

♦ Einige der **Indefinitpronomen** bilden Gegensatzpaare.

Anmerkung:
Die Pronomen **alguno, ninguno, mucho, mismo, poco, uno, demasiado** können auch als Begleiter beim Substantiv stehen. Die maskulinen Formen **alguno** und **ninguno** verlieren dabei wie **uno** das **-o** (Akzentsetzung beachten: **algún / ningún**). → **281**

♦ Die Pronomen **algo, alguien, nada, nadie** und **demás** sind unveränderlich.

13.2 Das Reflexivpronomen
El pronombre reflexivo

<table>
<tr><td>346</td><td>**me**</td><td>Si quieres, **me** siento a tu lado.</td><td>Wenn du willst, setze ich mich neben dich.</td></tr>
<tr><td></td><td>**te**</td><td>¿No **te** pones ropa de abrigo?</td><td>Ziehst du dich nicht warm an?</td></tr>
<tr><td></td><td>**se**</td><td>Acaba de acostar**se** porque está cansada.</td><td>Sie hat sich gerade hingelegt, weil sie müde ist.</td></tr>
<tr><td></td><td>**nos**</td><td>¿No **nos** hemos visto ya en alguna parte?</td><td>Haben wir uns nicht schon irgendwo gesehen?</td></tr>
<tr><td></td><td>**os**</td><td>¿No **os** acordáis de mí?</td><td>Erinnert ihr euch nicht an mich?</td></tr>
<tr><td></td><td>**se**</td><td>**Se** sienten muy a gusto aquí.</td><td>Sie fühlen sich sehr wohl hier.</td></tr>
</table>

♦ Bis auf die 3. Person stimmen die Reflexivpronomen mit den Personalpronomen überein.

Su vecino y él **se** tutean.	Sein Nachbar und er duzen sich.
Nuestros hijos y nosotros **nos** llamamos con frecuencia.	Unsere Kinder und wir telefonieren oft miteinander.

♦ Das Reflexivpronomen kann auch **Gegenseitigkeit** ausdrücken (pronombre recíproco).

Häufige Verben, die reflexiv und nicht-reflexiv gebraucht werden

morir: bei tragischem Tod (Unfall, Krieg), biographischen Daten und Berichten

Su mejor amigo **murió** en un accidente de moto.	Sein bester Freund starb bei einem Motorradunfall.

morirse: bei Tod aus Altersgründen oder nach einer Krankheit

Está triste porque **se murió** su mejor amigo.	Sie ist traurig, weil ihr bester Freund gestorben ist.

ocurrir: *geschehen / passieren*

No me **ocurre** nada, no te preocupes.	Es ist nichts mit mir, keine Sorge.

ocurrírsele algo a alguien: *einfallen*

No **se me ocurre** nada, lo siento.	Mir fällt nichts ein, es tut mir Leid.
¿Cómo **se te ocurre** salir con este tiempo?	Wie kommst du auf die Idee, bei so einem Wetter hinauszugehen?

dormir: *schlafen*

Todos los días **duerme** ocho horas por lo menos.	Er schläft mindestens 8 Stunden täglich.

dormirse: *einschlafen*

En cuanto va a la cama, **se duerme** enseguida.	Sobald er / sie ins Bett geht, schläft er / sie sofort ein.

13.3 Die Relativpronomen
Los pronombres relativos

347 **Die beiden Arten des Relativsatzes**

So wie Adjektive eine spezifizierende oder beschreibende Funktion haben können, kann auch bei den Relativsätzen ein **spezifizierender Typ** (relativa especificativa) von einem eher **explikativen / beschreibenden Typ** (relativa explicativa) unterschieden werden.

Der **spezifizierende Typ** bildet mit seinem Bezugswort eine Einheit in der Aussprache (kein Komma, keine Zäsur);
der **beschreibende Typ** erlaubt eine Zäsur zwischen Bezugswort und Relativsatz, welcher zwischen Kommas steht.

Übersicht

Pronomen		Kriterien für den Gebrauch								
		Art des Relativsatzes			Bezug auf Satzteil			Bezieht sich auf		
Singular	Plural	spezifizierend	explikativ	Genitiv	Subjekt	direktes Objekt	mit Präposition	Person	Sache	Satzinhalt
que		●	●		●	●		●	●	
el que la que	los que las que	●	●		●	●	●	●	●	
lo que					●	●	●			●
cuyo cuya	cuyos cuyas			●						
quien	quienes	●	●		●	●	●	●		
el cual la cual	los cuales las cuales		●		●	●	●	●	●	
lo cual			●		●	●	●			●
cuanto cuanta	cuantos cuantas	●			●	●	●	●	●	
cuanto		●			●	●	●			●

348 que

Estoy buscando un libro **que** necesito para hacer un trabajo.	Ich suche ein Buch, das ich für ein Referat brauche.
Hemos hecho las labores **que** nos habían mandado.	Wir haben all die Arbeiten erledigt, die sie uns aufgetragen hatten.

♦ **que** ist das meistgebrauchte Relativpronomen. Es kann sich auf **Personen** oder **Gegenstände** beziehen, es kann Maskulin und Feminin, Singular und Plural, direktes und indirektes Objekt sein.
♦ **que** ist unbetont, folgt unmittelbar dem Bezugswort und steht überwiegend in **spezifizierenden** Relativsätzen. Bei der Satzmelodie lehnt sich **que** an das folgende Verb an.

¿Ya conociste al chico **de que** te hablé el otro día?	Hast du schon den jungen Mann kennengelernt, von dem ich dir neulich erzählte?
Buscaba un recipiente **con que** ir a buscar agua al arroyo.	Sie suchte ein Gefäß, mit dem sie Wasser aus dem Bach holen konnte.

♦ Nach den kurzen **Präpositionen** (**en / de / con**) kann **que** zwar stehen, es ist jedoch für Nicht-Muttersprachler ratsam, nach Präposition **que** in Verbindung mit dem **bestimmten Artikel** zu gebrauchen. → 349

Yo, **que** soy el responsable de este proyecto, he decidido cambiar de plan.	Ich, der dieses Projekt leitet, habe beschlossen, den Plan zu ändern.
Sus hermanos, **que** son músicos como él, tocan en una orquesta.	Seine Geschwister, die wie er Musiker sind, spielen in einem Orchester.

♦ **que** kann auch in beschreibenden Sätzen stehen; die Satzmelodie senkt sich dann aber wie bei einem Einschub, z.B:

Los estudiantes **que** habían estudiado mucho aprobaron el examen.

Intonationskurve

Diejenigen Studenten, die viel gelernt hatten, bestanden die Prüfung.

(**spezifizierend**: nur ein Teil hat bestanden)

Los estudiantes, **que** habían estudiado mucho, aprobaron el examen.

Intonationskurve

Die Studenten, welche viel gelernt hatten, bestanden die Prüfung.

(**beschreibend**: alle haben bestanden)

349 el que / la que // los que / las que

Te voy a señalar los temas **sobre los que** tienes que hablar.	Ich will dir die Themen nennen, über die du referieren sollst.
¿Es ésta la llave **con la que** pudiste abrir el coche?	Ist das der Schlüssel, mit dem du das Auto aufmachen konntest?
Estas son las preguntas **para las que** necesito una respuesta.	Das sind die Fragen, auf die ich noch eine Antwort suche.
Sólo dejaron entrar **a los que** tenían más de 18 años.	Sie ließen nur die eintreten, die über 18 waren.

♦ **Nach Präposition** wird **el que / la que** usw. verwendet. Es steht in **spezifizierenden Sätzen**, wenn das Bezugswort noch zu definieren oder zu identifizieren ist.

—¿Qué vaso es el tuyo? —**El que** está al lado de la ventana.	Welches Glas ist deines? – Das neben dem Fenster.
—¿A qué discoteca vamos? —**A la que** fuimos el otro día.	In welche Disco gehen wir? – In die, in der wir neulich waren.
Voy a comprar entradas para **todos los que** quieran ir al teatro.	Ich werde Eintrittskarten für all die kaufen, die ins Theater wollen.
Los que deseen hacer el viaje, que se apunten en esta lista.	Alle, die die Reise machen wollen, mögen sich bitte in diese Liste eintragen.

♦ **el que / la que** usw. muss verwendet werden, wenn das Bezugswort nicht im Satz erscheint. Es steht ebenfalls nach **todo / toda / todos / todas**.

Al que madruga, Dios le ayuda. (Sprichwort)	Morgenstund hat Gold im Mund.
Aquí, **el que** la hace, la paga. (Sprichwort)	Wer hier etwas anstellt, zahlt auch dafür.
¿No **es** ése el pueblo **al que** vais todos los veranos de vacaciones?	Ist das nicht das Dorf, wohin ihr jedes Jahr in Urlaub fahrt?
Son ustedes **los que** deben decidir, no nosotros.	Sie sind es, die die Entscheidung treffen sollen, nicht wir.
Eres tú **quien** está equivocado, no yo.	Du bist derjenige, der irrt, nicht ich.

♦ Die Formen **el que / la que** usw. werden verwendet, wenn **ser** das Verb des Hauptsatzes ist. Es entspricht dem deutschen *derjenige der / diejenige die*, usw. Bei Personen kann dafür auch **quien / quienes** stehen. (**Beachte: el** ohne Akzent!)

He invitado a Marta y a su hermano, **el que** toca la guitarra.	Ich habe Martha eingeladen und auch ihren Bruder, den Gitarrespieler.

♦ Im Gegensatz zu **el cual / la cual** identifiziert **el que / la que** usw. **Gegenstände** oder **Personen**.

350 quien / quienes

Hablaron con el director del hotel, **quien** les atendió muy amablemente.	Sie redeten mit dem Hoteldirektor, der sich sehr entgegenkommend zeigte.
Sus compañeros de trabajo, **quienes** tanto apoyo le habían prometido, no le apoyaron cuando el jefe decidió prescindir de él.	Seine Arbeitskollegen, die ihm so viel Unterstützung versprochen hatten, setzten sich nicht für ihn ein, als der Chef beschloss, auf ihn zu verzichten.

♦ Die Formen **quien / quienes** beziehen sich stets auf **Personen**, nicht auf Gegenstände. Sie stehen immer **ohne Artikel**.
♦ Sie können in einem **beschreibenden Satz** (ersetzbar durch **el cual, la cual / los cuales, las cuales**) oder **nach Präposition** gebraucht werden.
♦ Nur in **erklärenden Relativsätzen**, denen der Hauptsatz vorausgeht, darf **quien / quienes** unmittelbar dem Bezugswort folgen. Satzanfänge wie Yo, quien ... / Mi madre, quien ... Estos señores, quienes ... sind zu **vermeiden**.

Éste es el joven **de quien** (= del que) le había hablado.	Das ist der junge Mann, von dem ich Ihnen erzählt hatte.
La muchacha **con quien** (= con la que) salimos el otro día, ¿vive por aquí?	Das Mädchen, mit dem wir neulich ausgingen, wohnt hier in der Nähe?
Mi jefe es una persona **a quien** (= al que) no se le puede gastar ningún tipo de bromas.	Mein Chef ist ein Mensch, mit dem man sich gar keinen Spaß erlauben darf.

♦ **Nach Präposition** können **quien / quienes** sowohl in spezifizierenden wie auch in beschreibenden Sätzen stehen.

Quien (=el que) calla, otorga.	Wer schweigt, ist einverstanden.
Quien no ha visto Sevilla, no ha visto maravilla. (Sprichwort)	Wer Sevilla nicht gesehen hat, hat nichts Schönes gesehen.
Quien esté libre de culpa, que tire la primera piedra.	Wer von euch ohne Schuld ist, werfe den ersten Stein.

♦ **quien / quienes** werden oft in Redewendungen verwendet, auch dann, wenn das Bezugswort nicht im selben Satz steht. Möglicher Ersatz: **el que / las que** usw.

Ausdrücke: **Hay quien** dice ...   = Manche sagen ...
             No hay quien lo entienda.   = Niemand / kein Mensch kann das verstehen.

351 el cual / la cual // los cuales / las cuales

Habló con todos sus vecinos, **los cuales** se manifestaron de acuerdo en fundar una comunidad de propietarios.	Er sprach mit allen Nachbarn, die sich einverstanden erklärten, eine Eigentümergemeinschaft zu gründen.
Hizo lo que le dijo su médico de cabecera, **en el cual** confía plenamente.	Er tat alles, was sein Hausarzt sagte, zu dem er volles Vertrauen hat.

♦ Die Pronomen **el cual / la cual** usw. werden ausschließlich **in erklärenden Sätzen** (immer nach Komma) mit und ohne Präposition verwendet. Das Bezugswort ist bereits definiert bzw. identifiziert.
♦ Bei Bezug auf eine **Person** kann **quien / quienes** stehen, **el cual / la cual** usw. ist jedoch häufiger.

Encabezaba el desfile el Gobernador, **al lado del cual** iba el Alcalde.	Der Umzug wurde vom Gouverneur angeführt, neben dem der Bürgermeister ging.
Los manifestantes levantaron barricadas, **detrás de las cuales** se parapetaron.	Die Demonstranten errichteten Barrikaden, hinter denen sie sich verschanzten.

♦ **el cual / la cual** usw. wird nach langen Präpositionen und adverbialen Ausdrücken wie **después de / antes de / mientras / detrás de / delante de / durante / a través de / por medio de** u.ä. verwendet.

Hemos visto varias casas, **algunas de las cuales** no estaban mal de precio. Hubo bastantes jóvenes en la exposición, **muchos de los cuales** fueron luego a hablar con el pintor.	Wir haben mehrere Häuser angesehen, von denen einige preislich interessant waren. In der Ausstellung waren ziemlich viele Jugendliche, von denen viele anschließend mit dem Maler sprachen.

♦ Nach **Mengenangaben** steht **de los cuales / las cuales.**

352 ## lo que / lo cual

Nos quedamos sin gasolina y unos desconocidos nos llevaron en su coche hasta la próxima gasolinera, **lo que** nos ahorró tener que ir andando. Pasaban las horas y no venía ayuda, **por lo cual** seguimos el camino a pie. Todos le tenían pánico, **lo cual** a él no le disgustaba nada, al revés, le halagaba. Para este trabajo se necesitan años de experiencia, **sin lo cual** es inútil intentarlo.	Uns ging das Benzin aus, aber Fremde haben uns bis zur nächsten Tankstelle mitgenommen, was uns den Fußweg dorthin ersparte. Es vergingen Stunden, ohne dass Hilfe kam, weshalb wir zu Fuß weitergingen. Alle fürchteten sich vor ihm, was ihn keineswegs störte, im Gegenteil, er fühlte sich geschmeichelt. Diese Arbeit setzt jahrelange Erfahrung voraus, ohne die man es gar nicht zu versuchen braucht.

♦ **lo que / lo cual** sind **unveränderlich** und beziehen sich jeweils auf **Satzinhalte** oder **Aussagen**, niemals auf Personen oder Gegenstände. Vor dem Relativsatz steht Komma.
♦ Die Formen **lo que** und **lo cual** sind in den meisten Fällen austauschbar. Bei Zäsur in der Diktion wird **lo cual** bevorzugt, da es im Gegensatz zu **lo que** betont ist. Es ist auf jeden Fall zu empfehlen, wenn nach dem Pronomen nicht unmittelbar das Verb folgt.

Durante treinta minutos expuso su tema, **después de lo cual** dio paso a la discusión. Casi nadie sabía nada del asunto, **a pesar de lo cual** todos creían tener razón.	Dreißig Minuten lang legte er seine Auffassung dar, worauf er die Diskussion eröffnete. Fast niemand wusste etwas über die Sache, und trotzdem glaubten alle, im Recht zu sein.

♦ Wenn das Pronomen auf eine lange Präposition oder auf einen adverbialen Ausdruck folgt, so ist **lo cual** der Form **lo que** vorzuziehen. Auch, wenn zwischen Pronomen und Verb ein Einschub erfolgt.

A lo que menos me acostumbro es a cenar tan pronto.	Woran ich mich am wenigsten gewöhne, ist das frühe Abendessen.

♦ Am **Satzanfang** darf nur **lo que** stehen.

353 **cuyo / cuya / cuyos / cuyas**

Todos aquellos, **cuyas** maletas no hayan llegado, que pasen por la oficina de reclamación.	All jene, deren Koffer nicht angekommen sind, mögen bitte ins Reklamationsbüro kommen.
Fue a consultar a un abogado, **cuya** competencia era bien conocida y sus honorarios también.	Er konsultierte einen Rechtsanwalt, dessen Kompetenz sehr wohl bekannt war, die Höhe seines Honorars allerdings auch.
En un lugar de la Mancha, **de cuyo** nombre no quiero acordarme, ... (Quijote)	In einem Ort in der Mancha, dessen Name mir jetzt nicht einfallen will …
En esta zona hay muchos pueblos, **cuyo trazado** es prácticamente idéntico.	Hier in der Gegend finden wir viele Dörfer, deren Grundriss fast identisch ist.

♦ **cuyo/a // cuyos/as** wird fast ausschließlich in der **Schriftsprache** verwendet. Die Umgangssprache sucht andere Ausdrucksweisen, um den Gebrauch von **cuyo** zu vermeiden.
♦ Auch wenn **cuyo/a** Besitz bzw. Zugehörigkeit ausdrückt, sollte es **nie als Possessiv** verwendet werden (z. B. die Botschafter und *deren* Ehefrauen = los embajadores y **sus** esposas).
♦ Das Pronomen **cuyo/a** usw. darf nur dann verwendet werden, wenn es in einem Satz (mit eigenem Verb) steht. Nach **cuyo** folgt immer ein Substantiv.
♦ **Die Endung -o / -a/ -os / -as** richtet sich nach dem folgenden Substantiv.

354 **derjenige, der / diejenige, die / diejenigen, die ...**

Exacto, estas hojas son **las que** yo estaba buscando.	Genau, das sind die Blätter, die ich gerade suchte.
Estos chicos son **los que** han venido a ayudarnos. (= ... son quienes han venido ...)	Das sind die jungen Leute, die uns helfen kamen.
Es ella **quien** tiene que disculparse, no yo (=... la que ...)	Sie ist diejenige, die sich entschuldigen muss, nicht ich.
Fueron las chicas **quienes** propusieron cambiar de hora, no los chicos.	Die Mädchen waren diejenigen, die eine Zeitänderung vorgeschlagen haben, nicht die Jungen.

♦ Der oben angegebenen deutschen Struktur entspricht im Spanischen:

ser + el que / la que + Verb // **ser + los que / las que + Verb**
ser + quien / quienes + Verb

♦ Der Gebrauch des Relativpronomens **que** ohne Artikel ist hierbei nicht korrekt.

Precisamente unos días de vacaciones era **lo que** yo necesitaba.	Ein paar Tage Urlaub, genau das ist es, was ich bräuchte.
Una cerveza fresca es **lo que** más me apetece en este momento.	Ein kühles Bier, das würde ich jetzt am liebsten trinken.

♦ Ist der Bezug **verallgemeinert**, so steht die neutrale Form **lo que**.

355 cuanto / cuanta / cuantos / cuantas

Llévese usted **cuantos** formularios / **cuantas** copias necesite. Yo hago (todo) **cuanto** me digan.	Nehmen Sie so viele Formulare / Kopien mit, wie Sie brauchen. Ich tue (alles), was man mir sagt.

◆ Diese Formen gehören der **gehobenen Stilebene** an. Sie entsprechen der Struktur **todo el que / toda la que / todos los que / todas las que** und sind durch diese ersetzbar. Sie dienen zum Ausdruck einer **Gesamtmenge**.

◆ Auch in Kombination mit **todo (todo cuanto)**.

356 Die Adverbien donde und cuando als Relativpronomen

Los encontraron inconscientes en la cueva **donde** (= en la que) se habían refugiado. Éste es el lugar exacto **por donde** (= por el que) entraron los ladrones. Ya no me acuerdo del nombre de todos los pueblos **donde** (= en los que) estuvimos. Piensan hacer el viaje en una época **cuando** (= en la que) todo esté en flor.	Sie fanden sie bewusstlos in der Höhle, wo sie Unterschlupf gefunden hatten. Das ist genau die Stelle, durch die die Einbrecher eingestiegen sind. Ich kann mich nicht mehr an die Namen all der Orte erinnern, in denen wir waren. Sie haben vor, die Reise zu einer Zeit zu machen, wo alles blüht.

◆ Enthält der Ausdruck, auf den sich der Relativsatz bezieht, eine **Orts-** oder **Zeitangabe**, so können statt des entsprechenden Relativpronomens (**el que, la que** usw.) die Adverbien **donde** oder **cuando** den Relativsatz einleiten.

Anmerkung:
Auch bei Umstandsangaben der **Art und Weise** kann das Adverb **como** die Funktion des Relativpronomens übernehmen. Dieser Gebrauch ist jedoch selten und literarisch.

14 Die Präpositionen
Las preposiciones

14.1   Syntaktische Funktionen von a und de

14.2   Allgemeine Funktionen der Präpositionen

14.3   Idiomatische Verwendung

357 Allgemeines

Die wichtigsten **eigentlichen Präpositionen** sind:

a	desde	para
ante	durante	por
bajo	en	sin
con	entre	sobre
contra	hacia	tras
de	hasta	

→ 361

♦ In ihrer **Grundbedeutung** drücken die Präpositionen **zeitliche**, **örtliche** oder **logische Verhältnisse** aus, einen **Zweck**, eine **Absicht**, ein **Mittel**, usw.
♦ Einige Präpositionen haben daneben auch rein **syntaktische Funktionen**, z.B. **a** als Zeichen des indirekten oder direkten Objekts oder **de** als Bindewort (Kopula) zwischen Substantiven oder zum Ausdruck einer genitivischen Beziehung.
♦ Schließlich treten sie noch in **festen lexikalisierten Verbindungen mit Verben** oder **Adjektiven** auf.
♦ Die meisten Präpositionen können **je nach Kontext** ganz **unterschiedliche Bedeutungen** haben. Hier können nur die wichtigsten Fälle genannt werden.

14.1 Syntaktische Funktionen von a und de

358 Die Präposition a als Zeichen des indirekten Objekts

Se lo he dicho **a** Sonia.	Ich habe es Sonia gesagt. (*wem?*)
Tienes que dar de comer **a** los perros.	Du musst die Hunde füttern. / (den Hunden Futter geben).
A este piano le faltan dos teclas.	Diesem Klavier fehlen zwei Tasten.

♦ Das **indirekte Objekt** wird durch die Präposition **a** gekennzeichnet.
♦ Es steht im Spanischen häufig analog zum deutschen Dativ, doch gibt es daneben auch zahlreiche Abweichungen. → 33 , 359

359 Gebrauch von a beim direkten Objekt

Esta mañana he visto **a** Merche.	Heute morgen habe ich Merche gesehen.

♦ Ist das **direkte Objekt** eine **Person**, so wird es mit **a** eingeleitet.

Buscamos **chicas** con conocimientos de inglés.	Wir suchen Mädchen mit Englischkenntnissen.

♦ Die Präposition **a** entfällt, wenn die Person(en) nicht oder noch **nicht bekannt** ist / sind (z.B. bei Anzeigen).

Esta tarde he visto **(a) mucha** gente en el parque.	Heute nachmittag habe ich im Park viele Leute getroffen.

♦ Geht den Personen eine **Zahlen-** oder **Mengenangabe** voraus, so kann **a** stehen oder nicht.

Tenemos unos amigos en Venezuela.	Wir haben Freunde in Venezuela.
Tengo **a** mi madre en el hospital.	Meine Mutter ist im Krankenhaus.
Tenemos **al** niño con fiebre, por eso no podemos ir al baile.	Unser Kleiner hat Fieber, deswegen können wir nicht tanzen gehen.

♦ Auch auf das Verb **tener** (in der ursprünglichen Bedeutung *haben*) folgt meist kein **a.**
♦ Drückt der Satz jedoch aus, dass sich jemand vorübergehend an einem bestimmten Ort oder in einem bestimmten (vorübergehenden) Zustand **befindet**, so steht die Präposition **a.**

Tienes que peinar **al** perro.	Du musst den Hund kämmen.
¿Se puede acariciar **al** gato?	Darf man die Katze streicheln?
Queremos mucho **a** nuestro canario.	Wir mögen unseren Kanarienvogel sehr.

♦ Meist steht **a** auch bei **Tieren**, insbesondere, wenn es sich um bestimmte Tiere handelt oder um Tiere, zu denen man ein besonderes (affektives) Verhältnis hat (Haustiere), oder das Verb sich normalerweise auf Personen bezieht.

360 Die Kopula de zwischen Substantiven

una mesa **de** madera	ein Holztisch
una novela **de** ciencia-ficción	ein Sciencefictionroman
un bote **de** pintura	eine Farbdose

♦ Die Kopula **de** verbindet Substantive miteinander, von denen das eine das **Material**, die **Art**, den **Zweck** usw. des anderen ausdrückt. Die deutsche Entsprechung sind meist zusammengesetzte Substantive (Komposita).

el piso **de** mis padres	die Wohnung meiner Eltern
la hermana **de** Fernando	Fernandos Schwester
las mujeres **de** mi pueblo	die Frauen in meinem Heimatort

♦ Durch **de** werden auch Beziehungen ausgedrückt, die dem deutschen Genitiv entsprechen, auch wenn sie nicht immer als Genitiv formuliert sind.

14.2 Allgemeine Funktionen der Präpositionen

♦ Die Funktionen und Bedeutungsnuancen der Präpositionen sind teilweise außerordentlich vielfältig. Es können daher hier nur die wichtigsten Fälle genannt werden.
♦ Die deutschen Entsprechungen hängen jeweils von der **Funktion** bzw. **Bedeutung** und vom **sprachlichen Kontext** ab. Sie werden daher in der jeweiligen Rubrik angegeben. Wichtige Anhaltspunkte liefern auch die Beispiele.

361 a

Vamos **al** cine.	Wir gehen ins Kino.

♦ Verschmelzung des maskulinen bestimmten Artikels mit der Präposition **a: a + el = al**

Ziel(ort) bei **Bewegung**, **Richtung**. **Ortswechsel** (im Gegensatz zum statischen **en**) **Verkehrsmittel**: *einsteigen in*	Vamos **a** Barcelona. subir **al** tren	Wir fahren nach Barcelona. in den Zug (ein)steigen
genaue **Uhrzeit**	**a las** ocho y media	um halb neun
Distanz	Toledo está **a** 70 kilómetros de Madrid.	Toledo ist / liegt 70 km von Madrid entfernt.
Alter zum Zeitpunkt einer Handlung	**a los** treinta años	mit dreißig Jahren
al + Infinitiv: Ersatz eines temporalen Nebensatzes; mit Verben, die einen **Beginn** bedeuten (inchoative Verben)	**Al poner** en marcha el coche, vi que no tenía gasolina.	Als ich das Auto anließ, merkte ich, dass kein Benzin mehr im Tank war.
mit **Infinitiv**: Ersatz für **Imperativ**	**A comer**, que ya es tarde.	Zum Essen, es ist schon spät.

Methode, Verfahren, Hilfsmittel Varianten: **a + Artikel**
          al
          a la
          a lo
	un cuadro **al** óleo
	coser **a** mano
	acompañar **a la** guitarra / **al** piano
	Interpretó una sonata **al** piano.
	merluza **a la** vizcaína
		ein Ölgemälde
		mit der Hand nähen
		auf der Gitarre /dem Klavier begleiten
		Er / Sie spielte eine Sonate auf dem Klavier.
		auf / nach Biskayer Art

zahlreiche **Ausdrücke** und **Redewendungen**	Vive **a lo** grande.	Er lebt auf großem Fuß. → 382

362 ante

gegenüber, vor, angesichts	Se detuvo **ante** su casa. **ante** Dios / el juez / mis ojos / la ley **ante** la prensa **ante** estos problemas	Er / Sie blieb vor seinem / ihrem Haus stehen. vor Gott / dem Richter / meinen Augen / dem Gesetz gegenüber der Presse angesichts dieser Probleme
wenn man berücksichtigt, wenn man bedenkt, angesichts	**Ante** estos acontecimientos tenemos que cambiar de estrategia.	Angesichts dieser Ereignisse müssen wir unsere Strategie ändern.
ante todo: *vor allem, allem voran, in erster Linie*	**Ante todo** tienes que ponerte de acuerdo con tus socios.	In erster Linie musst du dich mit deinen Partnern einigen.

363 bajo

örtlich: *unter* (eingeschränkter Gebrauch; meist: **debajo de**)	Se han encontrado minerales **bajo** tierra.	Unter der Erde sind Erze gefunden worden.
auch im **übertragenen Sinn** *durch, aufgrund, von …*	**bajo** cero Le cesó el dolor **bajo** los efectos de la medicina / pastilla.	unter Null Durch die Wirkung der Medizin / Tablette ließen seine / ihre Schmerzen nach.

unter der Herrschaft von	**Bajo** Carlos I, España tuvo un gran imperio.	Unter Karl V. besaß Spanien ein großes Reich.
unter dem Gesichtspunkt	**Bajo** ese punto de vista resulta explicable su conducta.	Unter diesem Gesichtspunkt ist sein Verhalten erklärbar.
Garantie oder **Bedingung**	**bajo la condición de (que)** **bajo fianza** **bajo juramento**	unter der Bedingung, dass ... gegen Kaution unter Eid

364 con

(gemeinsam) mit	**con** tu hermano	mit deinem Bruder
bei Substantiven, die **Zuneigung, Affekt** usw. ausdrücken: gegenüber; in dieser Bedeutung auch zusammen mit **para**	Tiene mucho tacto **con** las personas. su amabilidad **para con** todos	Er / Sie ist sehr taktvoll gegenüber den / zu den Mitmenschen. seine / ihre Freundlichkeit allen gegenüber
Mittel, Werkzeug	Escribí el texto **con** un bolígrafo.	Ich schrieb den Text mit Kugelschreiber.
in der Bedeutung gegen; – gegen bewegte Objekte (≠ contra) – im übertragenen Sinn (Gegner)	El coche chocó **con** (contra) un autobús. Resultó herido en una pelea **con** el campeón.	Das Auto fuhr gegen einen Bus. Er wurde in einem Kampf gegen den Meister verletzt.
Hinzufügung zu einer Gruppe von Gegenständen (auch **a**)	Mete este juguete **con** los demás.	Leg dieses Spielzeug zu den anderen.
zeitlich: **Gleichzeitigkeit** und **Folge**	Salimos de excursión **con** el amanecer. Aparcó mal **con** la consiguiente sanción.	Wir begannen den Ausflug im Morgengrauen. Er / Sie parkte falsch und erhielt daher einen Strafzettel.
Inhalt eines Gefäßes, Behältnisses usw. (Alternative: **de**)	un vaso **con** agua una casa **con** pocos muebles	ein Glas (mit) Wasser eine spärlich möblierte Wohnung
bei Verben oder Substantiven, die **Gleichheit** oder **Vergleich** ausdrücken (auch: **a**)	Nos **igualaron con** los demás.	Wir wurden mit den anderen verglichen.
zur Unterscheidung nach Quantifikatoren wie **nada, poco, escaso** ... als Ersatz für **comparado con** (gegenüber, im Vergleich zu)	Mi fortuna es **escasa con** la tuya.	Mein Besitz ist klein im Vergleich zu deinem.
ersetzt zusammen mit Infinitiv einen **Konditionalsatz** (eingeschränkter Gebrauch)	**Con estudiar** un poco más, aprobarías el curso.	Würdest du etwas mehr lernen, so würdest du das Schul-/ Studienjahr / den Kurs bestehen.
vor Substantiven in der Bedeutung **a pesar de**: trotz	**Con** todo su dinero, no consiguió lo que quería.	Trotz all seines Geldes erreichte er nicht, was er wollte.
in einigen **Ausrufen**	¡Vaya **con** el tonto! ¡Cuidado **con** el perro!	Doch nicht so dumm! Vorsicht, bissiger Hund!

365 contra

gegen (feste, statische Objekte; ≠ con)	Le empujó **contra** la pared.	Er schubste ihn gegen die Wand.
	contra viento y marea	gegen Wind und Wetter
auch in **übertragener Bedeutung**	**contra** los otros	gegen die anderen
gegenüber, im Vergleich zu / mit	Mi experiencia **contra** la tuya es bastante escasa.	Meine Erfahrung ist ziemlich gering im Vergleich zu deiner.

366 de

Se fueron **del** pueblo.	Sie verließen den Ort.

♦ Verschmelzung des maskulinen bestimmten Artikels mit der Präposition **de: de + el = del.**

Besitz auch: **ser de** im Dt. meist Genitiv	el libro **de** mi amigo Esta bicicleta es **de** mi hermana.	das Buch meines Freundes Dieses Fahrrad gehört meiner Schwester.
Dauer	un curso **de** dos meses	ein zweimonatiger Kurs
Alter	un niño **de** cinco años	ein fünfjähriges Kind
bei **Zahlen** und **Mengenangaben**	un kilo **de** patatas dos litros **de** leche	ein Kilo Kartoffeln zwei Liter Milch → 390
zwischen zwei Substantiven zur **Charakterisierung** des ersten	el hombre **de** la chaqueta marrón la chica **de** las gafas	der Mann mit der braunen Jacke das Mädchen mit der Brille
Teil eines Ganzen oder einer Gruppe	uno / ninguno **de** ellos una **de** las revistas soy **del** Madrid	einer / keiner von ihnen eine der Zeitschriften ich bin Real-Madrid-Fan
mit **ser**: zur Angabe von **Nationalität, Beruf, Herkunft,** usw. **trabajar / estar de**: einen **Beruf** ausüben	Es español **de** nacionalidad. Es **de** ascendencia alemana. Es médico **de** profesión, pero trabaja **de** camarero.	Er ist spanischer Nationalität. Er / Sie ist deutscher Abstammung. Er ist (eigentlich) Arzt, aber er arbeitet als Kellner.
bei **Vergleichen** mit **Zahlen-** und **Mengenangaben**	menos **de** cuarenta años más **de** diez mil euros más **de** medio kilo	weniger als 40 Jahre mehr als 10000 Euros mehr als ein halbes Kilo
zum Anschluss von näheren Bestimmungen an Partizipen	vestido **de** gala disfrazado **de** payaso	festlich gekleidet als Clown verkleidet
zum **Anschluss von Verben an** bestimmte **Adjektive** (z.B. fácil, difícil), wenn das Bezugswort als Subjekt vorausgeht (dt. *zu*)[1]	Este problema es fácil **de** solucionar.	Dieses Problem ist leicht zu lösen.
mit **Verben der Bewegung** (**salir, bajar, apearse**): *Raum / Fahrzeug verlassen, aussteigen*	salir **del** aula salir **del** metro apearse **del** tren	den Unterrichtsraum verlassen aus der U-Bahn aussteigen aus dem Zug aussteigen
bei **Vergleichen** mit einem Verb: **más / menos de lo que** + Verb	Es **más de lo que** me esperaba.	Es ist mehr als ich erwartete.

[1]**Beachte**: Wenn das Bezugswort Objekt ist, folgt Infinitiv: Es fácil solucionar este problema.

367 desde

zeitlich: *seit*, (Bezug auf einen Zeitpunkt)	**desde** las cinco	seit fünf Uhr
örtlich: *von, aus, ab, von ... aus*; auch im **übertragenen Sinn**	**desde** Madrid **desde** la ventana **desde** mi punto de vista	von Madrid aus vom Fenster aus aus meiner Sicht
bei **Aufzählungen**: **desde ... a / hasta**: *von ... bis*	**desde** el más rico al más pobre **desde** el primero hasta el último	vom Reichsten bis zum Ärmsten vom Ersten bis zum Letzten

368 en

örtlich: *in, an, auf*; **statisch** (im Gegensatz zum dynamischen **a**)	**en** Madrid **en** la pared **en** la mesa	in Madrid an der Wand auf dem Tisch
zeitlich: *an, in, innerhalb von* (Vergangenheit / Zukunft)	**en** Pentecostés **en** tres días **en** enero del año pasado	an Pfingsten in / innerhalb von 3 Tagen im Januar des vorigen Jahres
vor **Jahreszahlen**	Nací **en** 1985.	Ich wurde / bin 1985 geboren.
Art und Weise: *in, auf*	**en** broma, **en** serio	im Scherz, im Ernst
Sprache	**en** inglés **en** español	auf Englisch auf Spanisch
Verkehrsmittel	ir **en** coche / **en** tren / **en** autobús / **en** metro / **en** bicicleta / **en** moto / **en** avión / ...	mit dem Auto / Zug / Bus / der Metro / dem Fahrrad / dem Motorrad fahren / fliegen
en + **Gerundio**: unmittelbare **Aufeinanderfolge** (literarisch)	**En** llegando ella, todos se callaron.	Als sie ankam, verstummten alle.
vor **Farbsubstantiven**	**en** blanco y negro	in Schwarz-Weiß
bei **Teilung** eines Ganzen in Einzelteile	Corta el melón **en** partes iguales.	Schneide die Melone in gleiche Teile.
bei **Berechnungen** und **Bewertungen**: *um, auf*	El presupuesto subió **en** cien mil pesetas. Me han evaluado el coche **en** 1000 euros.	Das Budget stieg um 100 000 Peseten. Mein Auto wurde auf 1000 Euros geschätzt.
bei Verben, die einen **Wandel** ausdrücken	cambiar euros **en** dólares Se convirtió **en** mi mejor amiga.	Euros in Dollars wechseln Sie wurde meine beste Freundin.
mit **Verben der Bewegung**: *(in einen Raum, eine Organisation) eintreten*	entrar **en** la tienda (Lateinamerika: **a**)	in den Laden eintreten
adverbiale Ausdrücke	**en general** **en secreto** **en silencio**	im allgemeinen insgeheim schweigend

369 entre

örtlich / zeitlich: *zwischen*	entre Madrid y Barcelona entre las diez y las once	zwischen Madrid und Barcelona zwischen zehn und elf Uhr
auch **in übertragener Bedeutung**	Este color es **entre** rojo y amarillo.	Die Farbe liegt zwischen rot und gelb.
Art und Weise, **Eigenschaft**: *halb … halb*	entre agradecido y quejoso	halb dankbar, halb vorwurfsvoll
bei **Personen**: – **Vergleich**: *zwischen* – **Zugehörigkeit** zu einer Gruppe	**Entre** su padre y él no hay diferencia. Te cuento **entre** mis amigos. **Entre** todos lo conseguimos.	Er ist wie sein Vater. Ich zähle dich zu meinen Freunden. Alle zusammen schafften wir es.
in Bezug auf eine **Gruppe**: *unter*	No te veía **entre** la gente. **Entre** tú y yo llevaremos este tonel.	Ich habe dich unter all diesen Leuten nicht gesehen. Du und ich, wir werden dieses Fass gemeinsam tragen
zur Angabe von **Alternativen**	Vacilaba **entre** salir y quedarse.	Er schwankte, ob er gehen oder bleiben sollte.

370 hacia

örtlich: Richtung, *auf … zu, hin … zu*	hacia la derecha fue **hacia** él **Hacia** un nuevo modelo de transporte.	nach rechts er / sie ging auf ihn zu Auf dem Weg zu einer neuen Art des Transports.
auch in **übertragener Bedeutung**	**Hacia** fuera parecen todos muy unidos, pero tienen unas diferencias enormes.	Nach außen hin scheinen sie sich sehr einig, sie sind jedoch sehr unterschiedlich.
zeitlich: *etwa, ungefähr*	hacia las seis hacia mil novecientos treinta	gegen sechs Uhr etwa um 1930

371 hasta

zeitlich: *bis*	hasta las cuatro	bis vier Uhr
örtlich: Ziel, *bis (nach)*	Iremos **hasta** Madrid.	Wir fahren bis nach Madrid.
als **Konjunktion**: *auch, selbst, sogar*	En esto, **hasta** podrás ahorrar dinero. En esta película lloran **hasta** las piedras.	Hier kannst du sogar Geld sparen. Bei diesem Film muss selbst der Hartgesottenste weinen.
wichtig: **hasta que no**: *erst*	No comeremos **hasta que no** vengas. **Hasta que no** me entregue el trabajo, no le pagaré el dinero.	Wir werden erst essen, wenn du kommst. Erst wenn Sie mir die Arbeit übergeben, werde ich Ihnen das Geld bezahlen.

372 para

Ortsangaben: leicht ungenaue **Zielangabe, Richtung**	ir **para** Madrid dagegen: ir a M. **para acá**	auf Madrid zufahren nach M. fahren hierher
Zweck, Absicht: *um zu*	He venido **para** ver las fiestas.	Ich bin gekommen, um das Fest zu sehen.
bei **Zeitangaben**: Termin in der **Zukunft**: *bis, für, um*	Tenéis que hacer este trabajo **para** mañana. Hemos quedado **para** (a) las tres.	Ihr müsst diese Arbeit bis / für morgen machen. Wir haben drei Uhr ausgemacht.
Empfänger / Bestimmung (Post, Geschenke usw.): *für*	Es una carta **para** tu madre.	Das ist ein Brief für deine Mutter.
gewisses **Missverhältnis** beim Vergleich: *für, im Vergleich zu, im Verhältnis zu*	Es muy alto **para** su edad. Saca buenas notas **para** lo poco que estudia.	Für sein Alter ist er sehr groß. Dafür, dass er so wenig lernt, bekommt er gute Noten.
mit **estar**: unmittelbar bevorstehende Handlung, Bereitschaft: *im Begriff sein zu …*	El tren está **para** llegar. La comida está **para** servir. Esto está **para** comérselo.	Der Zug muss jeden Augenblick ankommen. Das Essen steht bereit / kann aufgetragen werden. Das ist zum Essen bestimmt.
Zusammen mit **con** (**para con**): **Beziehung** zwischen **Personen**	muy amable **para** con todos	allen gegenüber sehr zuvorkommend
zum Ausdruck einer **subjektiven Meinung**	**para** mí, ti, él, … **Para** ti, ¿qué es ser patriota?	meiner / deiner / seiner Meinung nach / für mich / dich / ihn … Was heißt es für dich, Patriot zu sein?

373 por

Begründung / Grund: *wegen, aus, weil* **Dank**: *für*	Cerrado **por** vacaciones. **por** mí **por** ignorancia Eso te pasa **por** tonto. gracias **por** tu ayuda dar las gracias **por** …	Wegen Urlaub geschlossen! meinetwegen aus Unkenntnis Das passiert dir, weil du so dumm bist. vielen Dank für deine Hilfe danken für
manchmal ähnlich der finalen Bedeutung (Zweck, Absicht) von **para**	No he venido **por** ver la obra. Hice todo **por** que no viniera. Me callé, **por** no discutir.	Ich bin nicht gekommen, um das (Theater-)Stück zu sehen. (= nicht etwa, weil ich es sehen wollte) Ich tat alles, damit er / sie nicht käme. Ich schwieg, weil ich nicht streiten wollte / um nicht streiten zu müssen.

bei **Ortsangaben**: *durch, an... vorbei, über*	Pasa mañana **por** (mi) casa. pasear **por** el parque entrar **por** la puerta	Komm morgen bei mir vorbei. im / durch den Park spazieren- gehen durch die Tür gehen
allgemeine und ungenaue Zeitangaben; **Beachte**: Uhrzeit: **a las** ...	**por** la tarde **por** ahora **por** hoy	am Nachmittag derzeit für heute
bei **Preisangaben** und beim **Tausch**	Lo compré **por** 50 euros. Te doy mi bolígrafo **por** el tuyo.	Ich habe das für 50 Euro gekauft. Ich gebe dir meinen Kuli gegen / für deinen.
in der **Multiplikation**	tres **por** cuatro	drei mal vier
estar por: – *nahe dran sein, etwas zu tun* – *im Zweifel sein, ob man etwas tun soll oder nicht* – *etwas muss noch getan werden*	Estoy **por** salir. La casa está **por** barrer.	Ich weiß nicht, ob ich nicht ausgehen soll. Die Wohnung muss noch gekehrt werden.
mit den Verben **ir** und **venir**: *auf der Suche nach etw. sein, etwas holen wollen* (oft auch: **a por**)	Vengo **por** el pan. ir (a) **por** leña	Ich wollte das Brot holen. Holz holen gehen
Passiv: Angabe des Handelnden	El cuadro fue pintado **por** Goya.	Das Bild wurde von Goya gemalt.
Ortsangaben in Zusammenhang mit **Verben der Bewegung**	lo adelantó **por** la izquierda / derecha	er / sie hat ihn links / rechts überholt
pro / per	... a 120 **por** hora mandar **por** ferrocarril	pro Stunde per Bahn schicken

por + (muy) + Adjektiv + Subj. ser / estar: *trotz / obwohl*
por + (mucho / poco) + Verb (Subj.):   *wenn ... auch noch so (viel / sehr) ...*   → 96

374 tras

örtlich: *hinter*	¿Por qué te escondes **tras** la puerta?	Wieso versteckst du dich hinter der Tür?
zeitlich: *nach, anschließend an*	Vimos una película **tras** otra.	Wir sahen uns einen Film nach dem anderen an.
mit Verben der **Bewegung** (**andar, ir, correr**): *auf der Suche nach, hinter ... her*	El detective iba **tras** el estafador.	Der Detektiv war hinter dem Betrüger her.

375 **Verbindung zweier Präpositionen**

a por	um zu holen
de a	zu (einem Preis / Wert)
de entre	aus (einer Menge, Gruppe) heraus
de hasta	von bis zu … (+ Obergrenze)
para con	im Verhältnis zu, gegenüber (Personen)

Se veía el sol **por entre** los árboles.	Zwischen den Bäumen schien die Sonne hindurch.
He venido **a por** las llaves del coche.	Ich bin gekommen, um die Autoschlüssel abzuholen.
Envasaron la fruta en sacos **de a** cuatro kilos.	Das Obst wurde in Vierkilobeutel abgepackt.
Tú eres **de entre** todas la mejor.	Du bist die Beste von allen.
Hay vuelos **de hasta** 15 horas.	Es gibt Flüge, die bis zu 15 Stunden dauern.
Siempre es muy cortés **para con** las mujeres.	Er ist den Frauen gegenüber immer sehr höflich.

♦ Zur genaueren Wiedergabe der Bedeutung (z.B. einer Richtung bei Verben der Bewegung) wird im Spanischen nicht selten eine **Verbindung von zwei Präpositionen** gebraucht.

14.3 Idiomatische Verwendung

♦ Die Präpositionen treten in vielen Fällen in **festen Verbindungen** zusammen mit **Verben** oder **Adjektiven** auf.

376 **Verben mit a**

acceder a	einwilligen in, gelangen / Zugang haben zu	**inducir a**	anstiften zu
		jugar a	spielen (*in LA ohne* **a**)
acostumbrarse a	sich gewöhnen an	**obligar a**	zwingen, verpflichten
aspirar a	etw. anstreben	**oponerse a**	sich widersetzen, gegen
atreverse a	wagen		… sein
comenzar a	beginnen, anfangen	**ponerse a**	beginnen, anfangen
contribuir a	beitragen zu	**renunciar a**	verzichten auf
dedicarse a	sich einer Sache widmen	**referirse a**	sich beziehen auf
incitar a	aufstacheln, aufhetzen zu	**someterse a**	sich unterziehen

377 **Verben mit con**

aliarse con	sich verbünden mit	**competir con**	wetteifern mit
alimentarse de/con	sich ernähren von	**confundir con**	verwechseln mit
casarse con	heiraten	**consultar con**	beraten, besprechen mit
coexistir con	koexistieren mit	**contar con**	haben, besitzen
colaborar con	zusammenarbeiten mit	**cubrir con / de**	bedecken mit
compaginar con	verbinden, vereinbaren mit	**encontrarse con**	sich treffen mit
		entrevistarse con	ein Gespräch führen mit
coincidir con	zusammentreffen mit	**negociar con**	verhandeln mit
comparar con	vergleichen mit	**relacionarse con**	Beziehungen anknüpfen
compartir con	teilen mit, gemeinsam benutzen		zu

378 Verben mit de

abstenerse de	etwas nicht tun, sich enthalten	**cuidar de**	achten auf, hüten, sorgen für
abusar de	missbrauchen	**desconfiar de**	misstrauen
acusar de	anklagen, beschuldigen	**dudar de**	zweifeln an
admirarse de	bewundern	**enamorarse de alg.**	sich verlieben in
alegrarse de	sich freuen über	**enterarse de**	erfahren
aprovecharse de	ausnützen	**prescindir de**	verzichten auf
arrepentirse de	bereuen	**quejarse de**	sich beklagen über
burlarse de	sich lustig machen über	**reírse de**	lachen über, auslachen
cambiar de	wechseln, austauschen	**sorprenderse de**	überrascht sein über
cansarse de	einer Sache überdrüssig werden	**variar de**	schwanken
		vengarse de	sich rächen

379 Verben mit en

coincidir en	übereinstimmen	**insistir en**	bestehen auf
colaborar en	mitarbeiten bei	**integrarse en**	sich eingliedern in
concentrarse en	sich konzentrieren auf	**perseverar en**	beharren auf

380 Verben mit por

deambular por	spazierengehen durch ...	**interceder por**	für etw. eintreten
transitar por	gehen / fahren durch	**interesarse por**	sich für etw. interessieren
vagar por	herumstreifen		
multiplicar por	mit ... multiplizieren	**pasar por**	vorbeigehen, vorbeifahren
optar por	für etw. sein, vorziehen		
abogar por	für etw. stimmen	**pronunciarse por**	sich für etw. aussprechen
apostar por	auf etw. setzen	**tomar por**	halten für

381 Adjektive mit Präposition

apto para menores	geeignet für Minderjährige	**fuerte en matemáticas**	stark / gut in Mathematik
bueno en atletismo	gut in Leichtathletik	**hábil a / en / para /**	geschickt am
bueno con los niños	gut zu Kindern	**con el volante**	Steuer
constante en / para el trabajo	ausdauernd in der Arbeit	**rico en proteínas**	reich an Proteinen

382 Redewendungen mit Präposition

a ciegas	blindlings	**de buenas a primeras**	plötzlich, unversehens
a cuestas	auf dem Rücken	**de cabo a rabo**	von A bis Z
a diferencia de	im Unterschied zu	**de puntillas**	auf Zehenspitzen
a fin de cuentas	letzten Endes	**por aquí**	hier entlang
a hurtadillas	still und heimlich	**por consiguiente**	folglich
a la larga	auf die Dauer	**por fortuna**	zum Glück
al menos	mindestens	**por lo menos**	mindestens
bajo palabra	auf Ehrenwort	**por los pelos**	beinahe, um ein Haar
bajo cuerda	heimlich contra	**por poco**	beinahe
contra las cuerdas (poner)	in die Enge (treiben)	**por si acaso**	für alle Fälle, vorsichtshalber

383 **Deutsche Präpositionen und ihre Entsprechung im Spanischen**[1]

ab:	desde / a partir de	**neben**:	al lado de / junto a / además de
an:	en / al lado de / a orillas de	**seit**:	desde / desde hace
auf:	en / encima de	**über**:	sobre / encima de / por encima
aus:	de / por		de
bei:	cerca de / al lado de / en casa de / (donde) / en	**um**:	alrededor de / en torno a / hacia
bis:	hasta	**unter**:	debajo / por debajo de
für:	para / por	**von**:	de / por
gegen:	contra / hacia / en contra de	**von ... bis**:	de ... a / desde... hasta
in:	en / dentro de	**vor**:	delante de / por delante de /
hinter:	detrás de		ante / hace / antes de / por
mit:	con	**zu**:	en / a / de ... en
nach:	a / hacia / según	**zwischen**:	entre

[1] Eine ausführliche Liste mit detaillierten Beispielen findet sich auf der CD-ROM, die dem Übungsheft beiliegt.

Die zeitlichen Bezüge seit und vor im Spanischen

seit

Elisa está enferma **desde** el 1 de marzo.	Elisa ist seit dem 1. März krank.
Nos conocemos **desde** ayer.	Wir kennen uns seit gestern.
Tengo un ordenador **desde** el día de mi cumpleaños.	Seit meinem Geburtstag habe ich einen Computer.
Viven en esta calle **desde** el año 1998.	Sie wohnen seit 1998 in dieser Straße.

♦ Bezieht sich *seit* auf einen **Zeitpunkt** in der Vergangenheit, so wird **desde** verwendet.

          desde

Zeitpunkt

Desde que tiene la moto, no usa la bicicleta.	**Seit** er das Motorrad hat, fährt er nicht mehr Fahrrad.

♦ Ist der Zeitpunkt durch ein **Verb** ausgedrückt, so steht **desde que**.

Está aquí **desde hace** una semana.	Er / Sie ist seit einer Woche hier.
Estoy esperando **desde hace** media hora.	Ich warte schon seit einer halben Stunde.
Hace casi un año **que** ya no como carne.	Seit fast einem Jahr esse ich kein Fleisch mehr.

♦ Mit **desde hace** und der Struktur **hace + Zeit(raum) + que** wird eine **Zeitspanne** ausgedrückt.

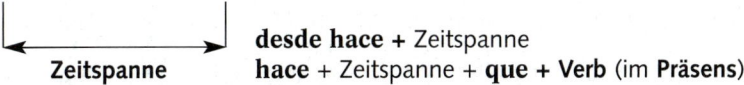

    Zeitspanne   **desde hace** + Zeitspanne
                          hace + Zeitspanne + **que** + Verb (im **Präsens**)

Fuimos juntos al colegio y **desde entonces** somos amigos.	Wir sind zusammen zur Schule gegangen und seitdem sind wir Freunde.

♦ Wird der Zeitpunkt im Satz (Satzteil) vorher genannt, steht **desde entonces** (*seitdem*).

Llevo dos horas **esperando**.	Ich warte seit zwei Stunden.
El ascensor **lleva** tres días **estropeado**.	Der Aufzug ist seit drei Tagen kaputt.
Nosotros **llevamos** una hora **sentados**.	Wir sitzen seit einer Stunde hier.
Ella **lleva** dos días **enferma**.	Sie ist seit zwei Tagen krank.
Ya **llevo** un mes **en Madrid**.	Ich bin schon seit einem Monat in Madrid.

♦ Auch das Verb **llevar** wird zusammen mit Adjektiven, Partizipen, dem Gerundio oder einer Ortsangabe zum **Ausdruck einer Dauer** verwendet:
llevar + Zeitraum + **Adjektiv / Partizip / Gerundio / Ortsangabe**

Llevas tres días **sin** venir por aquí.	Du bist seit drei Tagen nicht mehr gekommen.
Llevan meses **sin** llamar.	Sie haben seit Monaten nicht mehr angerufen.

♦ Bei **verneinten** Aussagen: **llevar** + Zeitraum **+ sin + Infinitiv**.

vor

No va a llegar **antes de** la una / **antes de** la comida.	Er / Sie wird nicht vor ein Uhr / vor dem Essen kommen.
Tienes que pagar el alquiler **antes de** fin de mes.	Du musst die Miete vor Monatsende bezahlen.
Te llamé **antes de** las ocho, estoy seguro.	Ich bin sicher, dass ich dich vor acht Uhr angerufen habe.

♦ Bezieht sich *vor* auf einen **Zeitpunkt**, so wird dies durch **antes de** + Zeitpunkt ausgedrückt.

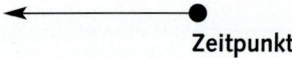

Zeitpunkt

Mis padres llegaron **hace** unos días.	Meine Eltern sind vor einigen Tagen angekommen.
Hace dos años **que** estuve en Venezuela.	Vor zwei Jahren war ich in Venezuela.

♦ Bezieht sich *vor* auf einen **Zeitraum**, so bestehen zwei Möglichkeiten der Formulierung:

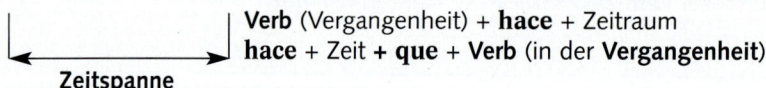

Zeitspanne

Verb (Vergangenheit) + **hace** + Zeitraum
hace + Zeit **+ que + Verb** (in der **Vergangenheit**)

Beachte: **hace** + Zeitraum **+ que** + Vergangenheit: **vor**
                   hace + Zeitraum **+ que** + Gegenwart: **seit**

15 Zahlen, Datumsangaben, Uhrzeit
Los numéros, la fecha y la hora

15.1   Die Grundzahlen

15.2   Die Ordnungszahlen

15.3   Bruchzahlen, Vielfache, Kollektivzahlen

15.4   Rechenoperationen, Maße und Gewichte

15.5   Datumsangaben und Uhrzeit

15.6   Sonstige Zahlenangaben

15.1 Die Grundzahlen
Los números cardinales

384 Die Zahlen bis 100

0	cero			50	cincuenta
1	uno / un	22	veint**idós**	51	cincuenta y uno / ...
	una	23	veint**itrés**	53	cincuenta y tres
2	dos	24	veinticuatro	54	cincuenta y cuatro
3	tres	25	veinticinco	56	cincuenta y seis
4	cuatro	26	veintiséis	59	cincuenta y nueve
5	cinco	27	veintisiete	60	se**s**enta (→ 6 **s**eis)
6	seis	28	veintiocho	62	sesenta y dos
7	siete	29	veintinueve	65	sesenta y cinco
8	ocho	30	treinta	66	sesenta y seis
9	nueve	31	treinta **y** uno / un / una	67	sesenta y siete
10	diez	32	treinta y dos	69	sesenta y nueve
11	once	33	treinta y tres	70	se**t**enta (→ 7 **si**ete)
12	doce	34	treinta y cuatro	72	setenta y dos
13	trece	35	treinta y cinco	77	setenta y siete
14	catorce	36	treinta y seis	79	setenta y nueve
15	quince	37	treinta y siete	80	ochenta
16	die**cis**éis	38	treinta y ocho	82	ochenta y dos
17	die**c**isiete	39	treinta y nueve	88	ochenta y ocho
18	die**c**iocho	40	cuarenta	90	n**o**venta (→ 9 n**u**eve)
19	die**c**inueve	41	cuarenta **y** uno / un / una	93	noventa y tres
20	veinte	42	cuarenta y dos	97	noventa y siete
21	veintiuno			100	cien / ciento
	veintiuna				
	veint**iún**				

♦ **Zahlwörter** sind **maskulin**: **el** uno, **el** cero, **el** diez.

—¿Cuántos días trabajas? —**Uno** a la semana. Trabajo **un** día a la semana.		Wie viele Tage arbeitest du? – Einen in der Woche. Ich arbeite einen Tag in der Woche.
veint**iún** euros	21 Euro	veinti**una** páginas	21 Seiten
treinta y **un** euros	31 Euro	treinta y **una** páginas	31 Seiten
cuarenta y **un** años	41 Jahre	sesenta y **una** palabras	61 Wörter
ciento **un** kilos	101 Kilo	ciento **una** palabras	101 Wörter

♦ **Vor** dem **Substantiv** wird **uno** zu **un** wie der maskuline unbestimmte Artikel. Dies gilt bei allen **Zahlen**, die auf **eins** enden.
♦ Bei allen Zahlen, die auf **eins** enden, muss zwischen der maskulinen (**uno / un**) und der femininen Form **una** unterschieden werden.
♦ Beachte die **Schreibung** bzw. die **Akzentsetzung** der Zahlen **16, 17, 18, 19**:
die**cis**éis, die**c**isiete, die**c**iocho, die**c**inueve.
Die **alte Schreibweise** diez y seis, diez y siete, ... ist gelegentlich noch in Lateinamerika vorhanden.
♦ Beachte auch die **Schreibung** und **Akzentsetzung** der **Zahlen 21 – 29**:
veintidós, ... veintitrés, ... veintiséis, ...
Ab 30 werden Zehner und Einer **getrennt** geschrieben: treinta y uno, cuarenta y dos ...
♦ Nach **cero** steht das Substantiv im Plural: **cero grados** (null Grad).

46 cuarenta **y** seis	73 setenta **y** tres	♦ **Beachte: Nur nach Zehnern** steht die Kopula **y**, aber nicht nach Hundertern, Tausendern usw.: cuatrocientos un euros, quinientas una páginas.
106 ciento seis	1050 mil cincuenta	

—¿Cuántas páginas tiene el libro? —**Cien**. / **Ciento** treinta y cuatro.		Wie viele Seiten hat das Buch? – Hundert. / Hundertvierunddreißig.	
cien páginas	100 Seiten	**cien** euros	100 Euro
cien mil	hunderttausend	**cien** millones	hundert Millionen
al **cien por cien** / en un **cien por cien**		zu / um 100%	
el **seis por ciento**		6 Prozent	

♦ Die Zahl **100**: **allein** stehend, **vor Substantiven** und **vor mil** und **millones** wird die verkürzte Form **cien** verwendet.
Bei den Zahlen von **101 – 199** wird die Form **ciento** gebraucht.
Prozentzahlen werden als **por ciento** – selten: **por cien** – gelesen.

385 Die Zahlen ab 200

200 doscient**os** euros / doscient**as personas**			
300 trescientos/-as			
400 cuatrocientos/-as		1.000	mil (unveränderlich)
500 **quin**ientos/-as		100.000	cien mil (unveränderlich)
600 seiscientos/-as		1.000.000	un millón
700 **sete**cientos/-as		2.000.000	dos millones
800 ochocientos/-as		100.000.000	cien millones
900 **nove**cientos/-as		1.000.000.000	mil millones

201	fotos	doscient**as una** fotos
200.800	personas	doscient**as** mil ochocient**as** personas
521.300	euros	quinient**os** veintiún mil trescient**os** euros
921.100	coronas	novecient**as** veintiuna mil **cien** coronas (Kronen)

♦ Die **Hunderter** von **200 – 900** sind **veränderlich**, auch zusammen mit Tausend.
♦ Beachte: cinco – **quinientos**; siete – **setecientos**; nueve – **novecientos**
♦ Die Zahl **mil** ist **unveränderlich**.
♦ **Schreibweise**: bei mehr als dreistelligen Zahlen wird üblicherweise zwischen je drei Stellen **Punkt** gesetzt: 3.546.823, 7.401, 2.345, 3.450.000.

1.000.000	un millón **de** habitantes
4.000.000	cuatro millones **de** niños
2.300.608	dos millones trescientos mil seiscientos ocho habitantes

♦ Folgt auf millón / millones unmittelbar ein **Substantiv**, so wird es mit **de** angeschlossen.

3,6 Mrd.	tres mil seiscientos **millones** (Sp.)
	tres **punto** seis **millardos** (LA)
344,9 Mrd.	trescientos cuarenta y cuatro mil novecientos **millones** (Sp.)
	trescientos cuarenta y cuatro **punto** nueve **millardos** (LA)

♦ **Milliarde**: **mil millones**; gelegentlich wird – insbesondere in Lateinamerika – **el millardo** gebraucht.

245	**dos cuarenta y cinco**	3.567	**tres quinientos sesenta y siete**

♦ In der **Umgangssprache** wird oft eine **verkürzte Form** verwendet, d.h. *hundert / tausend* ausgelassen.

♦ Bei Angaben einer **Nummer** wird meist die **maskuline Form** verwendet, auch wenn das Bezugswort feminin ist; z.B.: **la habitación número veintiuno / la habitación veintiuno** (21); **página doscientos treinta y uno** (231).

15.2 Die Ordnungszahlen
Los números ordinales

386 Die gebräuchlichen Ordnungszahlen

el primero / la primera	der / die erste
el segundo / la segunda	der / die zweite
el tercero / la tercera	der / die dritte
el cuarto / la cuarta	der / die vierte
el quinto / la quinta	der / die fünfte
el sexto / la sexta	der / die sechste
el séptimo / la séptima	der / die siebte
el octavo / la octava	der / die achte
el noveno / la novena	der / die neunte
el décimo/ la décima	der / die zehnte

♦ In der Regel werden nur die **Ordnungszahlen bis 10** gebraucht. **Ab 11** werden in den meisten Fällen die **Grundzahlen** verwendet.

el **primer** año – la primera vez – los primer**os** días
el **tercer** año – la tercer**a** vez – las primer**as** semanas

♦ Die **maskuline Form** von **primero** und **tercero** verliert das **-o** am Ende, wenn es **vor** dem Substantiv steht. *vergleiche uno / un →* **384**
Die **feminine Form** und die **Pluralformen** bleiben **unverändert**.

♦ **Schreibweise**: hochgestelltes **o / a** der Endung: **1°/1ª, 2°/2ª, 3°/3ª** (nicht mit Punkt, wie im Deutschen); für **primer / tercer** gilt auch die Schreibweise **1er / 3er**.

Mi sobrina está en **el quinto** curso.	Meine Nichte ist in der 5. Klasse.
Los primeros pobladores llegaron hace 10.000 años.	Die ersten Siedler kamen vor 10.000 Jahren.

♦ Die **Ordnungszahlen** stehen in der Regel **mit Artikel** und **vor** dem **Substantiv**.

Carlos I	Carlos **primero**	Karl I.	(Karl <u>der</u> erste)
Carlos V	Carlos **quinto**	Karl V.	(Karl <u>der</u> fünfte)
Felipe II	Felipe **segundo**	Philipp II.	
Fernando VII	Fernando **séptimo**	Ferdinand VII.	
Pio IX	Pío **noveno**	Pius IX.	
Isabel II	Isabel **segunda**	Isabel II.	(Isabel <u>die</u> zweite)
Luis XIV	Luis **catorce**	Ludwig XIV.	
Juan XXIII	Juan **veintitrés**	Johannes XXIII.	

♦ Bei **Herrschern** und **Päpsten** stehen die Ordnungszahlen **ohne Artikel nach dem Namen**. **Schreibweise**: ohne Punkt. **Ab 11** werden die **Grundzahlen** verwendet.

el siglo VIII	el siglo **octavo**	el siglo XI	el siglo **once**
el siglo XVI	el siglo **dieciséis**	el siglo XX	el siglo **veinte**

♦ Bei **Jahrhunderten** werden ebenfalls **bis 10** die **Ordnungszahlen** – gelegentlich auch die Grundzahlen –, **ab 11** die **Grundzahlen** gebraucht. **Schreibweise**: römische Zahlen.

387 Wenig gebrauchte Ordnungszahlen

undécimo/a	der / die elfte
duodécimo/a	der / die zwölfte
décimotercero/a	der / die dreizehnte
décimocuarto/a	der / die vierzehnte
décimoquinto/a	der / die fünfzehnte
décimosexto/a	der / die sechzehnte
décimoséptimo/a	der / die siebzehnte
décimooctavo/a	der / die achtzehnte
décimonoveno/a	der / die neunzehnte
vigésimo/a	der / die zwanzigste
vigésimoprimero/a	der / die einundzwanzigste
vigésimosegundo/a	der / die zweiundzwanzigste
trigésimo/a	der / die dreißigste
trigésimoprimero/a	der / die einunddreißigste
El **décimotercer** aniversario.	Der dreizehnte Jahrestag.

♦ Die Ordnungszahlen **über 10** werden nur selten, z.B. für **Jahrestage**, **Kongresse**, **Parteitage**, **Kapitel** usw. gebraucht.

15.3 Bruchzahlen, Vielfache, Kollektivzahlen
Los números fraccionarios, múltiplos, colectivos

388 Die Bruchzahlen

uno de cada tres españoles	jeder dritte Spanier
dos de cada cinco alemanes	zwei Fünftel der Deutschen
tres de cada ocho estudiantes	drei Achtel aller Schüler

♦ **Bruchzahlen**, die einen **Anteil an einer Menge** (zählbarer) Personen oder Gegenstände ausdrücken, können durch die Struktur **Zähler** + **de cada** + **Nenner** wiedergegeben werden.

medio / media	halb
la mitad del precio	die Hälfte des Preises
un tercio del crédito	ein Drittel des Kredits
la tercera parte de la población	ein Drittel der Bevölkerung
un cuarto / la cuarta parte de la cosecha	ein Viertel der Ernte
un quinto / la quinta parte del agua potable	ein Fünftel des Trinkwassers

♦ Für **Teilmengen** von Summen, Beträgen, nicht zählbaren Materialien stehen zur Verfügung: **la mitad** (die Hälfte), **un tercio** (ein Drittel) **un cuarto** (ein Viertel), **un quinto** (ein Fünftel) usw. Geläufiger sind jedoch die Formen **la tercera parte, la cuarta parte, la quinta parte** usw.

1/2 medio metro	ein halber Meter	media tonelada	eine halbe Tonne
1/3 un tercio	ein Drittel	1 1/2 uno y medio	eineinhalb
3/4 tres cuartos	drei Viertel	3 2/3 tres dos tercios	drei zwei Drittel

♦ Die Formen **tercio, cuarto** werden hauptsächlich in der **Mathematik** und im **Bankwesen** verwendet.

el 4,5 %	el cuatro **coma** cinco por ciento (Sp.)
	el cuatro **punto** cinco por ciento (LA)
549, 45 €	quinientos cuarenta y nueve euros **con** cuarenta y cinco céntimos
	quinientos cuarenta y nueve **coma** cuarenta y cinco euros (Sp.)
1876,90 $	mil ochocientos setenta y seis dólares **con** noventa cents
	mil ochocientos setenta y seis **punto** noventa dólares (LA)
90.4 cadena dial	noventa punto cuatro (Frequenz 90.4)

♦ **Dezimalbrüch**e werden in **Spanien** mit **coma**, in **Lateinamerika** mit **punto** gelesen. Bei Radiofrequenzen ebenfalls **punto**.
♦ **Geldbeträge** können als **Dezimalbrüche** ausgedrückt werden, der Dezimalbruch kann jedoch auch durch die kleinere Währungseinheit wiedergegeben werden.

389 Die Vielfachen

el doble	das Doppelte
el triple	das Dreifache
el cuádruplo	das Vierfache
el quíntuplo	das Fünffache
el séxtuplo	das Sechsfache

♦ Außer **el doble** und **el triple** sind diese Formen wenig gebräuchlich.

Su bicicleta le costó **tres veces más** que la mía.	Sein Fahrrad hat dreimal so viel gekostet wie meins.

♦ Im Allgemeinen wird die Formulierung **Zahl + veces más que ...** (*mal so viel wie ...*) vorgezogen.

390 Die Kollektivzahlen

la decena	**decenas de ...**	zehn	zig ...
	decenas de miles	Zehntausende	von ...
la docena	**docenas de ...**	ein Dutzend	Dutzende von ...
la centena	**cientos de ...**	Hundert	Hunderte von
el centenar		ca. Hundert	
el millar	**millares de**	ca. Tausend	Tausende
	miles de ...	Tausende von	

Asistieron **un millar** de personas. / Asistió **un millar** de personas.	Es nahmen **etwa** 1000 Personen teil.
un centenar de manifestantes	**etwa** Hundert Demonstranten

♦ Die **Kollektivzahlen**, insbesondere die höheren (**centena, millar**) drücken eine **ungefähre Zahl** oder **Menge** aus.
♦ Bei Kollektivzahlen kann das **Verb** im **Plural** oder im **Singular** stehen.
♦ Nach **Kollektivzahlen** und **Maßeinheiten** wird das **Bestimmungswort** mit **de** angeschlossen. → 366, 385, 392

el bienio	ein Zeitraum von 2 Jahren
el trienio	ein Zeitraum von 3 Jahren
el lustro	ein Zeitraum (literarisch) von 5 Jahren
el decenio	ein Zeitraum (Beginn beliebig) von 10 Jahren
la década	das Jahrzehnt (jeweils von –0 bis –0)
el siglo	das Jahrhundert
el milenio	das Jahrtausend

♦ Für **Jahreszahlen** besitzt das Spanische Bezeichnungen, die im Deutschen z.T. nicht vorhanden sind: **bienio, trienio**.

Ausdrücke:	**a millares / a miles**	zu Tausenden
	millones de veces	unzählige Male
	cientos de veces	Hunderte von Malen / unzählige Male

15.4 Rechenoperationen, Maße und Gewichte

391 Die Rechenoperationen

$5 + 3 = 8$	Cinco **y** tres, ocho / Cinco **y** tres **son** ocho. Cinco **más** tres **es igual a** ocho. (fachliche Ausdrucksweise in der Mathematik)
$16 - 9 = 7$	Dieciséis **menos** nueve, siete. / Dieciséis **menos** nueve **son** siete. **De** nueve **a** dieciséis **van** siete.
$4 \times 6 = 24$	Cuatro **por** seis, veinticuatro. / Cuatro **por** seis **son** veinticuatro.
$21 : 7 = 3$	Veintiuno **entre** siete, tres. / Veintiuno **entre** siete **son** tres. Veintiuno **dividido por** siete son tres.
$4^2 = 16$	Cuatro (elevado) **al cuadrado son** dieciséis. / **El cuadrado de** cuatro **es** dieciséis.
$5^3 = 125$	Cinco (elevado) **al cubo son** ciento veinticinco. / **El cubo de** cinco **es** ciento veinticinco.
$\sqrt{64} = 8$	**La raíz cuadrada de** sesenta y cuatro **es** ocho.

392 Maße und Gewichte

un milímetro	Millimeter
un centímetro	Zentimeter
un decímetro	Dezimeter
un metro	Meter
un kilómetro	Kilometer
una milla	Meile
un metro cuadrado	Quadratmeter
un kilómetro cuadrado	Quadratkilometer
un metro cúbico **de** arena	ein Kubikmeter Sand
el área	Ar
la hectárea	Hektar
el kilo(gramo) **de** carne	ein Kilo Fleisch
medio kilo **de** tomates	ein halbes Kilo Tomaten
el gramo	Gramm
500 gramos (LA: la libra)	Pfund / 500 Gramm
el quintal	Zentner
el litro **de** leche	ein Liter Milch
el hectolitro	Hektoliter

♦ Bei **Mengenangaben** wird die Ware / der Artikel immer mit **de** angeschlossen.

Deme **medio** kilo / kilo **y medio**.	Geben Sie mir ein halbes / anderthalb Kilo.
otras dos cervezas	noch zwei Bier
otros dos amigos	noch zwei Freunde
otros tantos	noch einmal so viele

♦ **medio** und **otro** werden im Spanischen normalerweise **ohne** den **unbestimmten Artikel** gebraucht.
♦ **Beachte: medio + Maßeinheit = 1/2; Maßeinheit + y medio/a = 1 1/2**
♦ **otro** steht immer **vor** der Zahl oder Mengenangabe.

15.5 Datumsangaben und Uhrzeit
La fecha y la hora

393 Datumsangaben

—¿**Qué fecha es** hoy? / ¿**Qué día es** hoy?	Welches Datum ist heute? –
—Hoy es el **tres de** abril **de** 2002.	Heute ist der 3. April 2002.
—¿**A cuántos estamos** hoy?	Den Wievielten haben wir heute? –
—Hoy **estamos a cinco** de mayo de 2003.	Heute haben wir den 5. Mai 2003.

♦ Zur **Datumsangabe** werden die **Grundzahlen** verwendet.

Hoy es el **primero / uno** de abril.	Heute ist der 1. April.

♦ Nur beim **Monatsersten** darf auch **primero** gebraucht werden.
♦ **Schreibweisen**: el quince de abril de 2002; 15-IV-2002; 15-04-2002; 15/04/2002.
♦ **Lesart**: 1993: (el año) mil novecientos noventa y tres.
   1479: (el año) mil cuatrocientos setenta y nueve.

♦ Bei Jahreszahlen **bis 1000** ist der Zusatz **el año** vor der Jahreszahl **üblich**, z.B.:
711   **el año** setecientos once.
Bei **Jahreszahlen über 1000** kann **el año** entfallen.

el seis de mayo	am 6. Mai
en julio	im Juli
(en) **el** año 2001	(im Jahr) 2001

♦ **am** + Datum = **el** + **Datum**
♦ **Jedoch**: *am nächsten Tag*: **al** día siguiente
♦ **Monatsnamen** stehen immer **ohne Artikel**.
♦ **Jahresangaben** sind mit und ohne die Präposition **en** möglich.

a principios de agosto	**Anfang** August
a mediados de este mes	**Mitte** des Monats
a finales de la semana que viene	**Ende** der kommenden Woche
el fin de semana	**am** Wochenende

394 Die Uhrzeit

🕒	**Son las** tres.	Es ist drei Uhr.	(3:00, 15:00)
🕔	Son **las** cinco.	Es ist fünf Uhr.	(5:00, 17:00)
🕘	Son **las nueve en punto**.	Es ist Punkt neun Uhr.	(9:00, 21:00)
🕥	Son **las** diez **y media**.	Es ist halb elf.	(10:30, 22:30)
🕓	Son las cuatro **y cuarto**.	Es ist Viertel nach vier.	(4:15, 16:15)
🕖	Son las ocho **menos cuarto.**	Es ist Viertel vor acht.	(7:45, 19:45)
🕐	**Es la una**.	Es ist ein Uhr.	(1:00, 13:00)
🕜	Es la una **y media**.	Es ist halb zwei.	(1:30, 13:30)

♦ Die Uhrzeit wird mit **ser** und dem **femininen** Artikel vor der Zahl (la/s hora/s) angegeben.
♦ Das Verb **ser** und der **Artikel** stehen dabei **im Plural (son las …).**
Ausnahme: Die Zeiten von 12:31 (bzw. 0:31) bis 1:30 (bzw. 13:30): **es la una, es la una y cuarto, es la una y media, es la una y veinticinco.**

Son las **dos y diez**.	Es ist zehn nach zwei.
Son las **siete y veintinueve**.	Es ist eine Minute vor halb acht.
Son las once **menos veinte**.	Es ist zwanzig vor elf.
Es la una **menos cinco**.	Es ist fünf vor eins.
Faltan cinco minutos **para la una**.	Es ist fünf vor eins.
Son **las dos menos veinticinco**.	Es ist fünf nach halb zwei.

♦ **Bis zur halben Stunde** werden die **Minuten**, die **viertel** und die **halbe Stunde** mit **y** angeschlossen.
Ab der halben Stunde (ugs. ab ca. :35) werden die Minuten und die viertel Stunde von der nächsten vollen Stunde **zurückgerechnet: menos cuarto, menos veinte, menos diez**.
♦ Eine andere Möglichkeit, die Minuten der zweiten halben Stunde auszudrücken, ist:
faltan … minutos para la / las …

—¿**Qué hora es**? (Sp.) –**Son** las siete y media.	Wie viel Uhr ist es? – Es ist halb acht.
—¿**Qué horas son**? (LA)	

♦ Die Frage nach der Uhrzeit lautet in Spanien: ¿**Qué hora es?**, in einigen Ländern Lateinamerikas, z.B. Mexiko: ¿**Qué horas son?**

—¿**A qué** hora abren Vds.?	Um wie viel Uhr öffnen Sie? –
—**A** las nueve y cuarto.	Um Viertel nach neun.

♦ Um auszudrücken, um wie viel Uhr etwas geschieht, wird die Präposition **a** vor die Uhrzeit gesetzt. Die Frage wird analog formuliert: ¿**A qué hora ...?**

Son las tres **de la madrugada**.	Es ist drei Uhr morgens.
a las diez **de la mañana**	um zehn Uhr morgens / vormittags
las tres **de la tarde**	drei Uhr nachmittags
las siete y media **de la tarde**	halb acht Uhr abends
a las nueve **de la noche**.	neun Uhr abends
las once **de la noche**	elf Uhr nachts
a las ocho **en punto**	Punkt acht / genau um acht
Son las ocho **a.m. / p.m.**	Es ist ist acht Uhr morgens / abends. (LA)

♦ Zur **näheren Bestimmung** der Uhrzeit können die adverbialen Ausdrücke **de la mañana / de la tarde / de la noche / en punto** zur Uhrzeit hinzugefügt werden,
in Lateinamerika **a.m.** (antes meridiano) oder **p.m.** (pasado meridiano).
Sie stehen **nach** der **Zeitangabe**.

Nos vemos **por la tarde**, a las tres, ¿vale?	Wir sehen uns heute Nachmittag, um drei, ok?

♦ Die adverbialen Ausdrücke **por la mañana, por la tarde, por la noche** werden üblicherweise **ohne Zeitangabe** verwendet (*im Lauf des Vormittags, im Lauf des Nachmittags, die Nacht über*), sie können jedoch **vor** (nie nach) der Zeitangabe stehen, um die Zeit zuerst **ungefähr**, dann **genau** anzugeben.
♦ Zur Verwendung der Zeitangaben **madrugada, mañana, tarde, noche**:
mañana: 0.00 bis kurz vor Tagesanbruch / bis kurz vor 13.00;
madrugada: 03.00 / 04.00 bis ca. 06.00 / 07.00;
tarde: ab ca. 13.00.
Ab ca. 20.00 wird **noche / de la noche** verwendet. In der Praxis verschiebt sich der Zeitpunkt nach den Jahreszeiten entsprechend dem Einbruch der Dunkelheit.

	madrugada				
mañana			tarde		noche
0.00	3.00 / 4.00	6.00 / 7.00	13.00		20.00

Son las **dieciséis horas, quince minutos**. (16:15)	Es ist achtzehn Uhr fünfzehn.
El tren sale a las **trece horas, cuarenta (minutos)**. (13:40)	Der Zug fährt um 13.40 Uhr ab.
Son las **cero horas, cuarenta y cinco minutos**. (0:45)	Es ist 0.45.

♦ **Offizielle Zeitangabe** bei Rundfunk und Fernsehen, Verkehrsmitteln usw. Es werden wie im Deutschen die Stunden von 0 bis 24 und die Minuten von 0 bis 59 durchgezählt.

Ausdrücke:

a mediodía	mittags
a medianoche	um Mitternacht
de madrugada	am frühen Morgen
al anochecer	beim Einbruch der Nacht
al amanecer	bei Tagesanbruch
son las doce del mediodía / de la mañana	es ist 12 Uhr mittags
en la tardenoche del sábado	am Samstag Abend

15.6 Sonstige Zahlenangaben und Ausdrücke

395 **Temperaturangaben**

Hoy **hace** 20 grados.	Heute sind / hat es 20 Grad.
Estamos a 25 grados.	Heute sind / hat es 20 Grad.
Estamos a cinco grados **bajo cero**.	Es hat / es sind 5 Grad unter Null.
Hace tres grados **sobre cero.**	Es hat / es sind 3 Grad über Null.

♦ **Temperaturangaben**: hace ... grados (sobre cero / bajo cero); estamos a ... grados (sobre cero / bajo cero).

Mi (número de) teléfono es **el tres cuarenta y ocho cincuenta y siete** (3 48 57)	
Mi número de teléfono es **el tres cuatro ocho cinco siete**.	

♦ **Telefonnummern** werden meist **paarweise** gelesen. Bei ungerader Anzahl der Stellen bleibt die erste Ziffer allein. Die Ziffern können auch einzeln angegeben werden.

396 **Redewendungen und Ausdrücke**

Es un número de **cinco dígitos**.	Das ist eine Zahl mit fünf Stellen.
La **cifra** de parados ha bajado en los últimos meses.	Die Zahl der Arbeitslosen ist in den letzten Monaten zurückgegangen.

hacer números	zählen, rechnen
hacer número	als Zaungast irgendwo sein, nicht aktiv sein
medias tintas	Unklarheiten, Halbheiten
ni media palabra	kein Sterbenswörtchen

16 Das Spanische in Lateinamerika
El castellano en Latinoamérica

16.1   Aussprache

16.2   Pronomen

16.2   Verben

16.4   Lexik und Idiomatik

397 Allgemeines

Die **größten Unterschiede** zwischen dem lateinamerikanischen Spanisch und dem der Iberischen Halbinsel liegen im Bereich der **Lexik**. Insbesondere das **Alltagsvokabular** ist geprägt durch die Einflüsse der indigenen Sprachen oder der jeweiligen Sprachen der Einwanderer.
Hinsichtlich der **grammatischen Strukturen** gibt es in der **Schriftsprache** zwischen Lateinamerika und Spanien kaum gravierende Unterschiede. Die **Umgangssprache** weist von Region zu Region Besonderheiten in bestimmten Einzelaspekten auf.
Bei der **Aussprache** weist das lateinamerikanische Spanisch neben wenigen – für bestimmte Regionen typischen – Besonderheiten auch Merkmale auf, die ebenso in **Andalusien** und auf den **Kanarischen Inseln** zu finden sind.
Die folgende Aufzählung beschränkt sich auf die wichtigsten Besonderheiten und Unterschiede.

16.1 Aussprache

398 seseo: [s] statt [θ]

Ein typisches Merkmal des Spanischen in Lateinamerika ist das **seseo**, d.h. die identische Aussprache der Phoneme [s] und [θ] als **stimmloser Zischlaut** [s]. Daher werden z.B. folgende Wörter gleich ausgesprochen:

casa	Haus	caza	Jagd	
casar	heiraten	cazar	jagen	**Aussprache: [s]**
sierra	Gebirge, Säge	cierra	er / sie schließt	

Um Missverständnisse bei gleichlautenden Sätzen wie: se va de casa (*er zieht aus*) und se va de caza (*er geht auf die Jagd*) zu vermeiden, werden oft andere Formulierungen verwendet.

399 yeísmo: [j] statt [λ]

Ebenso häufig anzutreffen ist die Aussprache des palatalen Lautes [λ] als **Reibelaut**, der dem deutschen [j] sehr ähnlich ist. Dadurch stimmen z.B. folgende Wörter in der Aussprache überein:

callado	schweigend	cayado	Hirtenstab, Bischofsstab	
pollo	Hähnchen	poyo	Steinbank	**Aussprache: [j]**
calló	er / sie schwieg	cayó	er / sie fiel	

Diese Erscheinung ist besonderes typisch für das **argentinische Spanisch**. Dort ist durch den Einfluss der italienischen Einwanderer die Aussprache des [λ] als Reibelaut besonderes ausgeprägt und dem italienischen [g] in *oggi* oder *giorno* ähnlich; calle = [kaʒe].

400 Das auslautende [s]

Ähnlich wie im südlichen Spanien und auf den Kanarischen Inseln ist im lateinamerikanischen Spanisch der Schwund des auslautenden -s anzutreffen, insbesondere in der Karibik. In manchen Regionen wird das -s auch **aspiriert**, z.B.:

lo señore / lo niño	statt: los señores / los niños
	auch: loh señoreh / loh niñoh

Durch den **Wegfall** des auslautenden **-s**, kann bei **maskulinen Substantiven** der Plural an der Form des Artikels erkannt werden, bei **femininen Substantiven** ist die **Verbform** das einzige **Erkennungszeichen** für den Plural:

> Hoy la señora clienta no necesitan esperar.   Heute brauchen die Kundinnen nicht zu warten.
> (= las señoras)

401   Aspiration des h am Wortanfang

Wie in bestimmten Gebieten Spaniens, z.B. der Extremadura, wird in einigen Ländern Lateinamerikas – insbesondere im nördlichen Südamerika und in der Karibik – das **h** am Wortanfang **aspiriert**: [harto] / [harina] / [horrible].

402   Aussprache des ch als Reibelaut

Häufig ist auch die frikative Aussprache des **ch** (ähnlich dem deutschen sch) im Wortinnern zu hören: muchacho [muʃaʃo], pinchar [pinʃar].

403   Wegfall von Silben; hue- → güe-

In der Karibik – insbesondere in Cuba – ist häufig die **Verkürzung von Wörtern** um eine Silbe am **Wortende** oder im **Wortinnern** anzutreffen, so z.B. bei:
na (nada) / **pué** (puede) / **ayúa** (ayuda) / **mieo** (miedo) / **toavía** (todavía), etc.
Hier ist auch die **Aussprache** des **hue-** am Wortanfang als **güe-** sehr häufig, insbesondere bei Sprechern mit geringem Bildungsniveau: hueso → güeso / huele → güele / huevo → güevo.

16.2 Pronomen

404   ustedes statt vosotros

Im gesamten hispanischen Sprachraum Lateinamerikas kann ein fast völliges **Fehlen des Personalpronomens vosotros / vosotras** für die 2. Person Plural festgestellt werden. Auch die entsprechende Verbform wird folglich nicht gebraucht. Stattdessen verwendet man das Pronomen der höflichen Anrede **usted / ustedes**.

> Venga, **se lavan** los dientes y **se acuestan.** (LA)   Putzt euch die Zähne und geht ins Bett.
> Venga, **os laváis** los dientes y **os acostáis**. (Sp.)
>
> **Ustedes** no **pueden** entrar porque todavía   Ihr dürft nicht herein, weil ihr noch keine 18
> no **tienen** 18 años. (LA)   seid.
> **Vosotros** no **podéis** entrar porque todavía
> no **tenéis** 18 años. (Sp.)

405   voseo

Besonders auffällig ist der Gebrauch des Pronomens **vos** anstelle von **tú**, insbesondere in Argentinien und Uruguay. Die Form geht zurück auf das höfische Vos, das im *Siglo de Oro* (16./17. Jh.) in Spanien zusammen mit der 2.Person Plural (im Deutschen: *Ihr*) gebraucht wurde.

Daher werden zusammen mit **vos** auch Verbformen verwendet, die aus der 2. Person Plural entstanden sind, das -i- aber verloren haben.

> **Vos** no **tenés** idea de lo que decís, che. (LA)   Du weißt nicht, was du sagst.
> **Tú** no **tienes** idea de lo que dices, hombre. (Sp.)

Gelegentlich wechselt die Form **tú** mit **vos** ab, jedoch mit derselben Verbform: **vos / tú no sabés**.

406 Die Personalpronomen lo und le

Lateinamerika	Spanien	
Juan es un chico estupendo, tienes que conocer**lo**.	conocer**lo** / conocer**le**	Juan ist ein toller Kerl, du musst ihn kennenlernen.
Si son tus amigos, **los** invito.	**los** invito / **les** invito	Wenn es deine Freunde sind, lade ich sie ein.

♦ Im gesamten hispanischen Sprachgebiet **Lateinamerikas** herrscht der sog. **loísmo**, d.h. es werden fast ausschließlich **lo / los** als **maskulines direktes Objekt** verwendet.
In **Spanien** werden für Personen neben **lo / los** auch die Formen **le / les** gebraucht und gelten als grammatisch korrekt.

Lateinamerika	Spanien	
A usted no **lo** conozco, señor, discúlpeme.	**le / lo** conozco	Ich kenne Sie leider nicht, mein Herr.
Ahora mismo **lo** atiendo, caballero.	**le** atiendo	Sofort werde ich Sie bedienen, mein Herr.
Señores, ¿puedo invitar**los** a un café?	invitar**les** / invitar**los**	Meine Herren, darf ich Sie zu einem Kaffee einladen?

♦ In **Spanien** werden bei der Anrede männlicher Personen (**usted / ustedes**) in der Regel **le / les** verwendet, in **Lateinamerika** werden die Pronomen des direkten Objekts **lo / los** (maskulin) und **la / las** (feminin) gebraucht.

16.3 Verben

407 3. Person statt 2. Person Plural

In allen spanischsprechenden Ländern Lateinamerikas wird bei den Verben (alle Zeiten) statt der 2. Person Plural die **3. Person Plural** verwendet. Es existieren für den Plural also nur zwei Personen:

Ustedes **pueden** ir delante y nos **esperan** a la entrada del cine. (LA) Vosotros **podéis** ir delante y nos **esperáis** a la entrada del cine. (Sp.)	Ihr könnt vorausgehen und ihr wartet vor dem Kino auf uns.

Besonders auffällig ist dieses Phänomen bei den **Formen des Imperativs**. Da man sich in Spanien häufig duzt, ist dort der Imperativ der 2. Person Plural üblich, in Lateinamerika dagegen der **Imperativ der 3. Person Plural**:

no tarden / siéntense un momento / invítennos a un café / no vuelvan tarde (LA)
no tardéis / sentaos un momento / invitadnos a un café / no volváis tarde (Sp.) → 157

408 Die 2. Person Singular

In einigen Ländern – insbesondere in Argentinien – ist zusammen mit dem **voseo** (**vos** statt **tú**), eine Verbform üblich, die unter Wegfall des **-i-** aus der 2. Person Plural entstanden ist: **vos tenés** (tienes) / **cantás** (cantas) / **sos** (eres) / **sabés** (sabes) / **podés** (puedes) / **venís** (vienes).

409 Der Imperativ der 2. Person Singular

Für den Imperativ der 2. Person Singular ist, insbesondere in Argentinien, das **Fehlen der Diphthongierung** und die **Betonung auf der letzten Silbe** (statt auf der vorletzten) charakteristisch: **contáme** (cuéntame) / **dejáte** de bromas (déjate de bromas) / **pasá** un momento (pasa un momento) / no **tomés** tanto mate.

410 Perfecto simple statt Perfecto compuesto

Zwar ist der Gebrauch des zusammengesetzten Perfekts (hemos hablado / ¿a qué has venido?) in Lateinamerika nicht unbekannt, jedoch wird das Perfecto Simple oder Preterito indefinido bei weitem häufiger gebraucht als das Perfecto compuesto.

¿Cómo es que **llegaron** tan tarde? (LA) ¿Cómo es que **han llegado** tan tarde? (Sp.)	Wieso sind Sie so spät gekommen?
¡Qué bien que **viniste**! (LA) ¡Qué bien que **has venido**! (Sp.)	Wie gut, dass du gekommen bist!
Voy a tomar un café, que todavía no **desayuné**. (LA) Voy a tomar un café, que todavía no **he desayunado**. (Sp.)	Ich werde einen Kaffee trinken, denn ich habe noch nicht gefrühstückt.

411 ## Imperfecto de subjuntivo auf -ara / -iera statt -ese / -iese

Von den Vergangenheitsformen des Subjuntivo wird deutlich häufiger die Form auf **-ra** (hablara, viniera, comiera) verwendet als die Form auf -se / -iese (hablase, viniese, comiese).

Sería conveniente que **viniera** usted antes de las diez.(viniese)	Es wäre gut, wenn er / sie vor zehn käme.
No les gustaba que sus hijos **llamaran** por el celular. (llamasen)	Sie mochten es nicht, wenn ihre Kinder sie per Handy anriefen.

Auch in der Funktion eines Plusquamperfekts ist der Gebrauch dieser Form (Imperfecto de subjuntivo) sehr geläufig:

Me dijo que **llegara** a las tres. (... había llegado).	Er / sie sagte mir, er sei um drei Uhr angekommen.

In Spanien ist der Gebrauch der Form auf -ra als Plusquamperfekt-Ersatz nur in gehobener Sprache gebräuchlich. In der Umgangssprache kommt er nicht vor.

El Rey nombró Embajador en Chile al que **fuera** su preceptor durante años.	Der König ernannte seinen langjährigen Erzieher zum Botschafter in Chile (denjenigen, der lange Zeit sein Erzieher gewesen war).

412 ## habían / había

Wird **haber** in seiner Funktion als **selbstständiges Verb** gebraucht – also nicht als Hilfsverb –, so wird es in Spanien nur in der 3. Person Singular (hay, había, hubo, habrá, ha habido, etc.) verwendet. In Lateinamerika dagegen wird statt des Singular die Pluralform **habían** gebraucht, wenn dem Verb ein **Substantiv im Plural** folgt.

En clase sólo **habían** hoy 18 de los 20 alumnos que son en el curso. (LA) En clase sólo **había** hoy 18 de los 20 alumnos ... (Sp.)	Im Unterricht waren heute 18 von 20 Schülern der Klasse.
Habíamos muchos en la fiesta. (LA) Éramos muchos en la fiesta. (Sp.)	Wir waren viele auf dem Fest.

Diese Tendenz zur Benutzung des Plurals ist auch in der Struktur **hace ... que + Verb** (Verb im Präsens: *seit*, Verb in der Vergangenheit: *vor*) zu beobachten, wenn ein **Plural** folgt:

Hacen semanas que no nos vemos.	Seit Wochen haben wir uns nicht gesehen.

413 ## Reflexive Verben

Zahlreiche Verben werden – im Gegensatz zum Sprachgebrauch in Spanien – in Lateinamerika **reflexiv** benutzt, z.B.: **embarazarse, enfermarse, regresarse, tardarse**, etc.

414 ## Verbgefüge statt einfacher Zeiten

Die periphrastischen Strukturen wie **estar + gerundio / voy a + infinitivo / acabo de + infinitivo** werden häufiger gebraucht als die entsprechenden Verbformen Präsens, Futur oder zusammengesetztes Perfekt.

16.4 Lexik und Idiomatik

Die großen Unterschiede in Wortschatz und Idiomatik zwischen dem Spanischen der Iberischen Halbinsel und dem lateinamerikanischen Spanisch und die zahlreichen Varianten innerhalb des lateinamerikanischen Sprachraumes erklären sich zum einen aus der großflächigen Verbreitung des Spanischen über einen ganzen Kontinent, zum anderen durch den Einfluss der indigenen Sprachen und durch den Beitrag der vielen Millionen Einwanderer aus allen Teilen der Welt.

415 recién

In Spanien betrachtet die *Real Academia de la Lengua* den Gebrauch von **recién** nur dann als korrekt, wenn es vor einem Partizip steht (recién hecho / recién casados, etc.), in Lateinamerika entspricht es in all seinen Verwendungsweisen dem deutschen *erst, gerade eben*:

recién ayer me enteré	erst gestern habe ich es erfahren
recién ahorita llegué	gerade eben bin ich angekommen / ich bin erst gekommen

recién comimos	gerade eben haben wir gegessen
recién en Navidad	erst an Weihnachten

416 no más / pues

Ebenso geläufig ist in der **lateinamerikanischen Umgangssprache** die Kombination der beiden Partikel **no más** in **zeitlicher Bedeutung** (*kaum, sobald*) oder als **Verstärkung** eines **Imperativs**:

No más llegaron ustedes y ya no hay paz en la casa.	Kaum seid ihr angekommen, und schon ist Ärger im Haus.
Entren **no más**.	Kommt / Kommen Sie ruhig herein.

In vielen Fällen wird eine Aussage insbesondere eine **Empfehlung**, ein **Ratschlag** oder ein **Imperativ** mit der redesteuernden Partikel **pues** abgeschlossen:

Siéntese, **pues**.	Setzen Sie sich!
Me voy con el bus, **pues**.	Gut, dann fahre ich mit dem Bus.

417 „Verbotene" Wörter

Einige Wörter, die im europäischen Spanisch sehr häufig gebraucht werden, sind in bestimmten Gebieten Lateinamerikas tabu, so z.B. das Verb **coger** (*nehmen, greifen*), das wegen seiner anzüglichen Bedeutung insbesondere in Argentinien und Uruguay zu vermeiden ist; stattdessen sollte **agarrar** verwendet werden.
Vorsicht ist auch bei dem Wort **madre** geboten, es wird in Lateinamerika als Beleidigung benutzt.

418 **Unterschiede im Wortschatz**

Lateinamerika	Spanien	
el almuerzo	la comida	Mittagessen
el ananás	la piña	Ananas
el apartamento	el piso	Wohnung
la banana	el plátano	Banane
el baño	el váter / servicio	Toilette, WC
la bomba	la gasolinera	Tankstelle
botar	tirar	wegwerfen, hinauswerfen
bravo/a	irritado/a, furioso/a	wütend
el carro / auto	el coche	Wagen, Auto
el celular	el móvil	Handy
la cena (Norte LA)	la comida	Mittagessen
el chancho	el cerdo	Schwein
el chofer	el chófer	Fahrer (*Beruf*)
la cuadra	la manzana	Häuserblock
la estampilla	el sello	Briefmarke
extrañar	echar de menos	vermissen
flojo/a	vago/a	faul, träge
el fósforo	la cerilla	Streichholz
la heladera/el frigorífico	la nevera	Kühlschrank
lindo/a	bonito/a	hübsch, schön

Lateinamerika	Spanien	
liviano/a	ligero/a	leicht (*Gewicht*)
la mamá	la madre / la mamá	Mutter
manejar	conducir	fahren, lenken
la manteca	la mantequilla	Butter
las medias	los calcetines	Socken
la moqueta	la alfombra	Teppich
la nafta	la gasolina	Benzin
las papas	las patatas	Kartoffeln
la plata	el dinero	Geld
platicar	hablar	reden, sich unterhalten
para	hacia	nach (*Präp.*)
parquear / estacionar	aparcar	parken
el piyama	pijama	Schlafanzug
las polleras (Arg.)	los pantalones	Hose
el suéter	jersey	Pullover
el timón	volante	Lenkrad
la vidriera / vitrina	escaparate	Schaufenster

Besonders unterschiedlich sind die Bezeichnungen für **Feldfrüchte**, **Ernährung** und **Gegenstände des alltäglichen Gebrauchs**.

Register

Die Zahlen verweisen auf die fort-
laufend nummerierten Abschnitte.
Der Wortschatz der Beispiele ist
hier nicht erfasst.
LA = Lateinamerika

A

a
    indirektes Objekt 358
    direktes Objekt 359
    Präposition 361
    Verben mit ~ 376
    Entsprechung für deutsche
      Präposition 383
a condición de que 96, 102
a donde – a dónde 297
a fin de que 96
a gusto 290
a la derecha 290
a la izquierda 290
a la mayor brevedad posible
  323
a lo mejor 298
a lo sumo 290
a medias 290
a menudo 290
a mi modo de ver 201
a no ser que 96, 102
a pesar de + Infinitiv 99
a pesar de que 101
a tiempo 290
a veces 290
a ver (si) 201
abajo 289, 295
abreviar, Konjugation 123
abrir, Partizip 124
absolver, Partizip 124
acá 289
acabar + Gerundio 221
acabar de + Infinitiv 217
acabar por + Infinitiv 221
acaso 289, 298
Acento diacrítico 14
acentuar, Konjugation 123
acordarse, Konjugation 116
acostarse, Konjugation 116
adelante 289
adentro 289
Adjektiv 274 – 287
    attributives / prädikatives ~
    274
    Veränderlichkeit 274 – 279
    Adjektive auf -o 275

Adjektive auf -a, -e, -í, -ú oder
  Konsonant 276
Bezug auf mehrere Substantive
  277
parallele Ausdrücke 278
Bezugswort 278
Substantivierung 280
~ mit verkürzter Form 281
Stellung 282 – 285
    nachgestelltes ~ 282
    vorangestelltes ~ 283
    Bedeutungsänderung 284
    Vergleich mit dem
      Deutschen 285
~ als Ersatz für Nebensatz 287
Komparativ 315 – 317
Adjetivos apocopados 281
Admiración 25
adonde 297
adquirir, Konjugation 115
adverbiale Bestimmung 34
Adverb 288 – 309
    ursprüngliche ~ 289
    adverbiale Ausdrücke 290
    ~ der Verneinung 289, 293
    ~ mit de 294
    abgeleitetete ~ 303 – 303, 304
    aufeinanderfolgende ~ 304
    Adjektiv statt Adverb 305
    Verbalperiphrase statt Adverb
    306
    de manera / de modo +
      Adjektiv 307
    Steigerung der ~ 308
Adverbio 289 – 306
advertir, Konjugation 118
afuera 289
agradabilísimo 325
agradecer, Konjugation 120
aguar, Konjugation 113, 123
ahí 289
ahora 289
Akzentsetzung 10 – 17
al (a + el) 361
al lado de 290
al menos 290
Alfabeto 1
algo 44, 289, 345
alguien 44, 345
alguno/a 345
allá 289
allí 289
Alphabet 1
als 366
alto 316, 317
amabilísimo 325
amanecer, Konjugation 120

amiguísimo 328
amortiguar, Konjugation 113
ampliar, Konjugation 123
an 368, 373, 383
andar + Gerundio 221
Anführungszeichen 30
anoche 289
anochecer, Konjugation 120
ante 362
ante todo 362
anteayer 289
anteriormente 303
antes 289
antes (de) que 96
anunciar, Konjugation 123
apaciguar, Konjugation 113
aparecer, Konjugation 120
apenas 97, 289
apetecer, Konjugation 120
Aposición 35
Apposition 35
aquel / aquella / aquellos /
  aquellas 243
aquello 243
aquí 289
archiconocido 327
arrepentirse, Konjugation 118
arriba 289
Artikel 222 – 242
    bestimmt 222 – 239
    unbestimmt 240 – 242
así 289
así que 97, 101
Aspiration 4, 401
atender, Partizip 124
atestiguar, Konjugation 113
atrás 289, 295
auf 361, 368, 383
aún / aún no 14, 289, 300
aun así 290
aun 14
aunque 98
aus 375, 383
Ausrufe 15
Ausrufezeichen 25
Aussprache
    ~ des r 5
    in LA 398 – 403
averiguar, Konjugation 113, 123
ayer 289

B

bajo 316, 363
bastante 289
Bedingungssatz 102, 103
    Kommasetzung 24

bei 371, 373, 383
bendecir, Partizip 124
bestimmter Artikel 222 – 239
   Formen 222
   el bei femininem Substantiv 223
   bei Personen 224
   bei Amtsbezeichnungen 225
   bei Zahlen und Daten 226
   bei Uhrzeit 227
   Strecken und Zeitspannen 228
   bei todo/a/os/as 229
   bei Ortsnamen 230
   bei abstrakten Begriffen 231
   bei Gruppenbezeichnungen 232
   bei Körperteilen 233
   statt Possessivadjektiv 234
   mit weiteren Determinanten 235
   in idiomatischen Wendungen 236
bien 289, 308
Bindestrich 28
bis 371, 383
blanquísimo 325
Bruchzahlen 388
bruñir, Konjugation 114
bueno 316
bullir, Konjugation 114

C

cada vez más / menos / mejor / peor ... 323
caer, Konjugation 112, 122
cambiar, Konjugation 123
casi 289
celebérrimo 326
cerca 289
cerquísimo/a 308
cerrar, Konjugation 115
cocer, Konjugation 111
Colocación del adjetivo 282 – 285
Coma 24
comer 45, 107, 108
comer, Konjugation 107, 108
Comillas 30
como 100
como si 96, 104
cómo 15
Complemento, s. objeto
con 364, 377
Concordancia del adjetivo 274 – 279
con frecuencia 290
con objeto de que 96
con paciencia 290

con tal de + Infinitiv 99
con tal de que 96, 102
Concordancia 36
concretamente hablando 309
concretamente 303
conducir, Konjugation 120
confesar, Konjugation 115
confiar, Konjugation 123
conmigo 339
conocer, Konjugation 120
conque + Infinitiv 99
conque 102
conseguir, Konjugation 117
consentir, Konjugation 118
consigo 339
construir, Konjugation 121
contigo 339
continuar, Konjugation 123
contra 365
contribuir, Konjugation 121
convencer, Partizip 125
convertir, Konjugation 118
copiar, Konjugation 123
corregir, Konjugation 117
costar, Konjugation 116
creer, Konjugation 112
crudelísimo 326
cuál / cuáles 15, 344
cuando 97, 356
cuando más 290
cuando menos 290
cuanto / cuanto / cuantos / cuantas 355
cuanto antes 323
cuánto/a/os/as 15, 344
cubrir, Partizip 124
cuyo / cuya / cuyos / cuyas 353

D

dativo de interés / dativo ético 338
Datumsangaben 393
de antemano 290
de aquí en adelante 290
de continuo 290
de cuando en cuando 290
de día 290
de forma que 97
de hecho 290
de lleno 290
de manera que 97
de modo que 97
de noche 290
de pronto 290
de repente 290
de suerte que 97
de vez en cuando 290

de 14, 360, 366, 378
dé 14
debajo (de) 289, 295, 296
deber de + Infinitiv 221
decir, Konjugation 122, 124
dejar + Partizip 221
dejar de + Infinitiv 221
delante 289
demás 345
Demonstrativbegleiter 243 – 250
   Formen 243
   Gebrauch 244 – 249
   räumliche Orientierung 244
   Funktion im Dialog 245
   Funktion in Texten 246
   zeitliche Verweise 247
   affektive Funktionen 248
Demonstrativpronomen 15, 243
dentro (de) 289, 300
dentro de poco 290
deprisa 289
derjenige, der / diejenige, die 354
desafiar, Konjugation 123
desconfiar, Konjugation 123
describir, Partizip 124
desde entonces 290
desde 367
despacio 289
despacísimo 308
despedir(se), Konjugation 117
después 289
después de que 97
destruir, Konjugation 121
detrás (de) 289, 295
Digraphen 1
Diphthonge 3, 8
direktes Objekt 33, 340 – 343
disminuir, Konjugation 121
distinguir, Konjugation 111
distribuir, Konjugation 121
doblemente 303
donde 297, 356
dónde 15, 297
Doppelkonsonanten 7
Doppelpunkt 29
doppelte Verneinung 43
dormir, Konjugation 119
dos puntos 29
durch 363

E

el cual / la cual / los cuales / las cuales 351
el otro día 290
el que / la que / los que / las que 349

el – él 14
elegir, Konjugation 111, 117, 125
empezar, Konjugation 115
en caso de + Infinitiv 99
en caso de que 96
en cuanto 97
en general 290
en seguida 290
en vista de que 101
en 368, 379
encender, Konjugation 115
encima (de) 289, 296
encontrar, Konjugation 116
enfrente (de) 289
enfriar(se), Konjugation 123
enriquecer, Konjugation 120
ensuciar, Konjugation 123
entender, Konjugation 115
entonces 289, 300
entre 369
entre tanto 289
erst 371
es cierto que 95
es comprensible que 95
es conveniente que 95
es evidente que 95
es importante que 95
es lógico que 95
es mejor que 95
es natural que 95
es necesario que 95
es normal que 95
es obvio que 95
es posible que 95
es probable que 95
es verdad que 95
escribir, Partizip 124
ese / esa / esos / esas 243
eso 243, 250
está claro que 95
está demostrado que 95
está visto que 95
estar, Konjugation 109
    Gebrauch 177
    < > ser 178
    hay < > 179
este/a/os/as 243
esto 243
eternamente 303
exactamente 303
extrafino 327
extraordinariamente 303

F

fácilmente 303
fastidiar, Konjugation 123

favorecer, Konjugation 120
felicísimo 325
fidelísimo 326
Fragesatz 41
Fragewörter 15
Fragezeichen 25
frecuentemente 303
freír, Partizip 124
friísimo 325
fuera (de) 289
für 372, 373, 383
Futur 75 – 80, 126 – 128
    als Ausdruck der Vermutung
        78
    als Imperativ 79
    ~ in Gesetzestexten 80
    unregelmäßige Formen
        126 – 128
        caber 128
        decir 126
        haber 128
        hacer 126
        poder 128
        poner 127
        querer 128
        saber 128
        salir 127
        tener 127
        valer 127
        venir 127
Futuro compuesto 76
Futuro simple 75

G

Gedankenstrich 26
gegen 364, 365, 370, 383
gegenüber 362, 364, 372, 375
generalísimo 328
generalmente 303
geográficamente hablando 309
Gerundio 202 – 209
    Formen 202
    Verlaufsform 203
    Verbalperiphrasen mit ~ 204,
        220, 221
    Ersatz für adverbialen Ausdruck
        205
    in kopulativer Funktion 206
    Ersatz für Nebensatz 207
    Gerundio – dt. Partizip Präs.
        208
    Redewendungen mit ~ 209
Gliedsätze 37
grande 316
Groß- und Kleinschreibung 19, 20
Grundzahlen 384, 385

Grupo adverbial 34
Guión 28
Guión largo 26

H

haber, Konjugation 109
hace poco 290
hacer, Konjugation 122, 124
hacia 370
hartarse a + Infinitiv 221
hartarse de + Infinitiv 221
hasta 371
hasta + Infinitiv 99
hasta pronto 290
hasta que 97
hay 179, 180
herir, Konjugation 118
Hilfsverben 176 – 180
    estar 109, 177
    ser 109, 176
hinaus 375
hinein 375
hinter 374, 383
hipersensible 327
historisches Präsens 47
horribilísimo 325
hoy 289
huir, Konjugation 121

I

igual 289
igualmente 303
impedir, Konjugation 117
Imperativ 50, 139, 157-163, 407,
    409
    Formen 157, 158
    Infinitiv als ~ 159
    Stellung des Pronomens 160
    angehängtes Reflexivpronomen
        161
    ~ in indirekter Rede 162
    Grade 163
    unregelmäßiger ~ 139
    ~ in LA 407, 409
Imperfekt 54 – 67, 136
    Formen 54
    statt Konditional 61
    Zustand in der Vergangenheit
        55
    Gewohnheit 56
    ~ der Höflichkeit 57
    ~ im (Kinder-)Spiel 58
    ~ der Überraschung 59
    ~ der beginnenden Handlung
        60

Verben des Sagens /
  Schreibens 62
Imperfekt – Indefinido 66, 67,
  68
  unregelmäßiges ~ 136
    ir 136
    ser 136
    ver 136
imprimir, Partizip 124
in der indirekten Rede
  in 361, 368, 383
incluir, Konjugation 112
incluso 289
Indefinido 51 – 53, 110, 112,
  117 – 121, 132 – 135
  Formen 51, 117 – 121,
    132 – 135
  Gebrauch 52, 53
  Schreibweise 110, 112, 132,
    133
  Klassenverben 117 – 121
  als Vorvergangenheit 53
  Indefinido – Imperfekt
    64 – 67
  in LA 410
  unregelmäßige Bildung
    132 – 135
    decir 133
    dormir 132
    estar 135
    haber 135
    ir 134
    pedir 132
    poder 135
    poner 135
    saber 135
    sentir 132
    ser 134
    tener 135
    traducir 133
    traer 133
Indefinitpronomen 345
indirekte Rede 164 – 168
  Zeitenfolge 165, 167
  Frage und Imperativ 166
  Gebrauch 168
indirektes Objekt 33, 340, 343, 344
inferior 316
ínfimo 326
Infinitiv 189 – 201
  Formen 189
  Substantivierung 190
  mit Präposition 191 – 197
    al + Infinitiv 192
    antes de / después de +
      Infinitiv 96, 99
    de + Infinitiv 193

con + Infinitiv 194
para + Infinitiv 195
por + Infinitiv 196
sin + Infinitiv 197
~ als Subjekt 198
~ als Objekt 199
als Substantivergänzung 200
Ausdrücke mit ~ 201
in Verbalperiphrasen 215-219,
  221
als Imperativ 159
für *sollen* 187
inquirir, Konjugation 115
insinuar, Konjugation 123
Interjektionen 15
interrogación 25
Interrrogativos 15
Interrogativpronomen 344
invertir, Konjugation 118
ir + Gerundio 221

J

Jahreszahlen 393
jamás 289

K

Klassenverben 117 – 121
  c → zc 120
  e → i 117
  e → ie / i 118
  e → ie 115
  o → ue / u 119
  o → ue 116
  auf -uir 121
Kollektivzahlen 390
Kommasetzung 24
Komposita 268-273
Konditional 81-84
  Formen 81
  Konditional II 82
  als Vorschlag / Vermutung 83
  im irrealen Bedingungssatz 84
  unregelmäßige Formen
    129 – 131
  caber 131
  decir 129
  haber 131
  hacer 129
  poder 131
  poner 130
  querer 131
  querer 131
  saber 131
  salir 130
  tener 130

valer 130
venir 130
Konditionalsatz 102 – 103
Konjugation
  regelmäßige Verbformen 107
  Änderungen der Schreibweise
    110
Konjunktionen 96 – 104
  finale ~ 96
  konditionale ~ 96
  konzessive ~ 96, 98, 101
  temporale ~ 97
  modale ~ 97
  kausale ~ 101
  konsekutive ~ 101
  ~ mit unterschiedlicher
    Bedeutung 100
Konkordanz 36
Konsonanten 4
  unterschiedl. Schreibweise 6
Konzessivsatz
  Subjuntivo im ~ 106

L

la mar de + Adjektiv 328
Laísmo 343
larguísimo 325
lateinamerikanisches Spanisch
  397 – 418
leer, Konjugation 112
Leísmo 343, 406
lejos 289
lento 289
libérrimo 326
literalmente 303
llegar a + Infinitiv 221
llevar + Gerundio 221
llevar + Partizip 221
lo + Adjektiv /Adverb + que 328
lo antes posible 323
lo cual 353
lo que 352
locamente 303
Loísmo 406
luego 101

M

mal 289, 308
maldecir, Partizip 125
malo 316, 317
mañana 289
manifestar, Konjugation 115
más + Adjektiv (Superlativ) 328
más bien 290
más de lo + Adjektiv 323

más o menos 290
más vale que 94
mas – más 14
más 289, 308
Maße und Gewichte 392
máximo 326
mayor 316, 317
medir, Konjugation 117
mejor 289, 308, 316, 317
Mengenangaben 392
menor 317
menos mal 323
menos 289
mentir, Konjugation 118
merecer, Konjugation 120
mi – mí 14
mi/s 251
mientras 97
mínimo 326
mío / mía / míos / mías 252
mismísimo 325
mismo/a 345
mit 361, 364, 366, 368, 383
Modalverben 181 – 188
   deber 181
   dejar 181
   hacer 181
   poder 181
   querer 181
   dürfen 182
   können 183
   lassen 184
   mögen 185
   müssen 186, 215
   sollen 187
   werden 188
Modificador adverbial 34
morir, Konjugation 119, 124
mover, Konjugation 116
mucho 289, 302, 308, 345
mullir, Konjugation 114
muy 289, 302

N

nach 361, 370, 371, 372, 383
nada 43, 289, 345
nada más + Infinitiv 201
nadie 345
neben 383
Nebensätze 37
neutraler Artikel 237 – 239
   lo + Adjektiv 238
   in adverbialen Ausdrücken 239
ni ... ni 44
ni siquiera 289
ninguno/a 43, 345

no 42 – 44, 289
no ... hasta 290
no ... ni 44
no dejar de + Infinitiv 221
no más (LA) 416
no porque 101
números 384 – 396
   ~ cardinales 384, 385
   ~ colectivos 390
   ~ fraccionarios 388
   ~ múltiplos 389
   ~ ordinales 386, 387
nuestro / nuestra / nuestros /
   nuestras 251, 252
nunca 289

O

Objeto directo 33
Objeto indirecto 33
odiar, Konjugation 123
oír, Konjugation 122
oísmo 406
oler, Konjugation 116
óptimo 326
Oraciones subordinadas 37
Orden de las palabras 38 – 43
Ordnungszahlen 386 – 388
otro/a 345

P

Palabras agudas 9
Palabras esdrújulas 9
Palabras llanas 9
Palabras oxítonas 9
Palabras paroxítonas 9
Palabras proparoxítonas 9
para 372
para + Infinitiv 99
para que 96
parcialmente 303
Partizip 210 – 213
   Bildung 210
   Substantivierung 211
   Ersatz für Temporalsatz 212
   Ersatz für Relativsatz 213
pasado mañana 290
Passiv 169 – 172
   Bildung 169
   Gebrauch 170
   reflexives Passiv 171
   Zustandspassiv 172
paupérrimo 326
pedir, Konjugation 117
pensar, Konjugation 115
peor 289, 308, 316, 317

pequeño 316, 317
Perfecto compuesto in LA 410
Perfecto simple 51 – 53,
   s. Indefinido
Perfekt 69 – 71
Perífrasis verbales 214 – 221
personalmente 303
Personalpronomen 329 – 344
   Überblick 329
   Subjektpronomen 330
   besondere Formen (LA) 331
   Allgemeines 332
   verbundene ~ 333
   Stellung im Satz 334
   zwei aufeinanderfolgende ~
      335
   zusätzliches ~ 336
   ~ mit possessiver Bedeutung
      337
   unverbundenes ~ 339
   ~ nach der Präposition a 340
   unterschiedliche Verwendung
      in Sp. und LA 341
   Laísmo / Leísmo 343
pésimo 326
Pluralbildung
   beim Substantiv 256 – 260
   beim Adjektiv 275 – 278
Plusquamperfekt 72, 73
pobrísimo 326
poco 289, 302, 345
poco a poco 290
poder, Konjugation 116
políticamente hablando 309
poner, Konjugation 122, 124
por 373, 380
por + Adjektiv / Adv. + que 96
por cierto 290
por completo 290
por lo general 290
por lo tanto 101
por más que 98
por mucho que 96
por poco 290
por poco que 96
porque 101
poseer, Konjugation 112, 124
posiblemente 303
Possessivbegleiter 251, 252
   unbetonte Formen 251
   betonte Formen 252, 253,
      254
Possessivpronomen 253
Prädikat 32
präpositionales Objekt 33
Präpositionen 357 – 383
   zwei Präpositionen 375

Verben mit ~ 376 – 380
Adjektive mit ~ 381
Redewendungen mit ~ 382
Entsprechungen für deutsche ~ 383
Präsens Indikativ 45 – 50
  Formen 45
  Darstellung der Gegenwart 46
  historisches Präsens 47
  Äquivalent für *sollen* 48
  ~ für Futur 49
  ~ als Imperativ 50
precisamente 303
Predicado 32
preferir, Konjugation 118
Preposiciones 357 – 383
Presente de subjuntivo, unregel-
  mäßig 137, 138
  caber 138
  conocer 137
  dar 138
  estar 138
  haber 138
  hacer 137
  ir 138
  pedir 137
  poner 137
  saber 138
  ser 138
Presente histórico 47
Pretérito anterior 74
Pretérito indefinido 51 – 53,
  s. Indefinido
Pretérito perfecto 69 – 71
  Formen 69
  Gebrauch 70, 71
Pretérito pluscuamperfecto 72, 73
probablemente 303
probar, Konjugation 116
prohibir, Konjugation 114
Pronombres 329 – 356
Pronombre clítico / átono 329,
  333 – 343
Pronomen 329 – 356
  verbundene ~ 329, 333 – 338
  unverbundene (betonte) ~
    339, 340
  Relativpronomen 347 – 356
  ~ in LA 404 – 406
  voseo 405
  lo – le 406
pronto 289
proteger, Konjugation 111
proveer, Partizip 124
pues 101, (LA) 416
puesto que 101
punto 23

Punkt 23
punto y coma 27

Q

qué + Adjektiv / Adverb 328
qué 15, 344
que 348
quien / quienes 350
quién / quiénes 15, 344
quizá(s) 289, 298

R

rápido 289
raya 26
re(quete)bueno 327
realmente 303
Rechenoperationen 391
recién 301, (LA) 415
recomendar, Konjugation 115
Reflexivpronomen 346
reflexive Verben (LA) 413
reír(se), Konjugation 117
Relationsadjektiv 286
Relativpronomen 347-356
Relativsatz
  Subjuntivo im ~ 105
Relativsatz, Arten des 347
renunciar, Konjugation 123
repetir, Konjugation 117
requerir, Konjugation 118
reunir, Konjugation 114
romper, Partizip 124

S

salir, Konjugation 122
satisfacer, Partizip 124
Satzbau 38 – 44
Satzteile 31 – 37
Satzzeichen 23 – 30
Schreibweise
  [k] / [g] / [χ] / [θ] 6
se (unpersönlich) 174
se – sé 14
seguir + Gerundio 221
seguir, Konjugation 117
según 97, 100
seit 367, 383
Semikolon 27
sentarse, Konjugation 115
sentir, Konjugation 118
ser
  Konjugatio 109
  Gebrauch 176
  < > estar 178

bei Zahlen 180
seriamente 303
servir, Konjugation 117
seseo 4, 398
si 14, 103
si-Satz 103
sí 14, 289
siempre 289
siempre que 100, 102
Silbentrennung 21
Silbenzählung 8
sin + Infinitiv 99
sin que 96
situar, Konjugation 123
sobreabundante 327
soler, Konjugation 116
sollen 48
sólo 289
Steigerung 315 – 328
  unregelmäßige 316, 317
Strichpunkt 27
su / sus 251
Subjekt 31
Subjektpronomen 330
  besondere Formen in LA 331
  Gebrauch 332
Subjuntivo 85 – 106,
  regelmäßige Formen 86
  Subjuntivo Perfekt 87
  Subjuntivo Imperfekt 88, 411
  Subjuntivo Plusquamperfekt 87
  im Hauptsatz 89
  im Nebensatz 90 – 106
  Zeitenfolge 90
  Sätze mit que 91 – 95
  in Wunschsätzen 92
  bei Unsicherheit / Zweifel 93
  subjektive Stellungnahme 94
  nach Konjunktionen 94 – 101
  in Bedingungssätzen
    102 – 104
  in Relativsätzen 105
  in konzessiven Konstruktionen
    106
  Imperfecto de ~ in LA 411
Substantiv 255 – 273
  Substantiv im Satz 255
  Pluralbildung 256 – 260
  Genus 261 – 267
  maskuline ~ 262
  feminine ~ 263
  Berufsbezeichnungen 264
  Substantiv mit 2 Genera 265,
    266
  Länder- und Städtenamen 267
  zusammengesetzte ~ 268 – 273
sugerir, Konjugation 118

sujeto 31
superbueno 327
superior 316, 317
Superlativ, absoluter 324 – 326
~ auf -ísimo 325
gelehrte Formen 326
durch Präfixe 327
supremo 326
suyo/a/os/as 252

T

tal vez 289, 298
también 289
tampoco 289
tan 289, 302
tan pronto como 97
tarde 289
tardísimo 308
te – té 14
Temperaturangaben 395
tempranísimo 308
temprano 289
tener + Partizip 221
tener, Konjugation 122
teóricamente hablando 309
terribilísimo 325
todavía / todavía no 289
todo/a 345
tomar, Konjugation 107, 108
tranquilamente 303
tras 374
tu – tú 14
tu / tus 251
tuyo / tuya / tuyos / tuyas 252

U

über 383
Uhrzeit 394
últimamente 303
um 361, 368, 372, 373, 375, 383
Umstellung 39, 40
un tanto 290
unbestimmter Artikel 240 – 242
Formen 240
ungefähre Zahlenangaben 241
Wegfall 242
unpersönliche Konstruktionen
173 – 175
bei reflexiven Verben 175
unregelmäßige Verben 140 – 156
andar 141
caber 142
caer 143

dar 144
decir 145
hacer 146
ir 147
oír 148
poder 149
poner 150
querer 151
saber 152
tener 153
traer 154
venir 155
ver 156
unter 363, 383
Unterscheidungsakzent 14

V

valer, Konjugation 122
variar, Konjugation 123
venir, Konjugation 122
venir + Gerundio 221
venir a + Infinitiv 221
ver, Partizip 124
Verbalperiphrasen 214 – 221
Strukturen 214
müssen 215
darle a uno por + Infinitiv 221
echar(se) a + Infinitiv 221
ir a + Infinitiv 216
ponerse a + Infinitiv 221
romper a + Infinitiv 221
seguir + Gerundio 220
soler + Infinitiv 218
volver a + Infinitiv 219
Verben auf -car 110
Verben auf -cer 111
Verben auf -cir 111
Verben auf -ducir 120
Verben auf -gar 110
Verben auf -ger 111
Verben auf -gir 111
Verben auf -guar 113
Verben auf -guir 111
Verben auf -iar / -uar 123
Verben auf -quir 111
Verben auf -zar 110
Verben mit 2 Partizipien 125
Verben mit -g- in der 1. Person
122
Verben mit Präposition 376 – 380
Verben mit unregelmäßigem
Partizip 124
Verbformen, regelmäßige
(Übersicht) 107

Verbos auxiliares 109
Verbos regulares 107
Verbos irregulares 140 – 156
Verbos de irregularidad común
110 – 123
Verbgefüge (LA) 414
Vergleich 310 – 323
Gleichheit 311
höherer / geringerer Grad
312 – 317
höchster Grad 319
Mengenangaben 314
Beträge 314
Verben / Handlungen 314
abstrakte Adjektive /
Partizipien 314
Komparativ 315 – 317
relativer Superlativ 318
Rangfolgen 320
Vielfache 321
Proportionalität 322
graduelle Entwicklung 323
Verneinung 42 – 44
vestirse, Konjugation 117
Vielfache 389
vivir, Konjugation 107, 108
Vokale 2
volar, Konjugation 116
volver, Konjugation 116, 124
von ... bis 367, 373, 383
von außen 374
von innen 375
von 361, 367, 383
vor 383
Voseo 405, 408
vuestro/a/os/as 251, 252

W

weder ... noch 44

Y

ya no 289
ya que 101
ya 289, 299
Yeísmo 399

Z

zu 364, 366, 369, 375, 383
zurcir, Konjugation 111
Zustandspassiv 172
zwischen 369, 383